Aruba, Bonaire, Curaçao

Aruba, Bonaire, Curaçao

Ein Reisehandbuch von Susanne Schlosser

Mit ausführlichen Informationen zur Geschichte, Politik und Kultur in der

LANDESKUNDE,

mit wichtigen Hinweisen zur Reisevorbereitung, zum Verhalten im Reiseland, mit Sport- und Freizeitangeboten sowie Tauch-Tips bei den

PRAKTISCHEN HINWEISEN

und zahlreiche Adressen, nützliche Reisetips und aktuelle Preisangaben in den

INSEL- UND ORTSBESCHREIBUNGEN

32 Farbfotos
20 Insel- und Städtekarten
und vielen s/w-Fotos

ISBN 3-930 884-02-X

INHALTSÜBERSICHT

Inhaltsverzeichnis _____ 5 - 12

Teil 1: Landeskunde _____ 13 - 100

Teil 2: Praktische Hinweise _____ 105 - 176

Teil 3: Insel- und Ortsbeschreibungen _____ 181 - 318

Anhang _____ 319 - 336

Inhaltsverzeichnis

TEIL 1: LANDESKUNDE

GEOGRAPHIE — 14
Geologie 15
Das Karibische Meer 15
Die westindischen Inseln - Ein Überblick 16

KLIMA — 17

FAUNA — 18
Unterwasserwelt 24

FLORA — 32

GESCHICHTE & STAAT — 45
Geschichte 45
Präkolumbianische Zeit 45
Epoche der Eroberungen 46
Sklaverei und Sklavenhandel 49
Territorialkriege 50
20. Jahrhundert 50

DER STAAT — 52
Staatsaufbau 52
Staat und Verwaltung 52
Aruba 52
Bonaire und Curaçao 53
Massenmedien 54

WIRTSCHAFT — 55
Wirtschaft Arubas 57
Wirtschaft Bonaires 58
Wirtschaft Curaçaos 60
Möglichkeiten für Investoren 60
Adressen für Investoren 61
Straßen und Verkehr 61

Inhaltsverzeichnis

BEVÖLKERUNG — 63
- Bevölkerungsstruktur 63
- Familie 64
- Bildungswesen 66
- Gesundheitswesen 66

RELIGION — 67

FEIERTAGE, FESTE & FESTIVALS — 67
- Karneval 70

KULTUR — 72
- Musik, Tanz & Folklore 72
- Kunsthandwerk 74

ARCHITEKTUR — 76

CASINOS — 79

DIE KÜCHE DER ABC-INSELN — 82
- Essen 82

SPRACHE — 86
- Papiamento 86
- Kleiner Sprachführer 89

SOUVENIRS — 100

Inhaltsverzeichnis

TEIL 2: PRAKTISCHE HINWEISE

REISEZEIT & SAISON **106**
Reisedauer & Routen 106
Reisekosten 107

GELD & WÄHRUNG **108**

MIT ODER OHNE REISEPARTNER? **111**
Allein als Frau 112

EIN- UND AUSREISEBESTIMMUNGEN **113**

WICHTIGE ADRESSEN UND TELEFONNUMMERN **113**
Touristeninformationen auf den Inseln 113
Touristeninformationen in Europa 114
Notrufe und Rettungsdienste 114

WAS SOLLTE MAN MITNEHMEN? **115**
Ausrüstungsläden 117
Fotoausrüstung 118
Straßenkarten 122
Versicherungen 122

GESUNDHEIT **122**
Hinweise für Diabetiker 124

HILFE IN NOTFÄLLEN **125**

SICHERHEIT **126**
Verhaltenstips 126
Kriminalität 126

UNTERKUNFT **127**

Inhaltsverzeichnis

WICHTIGES FÜR UNTERWEGS — 128
Zeitverschiebung 128
Telefon 128
Post 129
Öffnungszeiten 130
Elektrizität und Wasserversorgung 131

AKTIVITÄTEN — 131
Sporttauchen 139

TAUCHGEBIETE UND TAUCHBASEN — 146
Tauchplätze und Tauchbasen Arubas 146
Tauchplätze und Tauchbasen Bonaires 151
Tauchplätze und Tauchbasen Curaçaos 157

AN- UND WEITERREISE — 161
Anreise 161
Rückflug 167
Nachbarländer 168

VERBINDUNGEN ZWISCHEN DEN INSELN — 168

VERBINDUNGEN AUF DEN INSELN — 170
Aruba 171
Bonaire 173
Curaçao 174

Inhaltsverzeichnis

TEIL 3: INSEL- UND ORTSBESCHREIBUNGEN

ARUBA — 183-219

ORANJESTAD — 186

NÖRDLICHE WESTKÜSTE UND NOORD — 193
Nördliche Westküste 193
Noord 200

NORDKÜSTE — 201

DER OSTEN UND SAN NICHOLAS — 209
Fahrt nach San Nicholas 209
San Nicholas 212
Fahrt entlang der Ostküste 215

ARIKOK-NATIONALPARK — 218

BONAIRE — 221-255

KRALENDIJK — 224

DER NORDEN — 237

WASHINGTON SLAGBAAI NATIONALPARK — 242

DER SÜDEN — 248

Inhaltsverzeichnis

CURAÇAO 257-317

WILLEMSTAD 260
Punda 262
Otrobanda 274
Scharloo 278

RUNDFAHRT UM DEN SCHOTTEGAT 282

NOORDKANT/HATO 296
Hato Höhlen 296

OSTTEIL (BANDA ARIBA) 298

WESTTEIL (BANDA ABOY) 304

CHRISTOFFEL PARK 314

ANHANG 319
Ergänzungen und Korrekturen 320
Abkürzungen 321
Kartensymbolik 322
Ortsregister 323
Literaturverzeichnis 329
Dankeschön 334

Landeskunde

Landeskunde

GEOGRAPHIE

Im Karibischen Meer, nur wenige Kilometer vom venezuelanischen Festland entfernt, liegen die tropischen Inseln **Aruba**, **Bonaire** und **Curaçao**.

Nach den Anfangsbuchstaben ihrer Namen werden die drei Inseln der Kleinen Antillen auch oft ABC-Inseln genannt. Diese Abkürzung entspricht allerdings nicht der geographischen Lage der Inseln.

Curaçao, mit 444 km² Flächenausdehnung die größte der drei Inseln, befindet sich zwischen ihren kleineren Schwesterinseln. Das östlich liegende Bonaire ist etwa 288 km² groß, diese Fläche schließt die Bonaire vorgelagerte, 6 km² große Insel Klein Bonaire ein. Das kleinste Eiland, Aruba, hat eine Größe von lediglich 193 km².

Zum Vergleich: die Gesamtfläche der drei Inseln ist etwas größer als die des Bundeslandes Hamburg.

Die Lage Arubas ist 12°50' nördliche Länge und 70° westliche Breite mit einer Entfernung von etwa 30 km zu Venezuela. Curaçao, 12° nördliche Länge und 69° westliche Breite, ist etwa 65 km vom Festland entfernt. Bonaire liegt bei 12°10' nördlicher Länge und 68°20' westlicher

Wilde Esel und Ziegen auf Bonaire

Breite und mit 100 km am weitesten vom venezuelanischen Festland ab.

Alle drei Inseln liegen etwa 600 km von der Dominikanischen Republik entfernt.

Geologie

Von der geologischen Entstehungsgeschichte gesehen zählen die ABC-Inseln nicht zu den Karibischen Inseln, sondern gehören zum südamerikanischen Kontinent.

Durch den weltweiten Anstieg des Meeresspiegels nach der letzten Eiszeit wurden die nördlichen flachen Ausläufer des südamerikanischen Kontinents überflutet. Die bis ins Inselinnere der ABC-Inseln reichenden Naturhäfen, wie etwa der Schottegat bei Willemstad in Curaçao, zeugen von dieser Überflutung, denn davor waren sie Flußtäler.

Der Inselsockel besteht aus kristallinem Gestein der Kreidezeit, das durch vulkanische Aktivitäten während des Tertiär mit Basalten und Tuffen durchsetzt ist.

Über diese Gesteine haben sich im Zeitalter des Pleistozän schichtweise Korallenriffkalke abgelagert.

Aruba, Bonaire und Curaçao sind vergleichsweise flach, ihre höchste Erhebung haben die Inseln im Christoffelberg (im Christoffelpark auf Curaçao) mit 375 m.

Das Karibische Meer

Das Karibische Meer liegt um etwa 20 Breitengrade südlicher als das Mittelmeer und ist in allen Regionen tropisch. Es bedeckt eine Fläche von ca. 2,75 Mill. km^2 und reicht von dem im Südosten gelegenen Trinidad über eine Distanz von rund 3 000 km bis zur Yucatánstraße im Nordwesten.

Die tiefste Stelle wurde im Cayman-Graben mit 7 680 m ausgelotet.

Die Wassertemperatur an der Oberfläche beträgt zwischen 28°C in den wärmsten Monaten und 23°C in der kälteren Jahreszeit im Norden. Der Salzgehalt des Karibischen Meeres liegt im Mittel bei 3,5 % und entspricht damit im wesentlichen dem Salzgehalt der Weltmeere.

Gezeitenunterschiede, wie sie an der Nord- und Ostsee üblich sind, gibt es im karibischen Meer in weit abgeschwächter Form, der Tiedenhub beträgt maximal 40 cm.

Um so stärker bilden sich Meeresströmungen, so wie der Nordäquatorialstrom und der bekannte Golfstrom aus, die den gesamten karibischen Bereich erfassen.

Das nährstoffarme klare Wasser des Karibischen Meeres macht die vielfältige tropische Unterwasserflora und -fauna des Karibischen Meeres zu einem der interessantesten Tauchgebiete der Erde.

Landeskunde

DIE WESTINDISCHEN INSELN - EIN ÜBERBLICK

Hunderte von Inseln gehören zu den **Westindischen Inseln**, wie sie Kolumbus aufgrund seines historischen Irrtums nannte. Der Begriff *Westindische Inseln* ist noch die umfassendste und eindeutigste Bezeichnung für alle Inseln, da auch die Inseln der Bahamas, ein eigenständiges Archipel, eingeschlossen sind. Zum eigentlichen Raum der Karibik zählt dieser Archipel, der von Floridas Ostküste parallel zur Nordküste Cubas bis zur Insel Hispaniolas (Haiti und Dominikanische Republik) verläuft, nämlich nicht mehr.

Die Aufteilung der Karibischen Inseln in **Große** und **Kleine Antillen** ist recht bekannt, zumal die Zuordnung, wie der Name schon aussagt, nach der Größe erfolgt. Zu den Großen Antillen (*Greater Antilles*) gehören Jamaica, Cuba, die Insel Hispaniola mit den Staaten Haiti und Dominikanische Republik sowie die Insel Puerto Rico.

In einem Inselbogen schließen sich die Kleinen Antillen (*Lesser Antilles*) an, zu denen auch die zahlreichen Venezuela vorgelagerten Inseln zählen.

Ein durch die Geschichte bedingtes Durcheinander herrscht dagegen bei der genauen Zuordnung der Begriffe **Windward Islands** und **Leeward Islands**, mit denen die Kleinen Antillen weiter aufgeteilt werden. Die deutschen Übersetzungen, *Inseln über dem Winde* und *Inseln unter dem Winde*, verkomplizieren die Sache zudem, da sie oft nicht übereinstimmend mit den englischen Begriffen verwendet werden.

Im englischen Sprachgebrauch: Mit *Leeward Islands* sind im englischen Sprachgebrauch die nördlichen Kleinen Antillen (US-amerikanische und britische Jungferninseln bis zum französischen Guadeloupe) gemeint.

Zu den *Windward Islands* zählen die südlich davon liegenden Inseln. Oft wird auch noch das französiche Martinique zu den Leeward Islands gezählt, oder, in einer weiteren Version, Guadeloupe schon den Windward Islands zugehörend angesehen.

Ebenfalls uneinheitlich ist, ob das östlich liegende Barbados sowie die südlichen Inseln Trinidad und Tobago noch zu den Windward Islands zählen. Nicht selten werden sie, wie manchmal auch alle französischen Inseln, aus den Gruppen der Windward und Leeward Islands ganz ausgeklammert und als separate Inselgruppen angesehen.

Auch Aruba, Bonaire und Curaçao werden im englischen Sprachgebrauch zu den Windward Islands gezählt.

Landeskunde

Im niederländischen und spanischen Sprachgebrauch:
Dieses Durcheinander wird durch den niederländischen und spanischen Gebrauch der gleichen Begriffe nicht vereinfacht, im Gegenteil. Aus der Geschichte der Seefahrt hat sich in beiden Ländern folgende Einteilung erhalten: Der gesamte östliche Antillenbogen wird aufgrund des dauernden Einflußes des Nordostpassates Windward Islands (Inseln über dem Winde) genannt.

Nur die der venezuelanischen Küste vorgelagerten Inseln heißen Leeward Islands (Inseln unter dem Winde). Unter diese Leeward Islands fallen somit auch die ABC-Inseln Aruba, Bonaire und Curaçao.

Da sich dieser Reiseführer mit den Inseln des niederländischen Einflußbereiches befaßt, wird im weiteren die niederländische Einteilung der Kleinen Antillen verwendet, die die ABC-Inseln den Leeward Islands zuordnet.

KLIMA

Auf den ABC-Inseln herrscht tropisches Klima ohne bemerkenswerte Veränderungen durch die Jahreszeiten. Aufgrund des ständig wehenden Nordostpassates ist das Klima angenehm und gut erträglich.

Der Wind hat eine durchschnittliche Geschwindigkeit von 6-7 m/s. Am stärksten weht der Wind im Monat Juni, am schwächsten von August bis November. Während dieser Monate ist es aufgrund des fehlenden Windes drückend heiß auf den Inseln. Kreislaufschwachen Menschen könnte dies Probleme bereiten.

Von Oktober bis Dezember ist die sogenannte "Regenzeit". Aber während dieser Zeit regnet es meist nur morgens in kurzen, heftigen Schauern. Den Rest des Jahres ist es trocken und sonnig.

Wegen der Wasserarmut der Inseln gibt es keinerlei natürliche Flüsse und Seen, lediglich einige ins Landesinnere ragende Meeresarme.

Vor tropischen Stürmen und Hurrikanen sind die Inseln, von denen viele der anderen kleinen Antillen heimgesucht werden können, aufgrund ihrer Nähe zum Festland geschützt.

Der Jahresdurchschnitt der Tag- und Nachttemperaturen beträgt 28°C, im Winter (also den Monaten Januar und Februar) ist es mit durchschnittlich 29°C Tagestemperatur nur um etwa 2-3°C kühler als in den übrigen Monaten. In der Nacht fällt die Temperatur um etwa 5-6°C.

Die durchschnittliche Temperatur des Wassers liegt mit 27-28°C nur wenig unter der Lufttemperatur.

Landeskunde

FAUNA

Die Fauna der ABC-Inseln ist vor allem beeinflußt durch die Isolation der Inseln voneinander wie auch vom Festland. Zwar sind bei diesen relativ festlandnahen Inseln viele Einflüsse vom südamerikanischen Kontinent gegeben, aber im Laufe der Jahrhunderte konnten sich auch endemische Tier- und Pflanzenarten, d.h. nur auf der jeweiligen Insel vorkommende Arten, herausbilden. So unterscheiden sich beispielsweise die verschiedenen Arten der Braunwangensittiche durch die unterschiedliche Färbung ihres Federkleides: Auf Aruba ist der Sittich blaß gelbbraun bis olivgrün gefärbt, auf Curaçao hat er hellgelbe Wangen und bei der Art auf Bonaire sind sie orangerot.

Nicht ohne Folgen für die Natur blieben die verschiedenen kulturellen Einflüße, denen die Inseln unterworfen waren. Die europäischen Eroberer, wie später auch die afrikanischen Sklaven, importierten verschiedene Tierarten. Dabei handelte es sich vor allem um Haustiere.

Großtiere gibt es, außer den Nutztieren, nicht. Dies liegt vor allem an der langanhaltenden Trockenheit auf den Inseln.

Beim näheren Hinsehen kann man aber schnell feststellen, daß besonders Vögel und Kleintiere zahlreich zu beobachten sind. Gerade für Hobbyornitologen bieten die Inseln ein großes Betätigungsfeld.

Es leben nicht viele Säugetiere auf den Inseln. Nur auf Curaçao gibt es eine Wildart, der **Weißschwanzhirsch**, auch Curaçao-Hirsch genannt. Die Zahl dieser vom Aussterben bedrohten Tiere wird auf 400 geschätzt. Seit 1931 sind sie gesetzlich geschützt. Die Hirsche werden 1 m lang und sind 70 cm hoch. Sie sind braungrau gefärbt mit einer etwas helleren Unterseite. Vor allem in dem Gebiet um den Christoffelberg kommt er vor.

Oft zu sehen sind die schwarzbraun bis hellbraunen **Kaninchen**. Besonders am frühen Morgen und am späten Abend kann man sie bei ihrer Nahrungssuche nach Kräutern beobachten. Weitere Pflanzenfresser sind die wildlebenden **Ziegen** und **Esel**, wobei besonders die Ziegen eine Bedrohung für die ohnehin karge Vegetation darstellen. Da sie alles kahlfressen, nehmen sie dem Boden oft den letzten Halt vor Erosionen. Nicht alle frei umherlaufenden Ziegen sind wirklich wildlebende Tiere. Viele haben am Ohr eine Kennzeichnung ihres Besitzers. Abends kehren die Tiere allein zurück und begeben sich morgens wieder auf Nahrungssuche über die gesamte Insel. Wenn der Besitzer stirbt und

Landeskunde

sich niemand mehr um die Tiere kümmert, kann es vorkommen, daß die Ziegen verwildern.

Die Frösche hört man meist eher, als man sie sieht. Ein Vertreter der Frösche ist der auf den Inseln beheimatete kleine **Schaumnestfrosch**.

Krabben, beispielsweise die **Felsenkrabbe**, sind häufig anzutreffende Tiere. Besonders am Abend kommen sie sehr zahlreich aus ihren Löchern am Strand gekrochen.

Zahllos ist die Artenvielfalt der **Insekten**. Die **Koschenille**, eine Schildlausart, die sich von Kakteen ernährt, wurde auf Aruba für kurze Zeit gezüchtet, da die Lausweibchen getrocknet zu einem roten Beiz-Farbstoff verarbeitet werden können. Auch in der Kosmetik, bei der Herstellung von Lippenstift, fand der Farbstoff Verwendung. Mit der Erfindung der synthetischen Farben wurde diese Art der Farbherstellung überflüssig.

Es gibt viele schöne **Schmetterlinge** auf den Inseln, die vor allem in der Nähe der blühenden Sträucher bei Hotelanlagen zu beobachten sind.

Natürlich gehören auch die leidigen **Moskitos** auf die Tropeninseln. Aber da es auf den ABC-Inseln meist sehr trocken ist, bereiten sie nicht so viele Probleme wie beispielsweise auf den Regenwaldinseln der südlichen Antillen.

Zwei bekannte Schlangenarten sind die **Tropische Klapperschlange** und die **Katzenaugennatter**. Bei Spaziergängen in ländlichen Gebieten ist es ratsam, festes Schuhwerk zu tragen.

Sehr häufig sind die verschiedenen Eidechsenarten, zu denen auch der **Leguan** zählt. Der grüngrau-braune Pflanzenfresser hat auf seinem Rückenkamm spitze Schuppen. Da Leguane auf den Inseln als Delikatesse angesehen werden, ist ihre Zahl stark dezimiert. Einige weitere Eidechsenarten sind die **Tupfenrennechse** und der **Streifenanoli**.

Die größte der auf den Inseln vertretenen Tiergattungen (neben den Insekten) sind die **Vögel**. Die ABC-Inseln eignen sich daher hervorragend für Ornitologen und Hobbyornitologen zur Vogelbeobachtung. Weitere Arten der nachfolgend aufgeführten Familien sind im angefügten lateinischen Verzeichnis genannt.

Die auffälligsten Vögel auf den Inseln sind die Stelzvögel und unter ihnen der **Rote Flamingo**.

Im gesamten karibischen Raum gab es früher rund 30 Brutkolonien, davon sind heute lediglich vier übrig. Auf Bonaire liegt eine dieser Kolonien, sie zählt mittlerweile über 15 000 Flamingos. Damit ist sie eine der größten Kolonien der westlichen Hemisphäre.

Die anfänglich 1 500 Flamingos auf Bonaire fanden in den zur

Landeskunde

Wasservogel

Salzgewinnung genutzten Salzpfannen einen idealen Lebensraum. Um die Art zu schützen und zu erhalten, stellte die *Antilles International Salt Company* das Gebiet als Vogelschutzgebiet zur Verfügung. Das Betreten des Gebietes ist seitdem verboten. Die damit einmaligen Lebensbedingungen haben dazu geführt, daß die sehr scheuen und lärmempfindlichen Vögel statt wie bisher ein Ei, nun oft zwei Eier legen.

Auch auf den anderen beiden Inseln ist der Rote Flamingo manchmal zu sehen, vor allem während der Brutzeit im Frühjahr. Die rosaroten Vögel haben einen langen Hals und lange, dunkelrosa gefärbte Stelzenbeine. Der große Schnabel ist dunkelgelb und gebogen. Die kurzen Flügel sind an ihren Enden schwarz gefärbt.

Ihre rosarote Farbe erhalten die Tiere durch den Farbstoff der Wassertiere, von denen sie sich überwiegend ernähren. Die jungen Flamingos sind deshalb noch weiß-grau gefärbt und erhalten erst mit zunehmendem Alter ihre auffällige, intensive Rosa-Färbung.

Die wie die Flamingos zu den Sichlern (bzw. Ibissen) zählenden Arten der Stelzvögel sind deutlich an ihrer Schnabelform erkennbar. Sie gab ihnen auch den Namen "Sichler", da der Schnabel wie eine Sichel gebogen ist.

Landeskunde

Zu den Sichlern zählen außerdem der **Rote** und **Weiße Ibis** sowie der **Braunsichler**. Sie leben in Küsten und Ufernähe und filtern ihre Nahrung mit ihrem gebogenen Schnabel aus dem Schlamm.

Ebenfalls in Küstennähe lebende Stelzvögel sind die Reiher. Ein naher Verwandter des europäischen Fischreihers ist der **Amerikanische Graureiher**. Er wird etwa 1,40 m groß, hat einen schwarzen Schopf und einen langen, scharfen Schnabel. Der **Afrikanische Kuhreiher** wurde 1948 erstmals im karibischen Raum beobachtet. Der weiße Vogel ist, wie der Name schon andeutet, oft in der Nähe von Kühen und anderem Nutzvieh zu sehen. Auf den ABC-Inseln kann man ihn in den Mangrovenwäldern beobachten.

Gute Schwimmer wie auch Flieger sind der **Braune Pelikan** und der **Südamerikanische Kormoran**. Die zur Familie der Ruderfüßer gehörenden Vögel haben eine Flügelspanne von etwa 1,50 m. Ihre Flügel sind sehr breit und sie haben lange Schnäbel. Zwischen ihren vier Zehen sind Schwimmhäute, die ihnen die Fortbewegung im Wasser erleichtern. Beim Pelikan ist der Kehlsack, der wie ein Käscher zum Nahrungsfang genutzt wird, besonders ausgeprägt.

Da die Tiere sehr träge sind, kann man sie oft in Häfen oder am Strand beobachten. Selbst an Hotelstränden halten sie sich manchmal auf.

Es gibt nur noch wenige Papageienarten auf den Inseln, verschiedene Arten sind mittlerweile schon ausgestorben. Auf allen drei Inseln kommen noch der **Braunwangensittich** und der **Keilschwanzsittich** vor, nur noch auf Bonaire dagegen die **Gelbflügelamazone**.

Die sehr scheuen Gelbflügelamazonen fallen durch ihre gelbgrüne Färbung schnell auf. Zudem machen sie mit ihrem lauten Geschrei auf sich aufmerksam. Besonders häufig sind die Vögel im Washington Slagbaai Nationalpark (Bonaire) zu sehen.

Sehr hübsch sind auch die zierlichen Kolibris, die blitzschnell von einer Blüte zur anderen schwirren, wo sie mit ihren langen Schnäbeln, scheinbar in der Luft "stehend", den Nektar heraussaugen. Die beiden häufigsten Kolibriarten sind der **Grüne Kolibri** und der **Topasrubin-Kolibri**.

Zu den Tyrannen, eine Art der Familie der Sperlingsvögel, gehören der **Große Graue Fliegenfänger**, der **Kleine Graue Fliegenfänger** und der **Kleine Gelbe Fliegenfänger**. Sie fangen ihre Nahrung im Flug.

Zur gleichen Familie zählen die **Stärlinge**, deren bekannteste Arten der **Orangetrupial** und der **Orangebrust Trupial** sind. Letzterer ist der Nationalvogel von

Landeskunde

Curaçao, ein schwarz-weißer Vogel mit leuchtend orangen Brustfedern. Die Jungvögel des Trupials haben noch eine hellere Färbung als die ausgewachsenen Tiere. Daher sind sie leicht mit der gelben **Oriole** zu verwechseln.

Zu den Greifvögeln, also den Tagraubvögeln, zählt der auf Aruba und Curaçao vorkommende **Buntfalke**.

Weitere Arten sind der **Wanderfalke**, der **Merlin**, der **Fischadler**, der **Weißschwanzbussard** und der **Karakara**.

Eine tagaktive Eule ist die **Kanincheneule**. Sie ist durch ihr Federkleid getarnt, das farblich großartig an die Umgebung angepaßt ist. Sie baut ihr Nest in Höhlen am Boden. Da sie sehr scheu ist, kann man sie nur selten sehen.

Weit verbreitet sind auch Tauben, wie etwa die **Blautaube**. Eine besonders kleine Art ist die spatzengroße **Zwergtaube**, auch **Sperlingstäubchen** genannt. Sie lebt fast ausschließlich am Boden. Charakteristisch sind die rotbraunen Felder auf der Ober- und Unterseite ihrer Flügel.

Besonders auf den kleinen Inseln vor Arubas Westküste finden sich Brutkolonien von Möwen und Schwalben. Bei den Möwen ist vor allem die **Aztekenmöwe** mit ihrem wechselnden Sommer- und Winterkleid zu erwähnen. Im Winter sind ihre

Orangebrust Trupial

Landeskunde

Kopffedern weiß, im Sommer dagegen schwarzbraun. Mit den Möwen nah verwandt sind die **Schwalben**. Auf den Inseln sind sehr viele Arten vertreten. Während der Brutzeit sind die Schwalben ungewöhnlich aggressiv. Sie fliegen sehr dicht über Spaziergänger hinweg, die am Strand in die Nähe der Nester geraten.

Der bekannteste Vertreter der Tangaren, zu deren Familie die meisten der zahlreichen farbigen Singvögel der Karibik zählen, ist der **Bananaquit**. Der kleine Vogel hat einen schwarzen Rücken und eine gelbe Unterseite.

„Suickerdiefje"

Auf den ABC-Inseln wird der possierliche Vogel oft "Suikerdiefje", übersetzt "Zuckerdieb", genannt, da er zutraulich ist und in den Cafés und Gaststätten gerne die Zuckertütchen vom Tisch stibitzt. Von diesen süßen Leckerbissen abgesehen ernährt sich der Vogel wie die Kolibris von Blütennektar, den er durch seine zur Röhre geformte Zunge aufsaugt.

Eine amerikanische Drosselart ist die **Karibische Spottdrossel** und die **Weißaugen-Spottdrossel**. Ihre Bezeichnung als Spottdrossel erhielten sie, weil sie andere Vogelarten im Gesang perfekt imitieren und damit verwirren können.

Unter der Familie der Waldsänger fällt besonders der hell leuchtende **Gelbe Waldsänger** auf.

Ein besonderes Farbenspiel bietet der **Prachtfregattvogel**. Während der Balz lockt das Männchen auf seinem Nest mit seinem weitaufgeblasenen scharlachroten Kehlsack, der weithin sichtbar leuchtet. Die Flügelspannweite des Vogels beträgt etwa 2 m.

Weitere verbreitete Vögel der Inseln sind das **Gelbgesichtchen**, die **Haubenwachtel** und der **Riefenschnabel-Anis**.

Eine besondere Vogelvielfalt herrscht im Winter auf den ABC-Inseln, denn sie dienen vielen **Zugvögeln** als Winterquartier. Zu ihnen zählen viele Entenarten. Außerdem auch der **Stelzenläufer** und der **Steinwälzer**.

Landeskunde

Weitere sind die Strandläufer **Grauer Strandläufer** und **Dreizehstrandläufer**, sowie viele **Regenpfeiferarten** zu den Besuchern. Selten verirrt sich dagegen der **Waldstorch** auf die Inseln.

Unterwasserwelt
(von Jörg F. Tröller)
Neben den Malediven und dem Roten Meer sind die karibischen Inseln besonders schöne Tauchparadiese mit einer unvergleichbaren Vielfalt der Unterwasserflora und -fauna. In dieser weitgehend noch intakten Unterwasserwelt finden sich eine Vielzahl von verschiedenen Korallenarten, die in Symbiose mit den unterschiedlichsten Riffbewohnern stehen.

Der am meisten verbreitete Rifftyp ist das **Saumriff**, welches der Küste vorgelagert ist. (Siehe Skizze unten.)

Die Zonierung solcher Saumriffe erkennt man bereits zu Beginn eines Tauch- bzw. oder Schnorchel vom **Strand** her, dessen weißer Sand aus Korallenmaterial besteht, das von der immerwährenden Uferbrandung zermahlen wurde.

Hinter der **Brandungszone** schließt sich mit einer Ausdehnung von teilweise mehreren Kilometern die **Rifflagune** an, deren äußere Begrenzung meist durch einen Brandungsstreifen an der Riffaußenkante angezeigt wird.

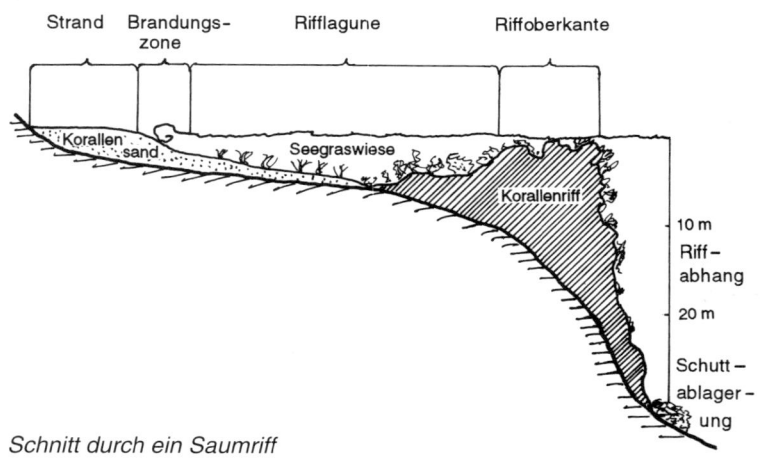

Schnitt durch ein Saumriff

Landeskunde

Papagei auf Bonaire

Leguan

Landeskunde

Hunds-Schnapper

Franzosenkaiser

Landeskunde

Kuhfisch

Landeskunde

Flamingos auf Bonaire

Landeskunde

Der Meeresgrund senkt sich innerhalb der Rifflagune langsam bis auf eine Tiefe von fünf bis sechs Meter ab und ist mit **Seegras** bewachsen. Dazwischen finden sich **Faltenkorallen** sowie die **Fingerkoralle**, häufig auch große **Flügelschnecken** und der **langstachelige Seeigel**.

Die große Vielzahl an tropischen Fischen kann hier nur angedeutet werden. Im angefügten lateinisch/englischen Verzeichnis der Fische sind zudem noch die häufigsten Arten der im Text genannten Familien verzeichnet.

Je mehr man sich der **Riffinnenkante** nähert, um so größer wird die Anzahl der Fischarten und ihre Farbenpracht.

Hier kommen häufig die Familien der **Sergantfische**, **Schnapper**, und **Drückerfische** vor. Weiterhin sehenswert sind die **Doktorfische** und die **Grunzer**.

Die Riffinnenkante ist zumeist durch ein Gewirr von **Hirschhorn-** und **Elchhornkorallen**, durchsetzt von **Gorgonien**, charakterisiert. Auf den Gorgonien sind relativ häufig hübsche, bunt gemusterte Schnecken der Gattung **Syphoma gibbosum** zu finden. Auch findet sich hier die sehenswerte, kulissenartig wachsende braungelbe **Feuerkoralle**.

Die direkt unter der Meeresoberfläche liegende **Riffoberkante** ist von zahlreichen Kanälen, Nischen und Höhlen durchsetzt und bietet einer Unzahl von wirbellosen Meerestieren Lebensraum. Hier findet sich eine Vielzahl von **Schnecken, Würmern** und **Anemonen**.

Neben den auch an der Riffinnenkante vorkommenden Fischen finden sich **Papageifische, Kaiserfische** sowie **Trompetenfische**. Hübsch sind die **Kofferfische** zu denen der **Kuhfisch** zählt.

Daneben gibt es auch häufig Muränen, wie die **Grüne Muräne** und die **Gefleckte Muräne**, die in den Höhlen und Spalten ihren Unterschlupf für den Tag finden. Außerdem hat hier die **Hirnkoralle** ihren größten Verbreitungsraum.

In ihrem Bestand bedroht ist die **Fechterschnecke**, eine bis zu 40 cm lange Schneckenart, die auf den Inseln Conch genannt wird, und als Delikatesse gilt. (Zur Conch siehe auch Kapitel *Insel- und Ortsbeschreibungen-Bonaire/Süden.*)

Für den Gerätetaucher ist die zumeist steil abfallende **Riffaußenkante** am interessantesten. Mit zunehmender Wassertiefe wird das Licht ausgefiltert, so daß erst künstliches Licht die volle Farbenpracht der Korallen und Fische enthüllt.

Die Lebensräume an der Riffaußenkante sind vertikal zoniert. Bis in eine Tiefe von etwa 10 m entspricht die Flora und Fauna im wesentlichen den bereits genannten.

Landeskunde

Schmetterlingsfisch

Landeskunde

Hinzu kommen jedoch einige im offenen Meer vorkommende Arten, wie etwa die **Makrelen**. Außerdem die **Barrakudas** sowie die **Rochen** und der ebenfalls zu dieser Familie gehörende **Teufelsrochen**, auch **Manta** *genannt*. Weniger oft können **Haie** beobachtet werden.

Mit zunehmender Tiefe wachsen Schwämme der verschiedensten Formen und Arten, so etwa der **Kelchschwamm**. Daneben treten jetzt auch die filigranen **Federkorallen** stärker auf.

In den zerklüfteten Riffwänden verstecken sich **Kraken** und **Langusten**, welche häufig große Kolonien bilden. An der gesamten Außenriffkante finden sich **Zackenbarsche**, zu denen der bis zu 3 m große **Judenfisch** gehört.

Ein gutes Auge, Ortskenntnis und etwas Glück gehört dazu, um **Scorpionsfische** wie etwa den **Gefleckten Drachenkopf**, **Flundern** und das **Langschnäuzige Seepferdchen** auszumachen.

Nicht erschrecken sollte der in tropischen Gewässern unerfahrene Taucher bei dem Anblick von **Meeraalen**, wie etwa dem **Röhrenaal** und dem **Spitzschwanz-Schlangenaal**, die auf den ersten Blick häufig für Seeschlangen gehalten werden.

Jenseits des Riffabhangs beginnt das offene Meer.

Igelfische

Landeskunde

FLORA

Aufgrund des ganzjährig heißen Klimas erstreckt sich die Blütezeit vieler tropischer Gewächse über das ganze Jahr. Es gibt also keine besonderen Erntezeiten. Auch ist aufgrund der Trockenheit nur sehr wenig wenig Landwirtschaft möglich, daher gibt es wenige **Nutzpflanzen**.

Kaktussteppe mit Dorn- und Sukkulentenwäldern ist die vorherrschende Vegetation der ABC-Inseln. Diese Pflanzen haben sich auf die Trockenperioden von 8 Monaten und länger eingestellt.

Mit Beginn der Regenzeit ändert sich das Aussehen der vormals bräunlich-trockenen Inseln völlig. Nach nur drei Tagen des vergleichsweise dürftigen Regens grünt alles auf der Insel, selbst scheinbar vertrocknete Bäume und Sträucher.

Nach der Regenzeit blühen die Kakteen und es wachsen Früchte, die den Vögeln und Fledermäusen als Nahrung dienen.

Da in den letzten Jahren selbst während der Regenzeit der geringe Niederschlag oft ganz ausblieb, sind gravierende Folgen für die Inselvegetation und somit auch für die Tierwelt zu befürchten.

Besonders **Kakteen** sind auf die langen Trockenzeiten eingestellt. Der Stamm der meist blattlosen Gewächse dient als Wasserspeicher. Auch die Vögel ziehen aus diesem Vorrat Nutzen. Bei sehr großer Wasserknappheit picken sie Löcher in die Kakteen, um an das Wasser zu gelangen.

Die meisten Kakteenarten haben große, auffällige Blüten. Ein recht häufig anzutreffender Kaktus ist der niedrigwachsende **Kugelkaktus**. Seine Blüten wachsen auf der haarigen, etwas abgesetzten Spitze.

Eine kleine Säulenkaktus-Art ist der **Yatu**. Seine Früchte tragen Dornen. Der **Kadushi** ist ebenfalls ein Säulenkaktus. Seine graugrünen Zweige geben ihm ein baumähnliches Aussehen. Die Früchte sind rot, violett und hellgrün.

Ein gelbblühender Gliederkaktus mit Dornen ist die **Spanische Jungfrau**. Seine Früchte sind rot und tropfenförmig.

Mehrere hundert Jahre alt können die **Baumkakteen** der Gattung **Cereus** und **Lemaireocereus** werden. Sie erreichen eine Höhe von mehr als 15 m. Im Washington Slagbaai Park (Bonaire) gibt es sehr schöne Kakteenwälder dieser Arten.

Häufige **Sukkulenten** sind Agaven der Art **Agave veta** und **Agave vivipera**.

Ähnlich genügsam wie die Kakteen ist die niedrigwachsende **Aloe-Pflanze**. Sie wurde im 19. Jh. auf Aruba gebracht, wo sie aufgrund des kalkreichen Bodens

Landeskunde

und des Klimas gute Bedingungen fand.

Ihre stacheligen, dicken Blätter enthalten ein Gel, das in der Pharmazie früher als Abführmittel verwendet wurde. Es ist heute Bestandteil vieler Cremes und Sonnenschutzmittel. Auch direkt aus der Pflanze entnommen wirkt das oftmals übelriechende Gel als kühlende Creme gegen Sonnenbrand.

Anfang dieses Jahrhunderts deckte Aruba etwa 70 % des weltweiten Aloe-Bedarfs. Der gesamte Exportwert betrug damals über 1 000 000 US$. Aber durch die sinkende Nachfrage wurde der Anbau stark reduziert. Nach der Wirtschaftskrise Anfang der 80er Jahre begannen einige Arubaner, den Anbau wieder etwas zu steigern.

Bei der Strauchvegetation handelt es sich meist um stachelige **Akaziengewächse**. So beispielsweise der für das Landschaftsbild der ABC-Inseln typische **Watapana-Baum**, der den einheimischen Namen **Divi-Divi** trägt. Die skurril aussehende Pflanze wächst auf den ABC-Inseln unter dem Einfluß des Nordostpassates waagerecht in Südwest-Richtung. Der Divi-Divi hat sehr kleine Blätter und gelbweiße Blüten. „Divi-Divi" war ursprünglich die Bezeichnung für die Frucht des Baumes in der Landessprache Papiamento und bedeutet 'Ohr'. Mittlerweile wird mit 'Divi-Divi' der Baum selbst gemeint. Der Saft der Frucht diente früher oft als Klebstoff.

Der Divi-Divi diente auch in anderer Hinsicht lange Zeit als Nutzpflanze, so vor allem auf Aruba. Die Schoten des wildwachsenden Strauches wurden jahrzehntelang als Rohstoff für das zum Gerben von Leder benötigte Tannin (Gallusgerbsäure) verkauft. Die deutsche Lederindustrie war der größte Absatzmarkt der arubanischen Tanninproduktion. Heute gibt es keinen Markt mehr für dieses Naturprodukt, da es durch synthetische Stoffe ersetzt wurde.

Wie der Baum ohne den Einfluß des Passates wächst, kann man im Arikok-Nationalpark auf Aruba sehen, da es im Park recht windgeschützt ist.

Weitere, häufig vertretene Akaziengewächse sind die **Acacia fornesiana**, **Cassia fructicosa** und **Acacia tortuosa**. Letztere ist eine auffällige, hochwachsende Pflanze mit gelber Blüte. Die Blüte sitzt auf einem bis zu drei Meter hohen festen Stiel. Diese Blüte wird zur neuen Pflanze, sobald der Stiel vertrocknet, und sie auf den Boden fällt. Sie bildet Wurzeln und treibt selbst eine hochwachsende Blüte aus.

Aus Afrika stammt der **Sodomsapfel**. Das bis zu 6 m hohe Gewächs hat 30 cm lange, fleischige Blätter. Das ganze Jahr hindurch trägt der Strauch kleine

Landeskunde

unscheinbare Blüten. Er wächst vor allem an der Küste und ist gegen Salzwasser relativ unempfindlich.

Eine auffällige Blume ist die 30-50 cm hohe kriechende Staude **Tribulus cistoides**. Nach der Regenzeit beginnt sie zu blühen: Ihre strahlenförmigen Blüten, die sich bei Sonnenaufgang öffnen, bilden einen herrlichen gelben Blütenteppich.

Auch wildwachsende **Orchideen** sind auf den Inseln verbreitet. So beispielsweise die bis zu 2 m hohe **Banana Shimaron**. Sie trägt von Juli bis August lila-rosa Blüten. Cremefarbende Blüten hat die Orchidee **Brassavola nodosa**.

Ein auffälliger Baum ist der rotblühende **Flamboyant**. Während der Blütezeit von Juni bis August sind diese Bäume aufgrund ihrer Farbenpracht weithin sichtbar. Der Baum wird 3-5 m hoch und hat Dornen.

Der rot, gelb oder weißblühende **Frangipani** ist ein 6-8 m hoher Baum. Seine sternförmigen Blüten sind sehr wohlriechend. Er blüht ganzjährig.

Vorsicht ist bei den häufig am Strand vorkommenden **Manzinella-Bäumen** angebracht. Ihre apfelähnlichen Früchte sind giftig und der Rindensaft kann bei Menschen mit empfindlicher Haut zu Verätzungen führen. Daher sollte man sich bei Regen nicht unter einen solchen Baum stellen, denn der durch das Blätterdach dringende Regen kann ebenfalls Verätzungen verursachen.

Mangrovenwälder von **Roten Mangroven** sind der Hauptbewuchs der ins Inselinnere reichenden Lagunen. Auffällig an diesen küstennah wachsenden Bäumen sind die verzweigten, meist ins Wasser ragenden Wurzeln.

Kokospalme

Ohne große wirtschaftliche Bedeutung für die Inseln ist die *Kokospalme*, von der im Jahr 60-80 Kokosnüsse zu ernten sind. Die Nüsse enthalten, frisch geerntet, eine köstliche Milch. An der Innenwand der Nuß setzt sich ein Gel ab, das ebenfalls genießbar ist. Bei uns sind die Kokosnüsse vor allem im getrockneten Zustand bekannt. Sie sind dann etwa 6-8 Monate alt.

Landeskunde

Blüten des Frangipani

Landeskunde

In der weiterverarbeitenden Industrie werden aus Kokosnüssen Öl und Seife gewonnen.

Eine wildwachsende Obstbaum-Art ist die **Valencia-Orange**. Die Spanier brachten den Baum auf die Insel, aber aufgrund der klimatischen Bedingungen schmeckte die ursprünglich süße Frucht sehr bitter. Man ließ daraufhin die Bäume verwildern und erst Anfang des 18. Jh. wurde zufällig entdeckt, daß die getrocknete Schale der Orange einen angenehmen Duft verströmt. Zunächst wurden ätherische Öle aus den Schalen gewonnen, später erfand die curaçaoische Familie *Senior* den heute so berühmten Curaçao-Likör.

Die Frucht selbst trägt seitdem den Namen „Goldene Orange von Curaçao", auf Latein *Citrus Aurantium Currassuviensis*. (Weitere Informationen siehe Kapitel *Landeskunde-Küche*.)

Weitere Baumarten sind **Farbholz**, **Gelbholz**, **Steinholz**, **Pockholz**, **Weißer Balsambaum** und der **Kalebassenbaum**.

Nur auf Curaçao wachsen die Baumarten **Sorocea arnoldoi** und **Xylosma arnoldoi**.

Landeskunde

Alphabetisches Verzeichnis der lateinischen Bezeichnungen
(soweit im Text nicht genannt)

Fauna

Deutsch	Latein
Afrikanischer Kuhreiher	Bubulcus ibis
Amerikanische Pfeifente	Anas americana
Amerikanischer Wasserläufer	Tringa macularia
Amerikanischer Graureiher	Ardea herodias
Aztekenmöwe	Larus atricilla
Bananaquit	Coereba flaveola
Blauflügelente	Anas discors
Blaureiher	Florida caerulea
Blautaube	Zenaida aurita
Brandseeschwalbe	Sterna sandvicensis
Braune Pelikan	Pelicanus occidentalis
Braunsichler	Plegadis falcinellus
Braunwangensittiche	Eupsittula pertinax
Buntfalke	Falco sparverius
Dreifarbenreiher	Hydranassa tricolor
Dreizehstrandläufer	Crocethia alba
Eidechsen	Anolis
Esel	Equus asinus
Felsenkrabbe	Grapsus grapsus
Fischadler	Pandion haliaetus
Flußseeschwalbe	Sterna hirundo
Gelber Waldsänger	Dendroica petechia
Gelbflügelamazone	Amazona barbadensis
Gelbgesichtchen	Tiaris bicolor
Gelbkopfstärling	Chrysomus icterocephalus
Gelbschnabelschwalbe	Sterna eurygnatha
Grauer Strandläufer	Calidris pusilla
Großer Grauer Fliegenfänger	Tyrannus dominicensis
Großer Meerreiher	Egretta alba
Großer Gelbschenkel Wasserläufer	Tringa melanoleuca
Grüner Kolibri	Chlorostilbon mellisugus
Grünreiher	Butorides virescent
Haubenwachtel	Colinus cristatus
Koschenille	Dactylopius coccus
Kaninchen	Oryctolagus cuniculus
Kanincheneule	Athene cunicularia

Landeskunde

Deutsch	Latein
Karakara	Polyborus plancus
Karibische Spottdrossel	Mimus gilvus
Katzenaugennatter	Leptodeira annulata bakeri
Keilschwanzregenpfeifer	Charadrius vociferus
Keilschwanzsittich	Aratinga pertinax xanthogenius
Kiebitzregenpfeifer	Pluvialis squatarola
Kleiner Gelber Fliegenfänger	Sublegatus modestus
Kleiner Grauer Fliegenfänger	Elania martinica
Kleiner Gelbschenkel Wasserläufer	Tringa flavipes
Königseeschwalbe	Sterna maxima
Leguan	Iguana iguana
Merlin	Aesalon columbarius
Orangebrust Trupial	Icterus nigrogularis
Orangetrupial	Icterus icterus
Prachtfregattvogel	Fregata magnificens
Rauchschwalbe	Hirundo rustica
Reisstärling	Dolichonyx oryzivorus
Riefenschnabel-Anis	Crotophaga sulcirostris
Roter Flamingo	Phoenicopterus ruber ruber
Roter Ibis	Eudocimus ruber
Schaumnestfrosch	Eupemphix pustulosus
Schmuckreiher	Egretta Thula
Steinwälzer	Arenaria interpres
Stelzenläufer	Himantopus himantopus
Streifenanoli	Anolis lineatus
Südamerikanischer Kormoran	Olivaceus cormorant
Topasrubinkolibri	Chrysolampis mosquitis
Trauergrackel	Quiscalus lugubris
Tropische Klapperschlange	Crotalus durissus unicolor
Tupfenrennechse	Cnemidophorus lemniscatus
Uferschwalbe	Riparia riparia
Veilchenente	Aythya affinia
Waldstorch	Mycteria americana
Wanderfalke	Hierofalco peregrinus
Weißaugen-Spottdrossel	Margarops fuscatus
Weißer Ibis	Eudocimus albus
Weißschwanzbussard	Buteo albicaudatus
Weißschwanz-/Curaçao-Hirsch	Odocoileus virginianus curassavicus
Weißstirnregenpfeifer	Charadrius semipalmatus
Ziegen	Capra

Landeskunde

Deutsch	Latein
Zwergseeschwalbe	Sterna albifron
Zwergtaube/Sperlingstäubchen	Columbigallina passerina

Unterwasserwelt

Deutsch	Latein	Englisch
Adlerrochen	Aetobatus narinari	Spotted eagle ray
Amerik. Stachelrochen	Dasyatis americana	Southern stingray
Ammenhai	Ginglymostoma cirratum	Nurse shark
Barrakudas	Sphyraenidae	Barracudas
Barsche	Epinephelus	Groupers & Seabasses
Blauer Doktor	Acanthurus coeruleus	Blue tang
Blaukopf Lippfisch	Thalassoma bifasciatum	Bluehead wrasse
Blaustirn-Kaiserfisch	Holacanthus ciliaris	Queen angelfish
Blaustreifengrunzer	Haemulon sciurus	Bluestriped grunt
Blenniiden	Blenniidae	Blennies
Blutroter Zackenbarsch	Epinephelus cruentatus	Graysby
Bunnenbauer	Opisthognathidae	Jawfish
Coney	Cephalopholis fulvus	Coney
Doktorfisch	Acanthurus chirurgus	Doctorfish
Dreifarben-Kaiser	Holacanthus tricolor	Rock beauty
Drückerfische	Balistidae	Triggerfish
Dunkler Soldat	Holocentrus vexillarius	Dusky squirrelfish
Fechterschnecke	Strombus gigas	Conch
Feenbarsch	Gramma loreto	Fairy basslet
Feilenfische	Monacanthidae	Filefish
Felsbarsch	Epinephelus adscensionis	Rock hind
Flötenfische	Fistulariidae	Cornetfish
Franzosenkaiser	Pomacanthus paru	French angelfish
Französischer Grunzer	Haemulon flavolinatum	French grunt
Gefleckte Meerbarben	Pseudopeneus maculatus	Spotted goatfish
Gefleckte Muräne	Gymnothorax moringa	Spotted moray
Gefleckter Drachenkopf	Scorpaena plumieri	Spotted Scorpionfish
Gelbe Meerbarben	Mulloidichthys martinicus	Yellow goatfish
Gelbe Stachelmakrele	Caranx latus	Yellow jack
Gelbkopf Lippfisch	Halichoeres garnoti	Yellowhead wrasse
Gelbmaul Zackenbarsch	Mycteroperca interstitialis	Yellowmouth grouper
Gelbschwanz Riffbarsch	Microspathodon chrysurus	Yellowtail damselfish
Gelbschwanz Schnapper	Ocyurus chrysurus	Yellowtail snapper
Gepunkteter Ritterfisch	Equetus punctatus	Spottet drum
Gestreifter Riffbarsch	Abudefduf saxatilis	Sergeant major

Landeskunde

Deutsch	Latein	Englisch
Gestreifter Ritterfisch	Equetus acuminatus	High hat
Gestreifter Zackenbarsch	Epinephelus striatus	Nassau grouper
Glasaugenbarsch	Priacanthus cruentatus	Glasseye
Grauer Kaiserfisch	Pomacanthus arcuatus	Gray angelfish
Grauer Schnapper	Lutjanus griseus	Gray snapper
Großaugenbarsch	Priacanthus arenatus	Bigeye
Großer Barrakuda	Sphyraena barracuda	Great barracuda
Großer Feilenfisch	Alterus scriptus	Scrawled filefish
Großer Hammerhai	Sphyrna mokarran	Great Hammerhead
Grundeln	Gobiidae	Gobies
Grüne Muräne	Gymnothorax funebris	Green moray
Grüner Papageienfisch	Sparisoma viride	Stoplight parrotfish
Grunzer	Sparidae	Grunts
Haie	Carcharhinidae	Sharks
Hamlet	Hypoplectus unicolor	Butter hamlet
Harlekinbarsch	Serranus tigrinus	Harleequin bass
Honig Riffbarsch	Stegastes diencaeus	Honey gregory
Hunds-Schnapper	Lutjanus analis	Dog snapper
Igelfische	Diodontidae	Porcupinefish
Jamaika Stachelrochen	Urolophus jamaicencis	Yellow stingray
Judenfisch	Epinephelus itajara	Jewfish
Kaiserfische	Pomacanthidae	Angelfish
Karibischer Riffhai	Carcharhinus perezi	Caribbean reef shark
Kleiner Barrakuda	Sphyraena picudilla	Southern sennet
Kofferfische	Ostraciidae	Boxfish
Königinnen Drücker	Balistes vetula	Queen trigger
Königinnen Papageienfisch	Scarus vetula	Queen parrotfish
Kreolenlippfisch	Clepticus parrai	Creole wrasse
Kuhfisch	Lactophrys polygonia	Honeycomb Cowfish
Langstacheliger Seeigel	Diadema antillarum	Sea-urchin
Lippfische	Labridae	Wrasses
Makrelen	Carangidae	Jacks
Marmorierter Zackenbarsch	Epinephelus inermis	Marbled grouper
Meeraale	Congridae	Conger eels
Meerbarben	Mullidae	Goatfish
Meeres-Drücker	Canthidermis sufflamen	Ocean triggerfish
Muränen	Muraenidae	Morays
Papageienfische	Scaridae	Parrotfish
Pfauenbutt	Bothus lunatus	Peacock Flounder
Regenbogenmakrele	Elagatis bipinnulata	Rainbow runner

Landeskunde

Grunzer

Landeskunde

Deutsch	Latein	Englisch
Riffbarsche	Pomacenridae	Damselfish
Rochen	Dasyatidae	Rays
Röhrenaal	Heteroconger halis	Garden eel
Rotband Papageienfisch	Sparisoma aurofrenatum	Redband parrotfish
Roter Zackenbarsch	Epinephelus guttatus	Red hind
Sandtaucher	Synodus intermedius	Sand diver
Schmetterlingsfische	Chaetodontidae	Butterflyfish
Schnapper	Lutjanus	Snappers
Schulmeister	Lutjanus apodus	Schoolmaster
Schwarzer Drücker	Milichthys niger	Black durgon
Schwarzspitzenhai	Carcharhinus limbatus	Blacktip shark
Schwarzstreifen Soldat	Myripristis jacobus	Blackbar soldierfish
Schweinsfisch	Lachnolaimus maximus	Hogfish
Seenadel	Syngnathus sp.	Pipefish
Seepferdchen	Hippocampus	Seahorse
Soldatenfische	Holocentridae	Squirrelfish
Spanischer Schweinsfisch	Bodianus rufus	Spanish Hogfish
Spatenfisch	Chaetodipterus faber	Spadefish
Spitzschwanz-Schlangenaal	Myrichthys acuminatus	Sharptail eel
Tabakfisch	Serranus tabacarius	Tobacco fish
Tarpun	Megalops atlanticus	Tarpon
Teufelsrochen/Manta	Manta birostris	Atlantic manta
Tiger Zackenbarsch	Mycteroperca tigris	Tiger grouper
Trompetenfisch	Aulostomidae	Trumpetfish
Umberfische	Sciaenidae	Drums
Virginia Grunzer	Anisotremus virginicus	Porkfish
Weißer Grunzer	Haemulon plumeri	White grunt
Weißpunktfeilenfisch	Cantherhines macrocerus	Whitespotted Filefish
Weißspitz-Soldat	Holocentrus rufus	Squirrelfish
Zweifarben Riffbarsch	Stegastes paritus	Bicolour Damselfish

Flora

Deutsch	Latein
Aloe	Aloe barbadensis
Banana Shimaron	Schomburgkia humboldtii
Divi-Divi/Watapana-Baum	Caesalpina coriaria
Farbholz	Haematoxulum brasiletto
Flamboyant	Delonix regia
Frangipani	Plumeria rubra, -obtusa bzw. -alba
Gelbholz	Casearia tremula

Landeskunde

Deutsch	Latein
Kadushi	Cereus repandus
Kalebassenbaum	Crescentia cuiente
Kokospalme	Cocos nucifera
Kugelkaktus	Melocactus
Mangrove	Conocarpus erectus
Manzinella-Baum	Hippomane mancinella
Pockholz	Guaiacum officinale
Rote Mangrove	rhizophora mangle
Sodomsapfel	Calotropis procera
Spanische Jungfrau	Opuntia wentiana
Steinholz	Jacquinia barbasco
Weißer Balsambaum	Bursera bonairensis
Yatu	Lemaireocereus griseus

Landeskunde

Landeskunde

GESCHICHTE & STAAT

Geschichte

Die Geschichte der ABC-Inseln ist Teil der bewegten Geschichte des gesamten karibischen Raums. Die verschiedenen kulturellen Einflüße der Ureinwohner, der Besetzer und schließlich der Sklaven und zahllosen Einwanderer prägten das heutige Bild der Karibik entscheidend.

Da die Geschichte Arubas, Bonaires und Curaçaos nicht unbeeinflußt von den Geschehnissen in der übrigen Karibik blieb, werden diese ebenfalls im folgenden Kapitel Erwähnung finden.

Präkolumbianische Zeit

Die ersten Bewohner der Karibischen Inseln waren die Indianer. Sie waren Nachfahren der mongolischen Rasse, die schon 25 000-18 000 v.Chr. aus Sibirien über die Bering-Straße auf den nordamerikanischen Kontinent kamen. Sie breiteten sich im Verlauf weiterer 10 000 Jahre über den Kontinent bis nach Südamerika aus.

Von dort wanderten etwa ab 5 000 v.Chr. die **Ciboney-Indianer** über die Kleinen Antillen bis Cuba ein. Von diesem Fischervolk ist kaum etwas bekannt.

Den gleichen Weg kamen zwischen dem 1. und 11. Jh. n.Chr. die **Arawak-Indianer**. Sie besiedelten nach und nach die Inseln. Dieser Stamm lebte vom Fischfang und der Landwirtschaft. Die wenigen archäologischen Funde, die vom Leben der Arawak-Indianer zeugen, weisen auf ihre ausgeprägten handwerklichen Fertigkeiten hin.

Weniger hoch entwickelt waren die **Cariben-Indianer**, ein kriegerisches Volk, das sich etwa ein Jahrhundert vor der Ankunft des Kolumbus von Norden über den gesamten Antillen-Bogen ausbreitete. Die Cariben-Indianer unterwarfen die Arawak-Indianer und töteten oder versklavten die Männer.

Da sie die Frauen in ihre Gemeinschaft aufnahmen, konnten die handwerklichen Fähigkeiten der Arawaken ebenso wie ihre Sprache überdauern. Ein wichtiges Indiz dafür sind die Aufzeichnungen von Kolumbus, der sich darüber wunderte, daß die Frauen eines von ihm besuchten Indianerstammes eine andere Sprache als ihre Männer sprachen.

Von den Cariben-Indianern wurde lange Zeit behauptet, sie seien Kannibalen gewesen. Diese Darstellung kam von den ersten Siedlern und Missionaren, die dadurch die Notwendigkeit einer Christianisierung eindrucksvoll belegen wollten. Heute ist erwiesen, daß sie keine Kannibalen waren. Wahrscheinlich gab es

Landeskunde

aber kannibalische Riten bei den Cariben-Indianern, das heißt, die Krieger aßen vom Herz eines tapferen Feindes, in dem Glauben, daß dann dessen Mut und Stärke auf die eigene Person übergeht.

Auf Aruba, Bonaire und Curaçao lebten die friedfertigen **Caiquetio-Indianer**, die von den Arawak-Indianern abstammten. Sie waren vom nahen venezuelanischen Festland zugewandert. Die Cariben-Indianer drangen bis zu diesen Inseln nicht vor.

Die Caiquetio-Indianer waren in ihrem Lebensstandard weniger weit entwickelt als die Arawak-Indianer der restlichen Antilleninseln. Sie lebten in einfachen Lehmhütten und ernährten sich vom Fischfang und den Früchten der Inseln. Sie kannten weder Viehzucht noch einfache Formen der Landwirtschaft. Da die Indianer von größerer Statur als die erobernden Spanier waren, wurden die Inseln von den Seefahrern auch „Islas de los Gigantes" (Inseln der Riesen) genannt.

Auf den Inseln zeugen neben einigen archäologischen Funden auch frühe Höhlenzeichnungen von diesen Ureinwohnern und ihren Vorfahren. Die Zeichnungen dienten vermutlich religiösen Zwecken, da nur wenige erkennbare, bildliche Motive darstellen. Im archäologischen Museum von Oranjestad, Aruba, werden viele der Funde, so etwa Urnen, Werkzeuge und Schmuck, ausgestellt.

Die Höhlenzeichnungen sind auf Aruba unter anderem im *Cunucu Arikok*, zu sehen, auf Bonaire vor allem an der Nordküste bei *Boca Onima* und auf Curaçao bei den *Hatohöhlen*. Siehe auch in den Kapiteln der *Insel- und Ortsbeschreibungen*.

Diese Zeitphase, bevor Kolumbus durch seine Reisen auf die für ihn Neue Welt stieß, wird allgemein als die *Präkolumbianische Zeit* bezeichnet.

Epoche der Eroberungen

Mit **Kolumbus** begann die europäische Besiedlung der Inseln. Da er fälschlicherweise annahm, Indien entdeckt zu haben, nannte er das Gebiet „Westindien" und seine Einwohner „Indianer".

Kolumbus wurde zunächst das Alleinrecht für seine Entdeckungsfahrten von der spanischen Krone zugebilligt. 1495 entzog ihm die spanische **Königin Isabella** dieses Vorrecht. So konnte auch der Spanier **Alonso de Ojeda**, der bereits unter Kolumbus Befehl an den Entdeckungsreisen in der Karibik teilgenommen hatte, seine Fahrten beginnen.

Im Juni 1499 sichtete Ojeda die Insel Curaçao. Über den „Entdecker" der beiden anderen Inseln sind sich die Historiker nicht so einig. Wahrscheinlich betrat Ojeda auch Bonaire, aber Aruba hat er vermutlich nie gesehen. Als

Landeskunde

"Entdecker" für Bonaire bezeichnete man oft auch **Amerigo Vespucci**, nach dessen Namen der neue Kontinent „Amerika" genannt wurde. Vespucci begleitete Ojeda auf der genannten Entdeckungsreise und man vermutet, daß sich die beiden Schiffe auf der Überfahrt in die Karibik verloren.

Vespucci muß dann wahrscheinlich nur kurze Zeit nach Ojeda auf Bonaire und Curaçao eingetroffen sein, Ojeda befand sich zu dieser Zeit schon auf Hispaniola (die Insel der späteren Staaten Haiti und Dominikanische Republik).

Über Aruba ist diesbezüglich noch weniger bekannt. Es wurde später als Curaçao und Bonaire „entdeckt" und ebenfalls zu spanischem Boden.

Da die drei Inseln keine Bodenschätze aufwiesen, erklärten die Spanier sie zu **„Islas Inutiles"** (unbrauchbare Inseln). Dies hatte zur Folge, daß nur wenige Garnisonen auf den Inseln stationiert waren. Die Ureinwohner, die Indianer, wurden versklavt und in die Kupferminen von Hispaniola verschleppt. Erst 1527 wurden wieder einige der Deportierten von dem neuen Inselkommandanten **Juan de Ampués** zurück auf die beinahe menschenleeren Inseln gebracht.

Nur langsam begann die wirtschaftliche Nutzung der Inseln durch die Spanier. Es wurden Pferde, Ziegen, Schafe, Schweine, Kühe und Esel von Europa importiert. Sie wurden zur Gewinnung von Tierhäuten gehalten. Neben dieser extensiven Viehzucht begann man in künstlichen Vertiefungen Salz aus Meerwasser zu gewinnen.

In den Blickpunkt der Niederländer gerieten die Inseln Aruba, Bonaire und Curaçao durch die Ereignisse in Europa. Für die einheimische Heringsfischerei benötigten die Niederländer Salz, das sie in Portugal und Spanien erwarben.

Durch den Konflikt mit diesen Ländern im 80jährigen Krieg (1568-1648) mußten sie sich nach neuen Salzlieferanten umsehen. Dazu kam, daß die Spanier 1633 die Antilleninsel St. Maarten eroberten. Sie war bis dahin der wichtigste strategische Stützpunkt der Niederländer in der Karibik. Das von den Spaniern unzureichend gesicherte Curaçao bot den Niederländern beides: das wichtige Salz und eine gute Lage als militärischen Stützpunkt in der Karibik.

Aus dieser Überlegung heraus eroberten sie unter **Johan van Walbeeck** 1634 die Insel. Die Spanier leisteten nicht lange Widerstand und ergaben sich schnell. Um Überfällen von dort vorzubeugen, wurden zwei Jahre später die Inseln Aruba und Bonaire aus strategischen Gründen erobert.

Landeskunde

Kanone vor dem Riffort (Curaçao)

Landeskunde

Schon 1621 wurde in den Niederlanden die Westindische Company gegründet. Ihre Aufgabe bestand darin, das Königreich mit Waren aus der neuen Welt zu versorgen. Curaçao und Bonaire gehörten schon während ihrer spanischen Besatzungszeit zu den Anlaufhäfen der Westindischen Company. Nachdem die Inseln von den Niederlanden eingenommen waren, wußte die Company die günstigen Voraussetzungen der Inseln zu nutzen.

Der Naturhafen von Curaçao eignete sich hervorragend für Handelsschiffe und schon bald entwickelte sich die Insel zum Handelszentrum der Zuckerrohrpflanzungen der neuen Welt. Das bedeutete vor allem, daß Handelsschiffe mit Sklaven aus Afrika die Insel anliefen und die Menschen von dort in die übrige Karibik verschifft wurden.

Peter Styvesant, der spätere Gouverneur von New York, war 1648 Inselkommandeur von Aruba, Bonaire und Curaçao.

Sklaverei und Sklavenhandel

Der Sklavenhandel in die sogenannte neue Welt begann Mitte des 16. Jh. Die Menschen wurden als billige Arbeitskräfte für die Arbeit auf den Plantagen aus Afrika 'importiert'.

Nur auf diese Weise konnten die europäischen Länder diesen großen Gewinn aus ihren Kolonien ziehen.

Als Sklaven wurden vor allem Angehörige der Negriden, die in Zentral- und Westafrika lebten, verschleppt. Die Afrikaner brachte man auf engstem Raum zusammengepfercht über den Atlantik. Die Schiffe waren auf ihrer Fahrt von Afrika nach Amerika so überfüllt, daß viele Menschen auf der Überfahrt starben.

Auch auf den Plantagen besserten sich die Lebensbedingungen für die Schwarzen nicht. Sie lebten meist in kleinen Hütten auf engstem Raum. Dauerhafte Beziehungen zwischen Männern und Frauen waren nicht erlaubt.

Auf den ABC-Inseln gab es zur Zeit der Westindischen Company nur wenige Sklaven, denn die Insel-Verwaltung unterstand dem Militär. Dieses erlaubte zunächst keine Ansiedlung von einfachen Siedlern auf Aruba und Bonaire, die dann Sklaven auf die Inseln gebracht hätten.

Curaçao diente dagegen als großer Umschlagplatz für Waren und Sklaven, die ebenfalls als Handelswaren eingestuft wurden. Von 1660 bis 1700 war die Blütezeit des Sklavenhandels auf Curaçao. Allein im Zeitraum 1637-1645 wurden insgesamt 20 000 Sklaven verschifft.

Die beiden Nachbarinseln Curaçaos dienten dem Handelszentrum quasi als Versorgungsinseln. Zu diesem Zweck war auf Aruba die Viehzucht zur Fleischgewinnung intensiviert worden.

Landeskunde

Auf Bonaire wurde Salz gewonnen, Ziegen und Schafe gezüchtet sowie Mais angebaut. Nur wenige Weiße lebten mit etwa 100 Sklaven auf der Insel. Erst ab 1791 erlaubte die Westindische Company weißen Siedlern, sich dort niederzulassen.

Aruba war zur gleichen Zeit fast menschenleer. Erst als zur normalen Viehzucht auch Pferde für die Arbeit auf den Plantagen der anderen Karibikinseln gezüchtet wurden, wanderten wieder einige Indianer vom venezuelanischen Festland ein. Sie wurden zum Einfangen der Pferde eingestellt, die ebenso wie das übrige Vieh frei auf der Insel herumliefen. An die Pferdezucht erinnert heute noch der Name der „Paardenbai" (Pferdebucht) bei Oranjestad. Dort wurden die Pferde zur Verschiffung auf die anderen Karibikinseln verladen.

Da sich besonders die Ziegen zahllos vermehrten, wurde Aruba oft spöttisch „Ziegeninsel" genannt.

Mit den niederländischen Siedlern, die ab 1770 die Erlaubnis erhielten, sich auf Aruba niederzulassen, kamen auch vermehrt Sklaven auf die Insel.

Im 18. Jh. ließ dieser Handel nach, da die meisten Staaten Gesetze gegen den Sklavenhandel erließen. Die Sklaverei selbst war damit aber nicht beendet. Auf den niederländischen Kolonien wurde sie erst 1863 abgeschafft.

Ruhig war die Zeit des Sklavenhandels nicht vorübergegangen. 1795 kam es auf Curaçao zu einem großen Sklavenaufstand, der blutig niedergeschlagen wurde. Die Anführer des Aufstandes wurden hingerichtet.

Territorialkriege

Von den Territorialschlachten im karibischen Raum, die seit der 2. Hälfte des 17. Jh. bis zu den *Pariser Friedensschlüssen* (1814/ 1815) andauerten, waren auch die ABC-Inseln betroffen. Die Niederländer konnten einige Angriffe der Engländer und Franzosen abwehren, doch zu Beginn des 19. Jh. eroberten die Engländer die Inseln. In den Pariser Friedensschlüssen erhielt das Niederländische Königreich sie wieder zurück.

Die Besatzungszeit ging besonders an Bonaire nicht spurlos vorüber. Die Engländer verkauften die Insel an einen Amerikaner, der für seine Schiffswerften große Teile des Baumbestandes abholzen ließ. Durch die wildlebenden Ziegen und Schafe wurde die Versteppung der Landschaft zusätzlich vorangetrieben.

20. Jahrhundert

Nach der Abschaffung der Sklaverei kam es auf den ABC-Inseln, ebenso wie im übrigen karibischen Raum zu einer Wirtschaftskrise. (Siehe auch im

Kapitel *Landeskunde-Wirtschaft*.) Auf den meisten übrigen Karibikinseln wurde versucht, durch Umstellung auf verschiedene landwirtschaftliche Produkte und die Förderung der Industrialisierung, die Inselwirtschaft zu stärken. Ab 1915 brachte die Ansiedlung der Ölraffinerie auf Curaçao und ab 1925/26 auf Aruba einen enormen wirtschaftlichen Aufschwung. Auch Bonaire profitierte vom allgemein wachsenden Wohlstand, der vor allem eine Verbesserung der Infrastruktur, der Schiffahrt und des Handels mit sich brachte. Viele Bewohner verließen Bonaire allerdings, um auf den Nachbarinseln Arbeit zu finden. Auch aus vielen anderen Ländern kamen Arbeitssuchende, vor allem auf die größere Insel Curaçao, was sich heute noch in der Kultur der Insel bemerkbar macht.

Der 1. Weltkrieg hatte keine Auswirkungen auf die Inseln. 1936 begannen die ersten Demokratisierungen auf den ABC-Inseln. Alle männlichen Einwohner niederländischer Nationalität erhielten das Wahlrecht.

Während des 2. Weltkrieges wurden auf Bonaire zeitweise deutsche Kriegsgefangene interniert. Auch wurde die Insel häufig von Kriegsschiffen angelaufen, deren Besatzung den Aufenthalt als Inselurlaub nutzen konnte. Man kann sagen, daß damit die ersten vagen Anfänge eines neuen Wirtschaftszweiges, des Tourismus, gelegt wurden.

Nach dem Ende des 2. Weltkrieges kam die Diskussion und Forderung nach Selbstverwaltung und Autonomie auf den ABC-Inseln auf. 1954 erhielten dann die Niederländischen Antillen (Aruba, Bonaire, Curaçao sowie die westlich von Puerto Rico liegenden Inseln Saba, St. Eustatius und St. Maarten) als letzte Kolonien ihre komplette Verwaltungsselbständigkeit.

Das heißt, sie zusammen wurden zu einem gleichberechtigten, autonomen Teilstaat des Königreichs der Niederlande. Damit band das Königreich ihre ehemaligen Kolonien an das Mutterland, etwa vergleichbar mit dem Status der ehemals französischen Kolonien zu Frankreich. Autonom sind die Inseln durch ihre eigenes Parlament. Die Verteidigungs- und Außenpolitik wird im Ministerrat der Niederlanden entschieden, dem jeweils auch ein abgesandter Minister der Niederländischen Antillen sowie Arubas angehört (siehe unten). In der Verteidigungs- und Außenpolitik unterstehen sie weiterhin gemeinsam dem Königreich.

Die Bewohner der Inseln sind somit niederländische Staatsbürger und profitieren auch von der Unterstützung des Staates. Aus diesen Gründen wurden die seit 1970 laut gewordenen Autonomiebestrebungen einiger Politiker

Landeskunde

von der Bevölkerung der Inseln nicht unterstützt.

Die Bevölkerung von Aruba fühlte sich jedoch innerhalb des Zusammenschlusses der Niederländischen Antillen benachteiligt, da sie zu der Zentralverwaltung einen hohen Beitrag zu leisten habe, sich aber politisch immer Curaçao unterordnen müsse. Aruba erhielt daraufhin am 1.1.1986 den Status Aparte, das heißt die Insel ist ein selbständiges Gebiet innerhalb des Königreichs der Niederlanden. (Siehe nachfolgendes Kapitel.)

DER STAAT

Staatsaufbau

Nachfolgend eine kurze Übersicht des politischen Systems:

Verwaltungsselbständigkeit -
seit 1954
Aruba - Selbständiges Territorium innerhalb des Königreichs der Niederlanden (seit 1986)
Bonaire und Curaçao - Teil der Niederländischen Antillen und als solches selbständiges Territorium innerhalb des Königreichs der Niederlanden
Staats- und Regierungsform - parlamentarische Demokratie
Hauptstadt Arubas - Oranjestad
Hauptstadt Bonaires - Kralendijk
Hauptstadt Curaçaos - Willemstad (zugleich **Hauptstadt der Niederländischen Antillen**)
Amts- und Landessprache - niederländisch und papiamento

Staat und Verwaltung

Das Königreich der Niederlanden besteht seit Einführung des Sonderstatus' für Aruba aus **drei** **autonomen Gebietsteilen**: den Niederlanden, der Insel Aruba und den Niederländischen Antillen.

Zu dem politischen Verbund der "Niederländischen Antillen" gehören neben Bonaire und Curaçao die rund 650 km entfernt liegenden Inseln des östlichen Antillenbogens, Sint Maarten, Sint Eustatius und Saba.

Aruba

Die Bemühungen um den Sonderstatus begannen mit dem Sieg der Partei *Movimiento Electoral di Pueblo* (*M.E.P.*) bei der Wahl des Inselrates 1971. Die Partei war im selben Jahr erst als Splitterpartei aus der Volkspartei Arubas hervorgegangen. Diese Partei verfolgte von Anfang an das Ziel, den Status Aparte zu erreichen.

Erst 1983 wurde auf einer Konferenz der Zentralregierung der Niederländischen Antillen der Sonderstatus für Aruba beschlossen.

Die Loslösung Arubas von den anderen Antilleninseln war allerdings an die Bedingung geknüpft,

Landeskunde

daß die Insel nach Ablauf von 10 Jahren, also 1996, auch vom Mutterland unabhängig wird. Diese Bedingung wurde gegen den Wunsch Arubas in den Loslösungsvertrag aufgenommen, aber später wurde die Klausel auf Drängen der arubanischen Regierung außer Kraft gesetzt.

Der aus 21 gewählten Mitgliedern bestehende Ministerrat regiert zusammen mit dem vom niederländischen Staatsoberhaupt ernannten Gouverneur Arubas die Insel.

Die Amtssprache von Aruba ist niederländisch, die offizielle Währung der Insel der Aruba-Florin.

Bonaire und Curaçao

Seit seiner Unabhängigkeit hat der Zusammenschluß der Niederländischen Antillen ein eigenes demokratisches Parlament. Es entsendet einen Generalbevollmächtigten Minister in die Regierung des Königreichs. Ein Gouverneur, der von der Königin ernannt wird, repräsentiert das Königreich auf den Inseln. Er steht dem Ministerrat vor, mit welchem er zusammen die Exekutivgewalt ausübt.

Dem durch eine direkte Wahl auf vier Jahre gewählten Parlament (genannt Staten) ist der Ministerrat verantwortlich. Curaçao entsendet 14 Mitglieder in das gemeinsame Parlament, Bonaire drei Mitglieder und die restlichen Inseln (Saba, St. Eustatius und St. Maarten) zusammen fünf Mitglieder. Das Parlament ist zuständig für die innenpolitische Gesetzgebung. Auf jeder Insel ist ein Einheimischer als Lokalgouverneur (genannt Gezaghebber) eingesetzt, der von der jeweiligen Hauptstadt seine Insel regiert.

In Bezug auf ihre eigenen Verwaltungsangelegenheiten ist jede Insel selbständig und hat ihre eigene Verwaltung. Sie besteht aus dem Inselrat, dem Verwaltungsrat und einem Leiter, der der Verwaltung vorsteht. Die Inselräte werden auf vier Jahre von den Inselbewohnern gewählt. Auf Curaçao besteht der Inselrat aus 21 Mitgliedern, auf Bonaire aus neun Mitgliedern.

Die Amtssprache auf den Niederländischen Antillen ist Niederländisch und die offizielle Währung ist der Gulden der Niederländischen Antillen. Er entspricht im Wert dem Niederländischen Gulden.

Willemstad, die Hauptstadt Curaçaos, ist gleichzeitig Regierungshauptstadt der Niederländischen Antillen. Curaçao besitzt aufgrund seiner Größe und wirtschaftlichen Bedeutung den größten Einfluß innerhalb des Zusammenschlusses der Niederländischen Antillen. Dies war auch der Hauptgrund dafür, daß sich Aruba 1986 durch die Sonderregelung des **Status Aparte** aus der Gemeinschaft der Niederländischen Antillen löste.

Landeskunde

Massenmedien

Auf allen drei ABC-Inseln können die **Radiosender** der anderen Inseln ebenfalls empfangen werden.

Aruba
- *Radio Antilliana*, 1270 kHz. Montags bis samtags um 12.40 Uhr englische Nachrichten.
- *Radio Kelkboom*. Montags bis freitags um 17.00 Uhr englische Nachrichten.
- *The Dick Miller Show*, 90 FM. Täglich um 19.00 Uhr Touristeninformationen und Nachrichten.

Bonaire
- *Voz di Bonaire*, FM 94,7 Mhz. Wochentags werden stündlich von 7.00-18.00 Uhr niederländische Nachrichten gesendet.
- *Radio Nederland*. Um 6.30 Uhr auf 6020 kHz zu empfangen, um 21.30 Uhr auf 6165 und 15315 kHz und um 23.30 auf 9590 und 11720 kHz.
- *Ritmo*, FM 97,1. In allen Sendungen wird Papiamento gesprochen.
- *Trans World Radio*, 800 kHz. Englische Nachrichten montags bis freitags um 7.30, 8.30, 13.00 Uhr und 17.45 Uhr. *Trans World Radio* ist ein protestantischer Sender.

Curaçao
- *Radio Paradise*, 103,1 FM. Es werden stündlich internationale und us-amerikanische Nachrichten sowie Touristeninformationen gesendet. Sendezeiten: Wochentags 9.00-13.00 Uhr und 17.00-19.00 Uhr sowie samstags 9.00-13.00 Uhr.
- *Trans World Radio*, 800 kHz. Englische Nachrichten montags bis freitags um 7.30, 8.30, 13.00 Uhr und 17.45 Uhr.
- *Radio Korsow*, 93,9 FM.

Auf allen Inseln gibt es **Kabelfernsehen** und es werden Sender aus den USA empfangen. Außerdem läuft auf Kanal 10/12 venezuelanisches Fernsehen.

Dies zeigt und erklärt, wie sehr die kleinen Inseln kulturell von Venezuela und den USA beeinflußt sind.

Die Fernsehprogramme der Stationen auf den einzelnen Inseln können auch auf den Nachbarinseln gut empfangen werden.

Aruba
- *Tele Aruba*, Kanal 13. Sendet us-amerikanische Programme und Nachrichten von CNN.

Bonaire
- *Flamingo TV*, Kanal 11. Sendet täglich von 16.00-1.00 Uhr.

Curaçao
- *Tele-Curaçao*, Kanal 8/6. Sendet täglich von 17.00 Uhr bis Mitternacht. Über 30 000 Haushalte auf Curaçao und Bonaire werden von dieser Fernsehstation versorgt.

WIRTSCHAFT

Geschichte: Für die europäischen Mutterländer hatten die karibischen Kolonien vorwiegend die Rolle eines billigen Rohstofflieferanten. Auf den Inseln der Großen Antillen bauten die Spanier Metalle ab, die Kleinen Antillen dagegen wurden von ihnen als nutzlos eingestuft. Dies änderte sich erst, als die Engländer und Franzosen die Herrschaft auf den Inseln übernahmen und ihr Potential als landwirtschaftliche Nutzfläche erkannten. Die wirtschaftliche Blütezeit der Karibik begann mit der Einführung der Zuckerrohrpflanze. Der daraus gewonnene Zucker war in Europa ein begehrtes Produkt. Neben Zuckerrohr wurde auch Tabak angebaut (zu Beginn des 18. Jh. war der Tabak das Hauptexportgut Cubas). Erst in der neueren Zeit wurde auch die Banane, zu einem wichtigen wirtschaftlichen Produkt.

Mit dem Anbau von Zuckerrohr begann der sprunghafte Anstieg des Sklavenhandels, da für die Arbeit auf den Zuckerrohrfeldern Arbeitskräfte benötigt wurden. Curaçao wurde aufgrund seiner günstigen Lage zu einem wichtigen Umschlagplatz für Sklaven, die aus Afrika „importiert" und von Curaçao aus auf die anderen karibischen Inseln verschifft wurden. (Siehe auch Kapitel *Landeskunde-Geschichte*.)

In ihrer Rolle als Händler beeinflußten die Niederländer die karibische Wirtschaft nachhaltig. Ihr durch den Sklavenhandel erwirtschaftetes Geld investierten sie in den Aufbau der Zuckerrohrplantagen auf den anderen Inseln. Dies wiederum bewirkte dort eine größere Nachfrage an Arbeitskräften, also Sklaven. Auf diese Weise verdienten die Niederländer dreifach: am Sklavenhandel, an den Erträgen aus den Plantagenanleihen und als Zwischenhändler im Zuckergeschäft.

Das Handelsdreieck Europa-Afrika-Amerika war ebenfalls nur durch die Sklaven ein rentabler Handel für die Kolonialmächte. Billige Güter wurden von Europa nach Afrika gebracht und dort gegen Sklaven eingetauscht. Diese wurden in die Karibik verschifft, und von dort fuhren die Schiffe, beladen mit den Erzeugnissen der Kolonien (Zucker, Tabak, Kaffee, Kakao, verschiedene Gewürze, usw.), zurück nach Europa.

Seltener wurden auch Gold und Silber über den Atlantik nach Europa transportiert. Die Kolonien wurden außerdem aus den Mutterländern mit Waren (oft Luxusartikel wie Stoffe, Weine etc.) und Waffen versorgt. Dies lockte zahlreiche Freibeuter an, die oft auch durch die europäischen Mächte gebilligt wurden, solange sie aus-

Landeskunde

schließlich die Schiffe der feindlichen Staatsmächte plünderten. Stützpunkt der meisten Piraten war auf den Bahamas.

Auf Bonaire, das ebenso wie Aruba als Versorgerinsel für das Handelszentrum Curaçao genutzt wurde, gab es Plantagen und Meersalzgewinnungsanlagen, die mit Hilfe von Sklaven bewirtschaftet wurden. Auf Aruba lebten dagegen zunächst nur wenige Weiße und einige Indianer, die Ziegen, Schafe und Rinder für die Fleischversorgung Curaçaos züchteten und Pferde für die Arbeit auf den Plantagen der karibischen Inseln.

Die Abschaffung der Sklaverei und das Konkurrenzprodukt Zukkerrübe, das in Europa angebaut wurde und zu billigem Zucker verarbeitet wurde, machten schließlich den Anbau des Rohrzuckers unrentabel. Die Wirtschaft der gesamten karibischen Inseln litt unter dem Einbruch der Zuckerwirtschaft. Durch die Abschaffung der Sklaverei wurden auch die Salzgewinnungsanlagen und die Plantagen auf den Inseln zu teuer für das Niederländische Königreich und mußten daher privatisiert werden.

Auf Aruba, Bonaire und Curaçao war der wirtschaftliche Einbruch für die Bevölkerung besonders schlimm, da der Landwirtschaft auf den kargen, trockenen Inseln keine große wirtschaftliche Bedeutung zukam.

Alte Goldschmelzerei auf Aruba

Erst die Erdölfunde in Venezuela initiierten einen Aufschwung. Da die großen Öltanker vom Gebiet der Ölfunde nicht in das Karibische Meer fahren konnten, wurden **Ölraffinerien** auf den Venezuela vorgelagerten Inseln Aruba und Curaçao errichtet.

Die Ölraffinerien bedeuteten Arbeitsplätze für die Bevölkerung und sorgten so für einen allgemeinen Wohlstand. Durch die zunehmende Automatisierung in diesem Wirtschaftszweig dauerte der Aufschwung jedoch nicht sehr lange an.

Wirtschaft Arubas

1824 wurde an Arubas Nordküste **Gold** gefunden. Nach einer kurzen „Goldfieber"-Phase kontrollierte die Regierung mit Hilfe von Soldaten den Abbau des Edelmetalls. Bis 1854 durfte jeder nach Gold suchen, aber mit der Bedingung, es der Regierung zu einem festgesetzten Preis zu verkaufen. Von den 1872 und 1899 erbauten Goldschmelzereien auf Aruba sind heute nur noch die Mauerreste zu sehen. 1916 wurde die Goldförderung schließlich wegen Unrentabilität eingestellt.

1946 wurde noch einmal versucht, den Goldabbau mit neuesten Methoden zu betreiben, doch auch dies erwies sich schnell als ein unwirtschaftliches Vorhaben.

Ein weiterer Bodenschatz ist **Phosphat**, das seit 1879 auf Aruba abgebaut wurde. Auch dieser Abbau wurde eingestellt, da die Nachfrage nach Phosphat zurückging.

Diese beiden Bodenschätze stellten für die Insel nie eine wirklich bedeutende Einnahmequelle dar.

Auch Landwirtschaft und Viehzucht wurden nie in größerem Ausmaße betrieben. Lediglich für kurze Zeit wurden zwei auf der Insel wildwachsende Pflanzen wirtschaftlich genutzt: **Aloe** als Grundstoff für die Pharmazie und die Schoten des **Divi-Divi Baumes**, um einen Gerbstoff für Leder zu gewinnen. (Siehe auch Kapitel *Landeskunde-Flora*.)

Ab 1925 stellte die **Erdölverarbeitung** der *ESSO*-Raffinerie in San Nicholas den einzigen nennenswerten Wirtschaftszweig auf der Insel dar. Er bescherte der Insel einen wirtschaftlichen Boom und zog Arbeitskräfte aus allen Teilen der Karibik und Südamerikas an. Während des 2. Weltkrieges war das Werk sogar die weltweit größte Ölraffinerie.

Zunächst durch die Automatisierung der Raffinerie und 1985 dann durch die Stillegung des gesamten Werkes wurden zahlreiche Menschen arbeitslos.

Als Lösung aus der wirtschaftlichen Misere (mit zeitweise 38-40 % Arbeitslosen) wurde von der Regierung der seit Ende der 50er Jahre an Bedeutung zunehmende **Tourismus** „entdeckt".

Für dessen Aufbau mußten wieder zahlreiche Gastarbeiter ins Land geholt werden, da es an einheimischen Fachkräften mangelte. Mittlerweile studieren viele Jugendliche aus Aruba in den Niederlanden auf Hotelfachschulen.

Mittlerweile wurde die Erdölraffinerie erneut zu einer wichtigen Stütze der Inselwirtschaft, da die *Costal Oil Company* nach etwa 6 Jahren die alte ESSO Raffinerie übernahm und nun nach anfänglich gedrosselter Produktion nach und nach ihre Kapazitäten steigert.

Landeskunde

Wirtschaft Bonaires

Die Insel Bonaire ist die ärmste der ABC-Inseln. An dem Aufschwung durch die Ölraffinerien auf Aruba und Curaçao profitierte die Insel nur indirekt durch seine Einwohner, die auf den Nachbarinseln zur Zeit des Aufschwungs lebten und arbeiteten. So versorgten sie ihre Angehörigen, die auf Bonaire zurückgeblieben waren.

Auch durch die Infrastruktur-Verbesserungen, die aufgrund des allgemeinen Wohlstands auf allen Inseln der Niederländischen Antillen durchgeführt werden konnten, nahm Bonaire Anteil am wirtschaftlichen Boom der anderen Inseln der Niederländischen Antillen.

Auf Bonaire gibt es seit 1975 einen **Ölumschlagplatz** der *Bonaire Petroleum Corporation N.V.* (*BOPEC*), an dem das aus Venezuela kommende Öl auf kleinere Schiffe verladen und zu seiner industriellen Weiterverarbeitung in die USA verschifft wird.

Ein Arbeitgeber, vor allem für die einheimischen Frauen, stellt die **Textilindustrie** Bonaires dar. Dort werden überwiegend Uniformen und Arbeitsbekleidung hergestellt.

Seit Beginn der 70er Jahre wird die **Meersalzgewinnung** durch die *Antilles International Salt Co N.V.* wieder verstärkt im Süden der Insel betrieben.

Wichtige Arbeitgeber sind die beiden lokalen **Radiostationen**. *Radio Nederland Wereldomroep* (*Dutch World Radio*) und *Trans World Radio*, letztgenannter ist ein protestantischer Sender, der zu den stärksten der Welt zählt.

Seit 1986 gibt es auf Bonaire den kleinen Industriezweig der **Reisverarbeitung**. Die *Antillean Rice Mills Inc.* verarbeitet und verpackt stündlich fünf Tonnen Reis, der unter den Markennamen „Comet", „Blue Ribbon", „Chop Sticks" und „Wild Flamingo Rice" auf den Markt kommt.

Exportiert wird der Reis auf die Schwesterinseln und die Windward Islands. In dem weitgehend automatisierten Unternehmen sind 25 Arbeitnehmer angestellt.

Der **Tourismus** gehört seit Anfang der 50er Jahre zu den wichtigsten Einnahmequellen der Insel und ist mittlerweile der wichtigste Wirtschaftszweig. Durch die Verlängerung der Landebahn des Flamingo Airports 1972 wurde die Landung auch größerer Flugzeuge ermöglicht.

Besonders den Tauchtourismus propagiert das natürliche Eiland Bonaire und wirbt mit seiner faszinierenden Unterwasserwelt.

Trotz des in letzter Zeit wachsenden Tourismus ist die labile Inselwirtschaft Bonaires noch immer von der finanziellen Unterstützung des Königreichs abhängig.

Landeskunde

Salzgewinnung auf Bonaire

Landeskunde

Wirtschaft Curaçaos

Auf Curaçao spielt heute noch die *Royal Dutch Shell*-**Ölraffinerie** eine wichtige Rolle. Seit den 50er Jahren ist der Tourismus schnell angewachsen und wurde zum zweitwichtigsten Wirtschaftsfaktor der Insel.

Da auch der wichtige Bereich der Dienstleistungen unter der steigenden Arbeitslosigkeit und der damit sinkenden Nachfrage litt, soll Curaçao als **Finanz-Dienstleistungszentrum** weiter ausgebaut werden. Die Insel dient beispielsweise amerikanischen Firmen als Auslandssitz, um die hohen Steuern im eigenen Land umgehen zu können. Da die USA Maßnahmen gegen diese Steuerumgehung ergriffen hat, sind die Gewinne seit 1984 jedoch spürbar gesunken.

Ein traditioneller Wirtschaftszweig Curaçaos sind die **Werften**. Ihre Bedeutung ist nicht mehr so groß, aber das Trockendock der Insel ist immer noch eines der größten in Amerika.

Der Abbau von **Phosphat** am Tafelberg ist mit 100 000 t Abbau täglich ein ebenfalls wichtiger Wirtschaftsfaktor. Leider wurde mit dem Abbau am Tafelberg ein jahrtausendelanger Brutplatz von Seevögeln vernichtet.

Die **Salzgewinnung** ist nicht mehr sehr bedeutend auf Curaçao, vor allem im Westteil der Insel sind noch alte Salzfelder zu sehen.

Möglichkeiten für Investoren

Auf Curaçao ist es recht einfach, **Immobilien** zu erwerben. Dies vor allem durch den Aufbau neuer Resorts, in welchen der Bau von Wohnhäusern, Appartements und einer guten Infrastruktur (Sportangebote, Restaurants, Einkaufszentren) vorgesehen ist.

Wer seinen Wohnsitz ganz auf Curaçao verlegen möchte, profitiert zudem von der niedrigen Einkommenssteuer, die nur 5 % beträgt. Dazu muß man allerdings eine ununterbrochene Aufenthaltserlaubnis vorweisen können, ein Haus im Wert von mindestens 135 000 US$ erwerben oder bauen und einen Einheimischen/eine Einheimische für mindestens 30 Wochenstunden einstellen.

Eine auf den Insel sehr verbreitete Möglichkeit, Geld in zukünftige Urlaube zu investieren ist das **Timesharing**. Besonders auf Aruba wird kaum jemand dem aufdringlichen Werben für diese Projekte entgehen können. Als Werbung werden Touristen, vor allem Paare, zu einer Besichtigung von Timeshare-Hotels eingeladen. Dem schließt sich ein Informationsgespräch über das Projekt an, an dessen Ende die Werber natürlich gerne die sofortige Unterzeichnung des Vertrages sehen. Für die Informationstour werden Interessenten teure Geschenke, in Form von Restaurant-, Casino- oder Mietwagen-

Landeskunde

gutscheinen gemacht. Zur Vertragsunterzeichnung sollte sich aber niemand aufgrund dieser Geschenke verpflichtet fühlen.

Timesharing gibt es in verschiedenen Varianten. Bei allen erwirbt man gegen einen einmaligen Betrag eine, zwei oder mehrere Wochen Urlaub im jeweiligen Timeshare-Hotel.

Für diesen Urlaub muß aber auch ein gewisser Betrag entrichtet werden, außerdem können, je nach Vertrag, nach einiger Zeit Instandhaltungs-Kosten verlangt werden.

Die Urlaubswochen können oft auch in anderen Timeshare-Hotels des gleichen Projektes verbracht werden. Dann muß auch in diesem Hotel der feststehende Betrag bezahlt werden. Die Zimmer dieser Hotels sind meist mit Küchenecke und mehr als einem Doppelbett ausgestattet, so daß mehrere Personen dort übernachten können.

Dieser mit anderen Mitgliedern geteilte 'Besitz' ist meist auf eine bestimmte Zeitspanne (z.B. 30 Jahre) beschränkt, kann vom Besitzer aber jederzeit verliehen, vermietet oder verkauft werden.

Für Familien mit Kindern ist diese Form des Urlaubs sicherlich preisgünstig und interessant, doch sollte vor Abschluß eines Vertrages das Risiko durch die fehlende Absicherung bei Konkurs des Timeshare-Projektes bedacht werden.

Adressen für Investoren
Aruba
- *Department of Economic Affairs*, L.G. Smith Blvd. 15, Boulevard Center, Oranjestad, Aruba. ☎ 21181 und 21482, Fax: 34494.
- *Aruba Foreign Investment Agenca (AFIA)*, Ennia Building, Kaya Betico Croes. ☎ 26070, Fax: 22745.

Bonaire
- *Department of Economic Development*, Government Office Building, Kralendijk. ☎ 5330.

Curaçao
- *Chamber of Commerce*, Kaya Junior Salas 1. ☎ 611455, Fax: 615652.
- *Curaçao Industrial & International Trade Development Co. (CURIDE)*, Emancipatie Boulevard 7. ☎ 376000.
- *Foreign Investment Agency Curaçao (FIAC)*, Scharlooweg 174. ☎ 657044.
- *Trade & Industry Association*, Kaya Junior Salas. ☎ 611210.

Straßen und Verkehr
Auf allen drei Inseln wird rechts gefahren. Die Infrastruktur ist gut, die Straßen sind überwiegend asphaltiert. Nur in abgelegeneren Gebieten gibt es auch schlecht befahrbare Wege. Hinweise dazu finden sich in den *Insel- und Ortsbeschreibungen*.

Die Geschwindigkeitsbegrenzung für Ortschaften beträgt auf

Landeskunde

den Inseln 40 km/h und außerhalb geschlossener Ortschaften 60 km/h. Höhere Geschwindigkeiten oder zusätzliche Begrenzungen werden auf Schildern angezeigt.

Es herrscht Rechts-Verkehr, weshalb die Regel „rechts vor links" bei unbeschilderten Kreuzungen Gültigkeit hat. Ebenso die Verkehrszeichen entsprechen den bei uns gebräuchlichen Zeichen.

Das Verkehrsaufkommen auf den Inseln Aruba und Curaçao ist sehr hoch. Daher ist in den Städten mit Parkplatzmangel und zu den Hauptverkehrszeiten mit zähfließendem Verkehr zu rechnen. Auf Aruba gibt es beispielsweise rund 40 000 Vehikel bei insgesamt 18 000 Haushalten. Doch das Busnetz ist trotz dieser hohen Zahlen gut ausgelastet!

Vorsicht: Bei kurzem Regen werden die Asphaltstraßen durch die glatte Oberfläche und den feinen Sandstaub spiegelglatt! Daher sollte man bei den ersten Anzeichen von Glätte an geeigneter Stelle anhalten, und die kurze Zeit abwarten, bis die Feuchtigkeit verdunstet ist.

Bei seltenen, größeren Regenfällen kann sich der Zustand der ohnehin nur mit dem Jeep befahrbaren Feldwege verschlechtern, da sie aufweichen und Rutschgefahr besteht.

Schulausflug auf Curaçao

Landeskunde

BEVÖLKERUNG

Bevölkerungsstruktur

Die Bevölkerung auf den karibischen Inseln ist eine der kosmopolitisch durchmischtesten der Welt. Auf Curaçao und Aruba trifft dies besonders zu, da durch den wirtschaftlichen Aufschwung mit dem Ölgeschäft zahlreiche Arbeitssuchende aus allen Nationen auf die Inseln kamen.

Auf beiden Inseln leben daher Menschen aus zahlreichen verschiedenen Nationen. Die weitaus größten Gruppen stellen dabei die Niederländer, Franzosen, Spanier, Portugiesen und Engländer dar, die von anderen karibischen Inseln kamen.

Das Durchschnittsalter der Bevölkerung ist mit unter 30 Jahren sehr niedrig. Abweichend zu vielen anderen karibischen Inseln ist jedoch die Geburtenrate nicht übermäßig hoch.

Aruba: Die kleinste der ABC-Inseln hat über 70 000 Einwohner. Die Bevölkerung ist hellhäutiger als auf den anderen beiden Inseln, denn es leben viele Mestizen auf Aruba. Dabei handelt es sich allerdings nicht um eine Vermischung der Weißen mit den Ureinwohnern der Insel, da diese fast vollständig ausgerottet wurden. Vielmehr stammen die Vorfahren vieler Arubaner von den Indianern ab, die von Venezuela und Kolumbien auf die Insel kamen, um bei den Weißen in der Pferdezucht zu arbeiten.

Im Vergleich zu Bonaire und Curaçao leben nur wenige dunkelhäutige Menschen auf Aruba, da es bis auf einige Hausangestellte kaum Sklaven auf der Insel gab.

Mit dem wirtschaftlichen Boom, der durch die Ansiedlung der Ölraffinerien ausgelöst wurde, kamen Menschen der unterschiedlichsten Nationalitäten. Zwar verließen nach der Schließung der Raffinerie viele wieder die Insel, aber knapp 10% der Bevölkerung setzt sich heute noch aus etwa 40 verschiedenen Nationalitäten zusammen. Neben den rund 80% Arubanern und Menschen von den Inseln der Niederländischen Antillen sind 10% der Bevölkerung aus den Niederlanden.

Bonaire: Auf Bonaire lebten und arbeiteten zahlreiche Sklaven auf den Plantagen und vor allem in den Salzgewinnungsanlagen. Der Großteil der heutigen Bevölkerung sind daher Schwarze afrikanischer Abstammung. Da die Insel nur am Rande vom wirtschaftlichen Aufschwung Arubas und Curaçaos profitierte, wurde sie nicht zu einem vergleichbaren Einwanderungsland wie diese. Vielmehr suchten sogar Bewohner Bonaires Arbeit auf den beiden

Landeskunde

anderen Inseln. Obwohl Bonaire in seiner Fläche größer als Aruba ist, leben aufgrund der schlechten wirtschaftlichen Lage nur etwas über 11 000 Menschen auf der Insel.

Fischverkäufer

Curaçao: Curaçao hat eine multinationale Bevölkerung. Rund 20% der Bevölkerung sind außerhalb der Niederländischen Antillen geboren, die Mehrzahl davon stammt aus den Niederlanden. 2/3 der rund 160 000 Menschen zählenden Bevölkerung lebt in und um Willemstad, der Hauptstadt der Insel.
Vor dem Zuzug der Arbeitssuchenden verschiedenster Nationen bestand die Bevölkerung aus drei großen Gruppen: Freiwillig kamen zunächst die weißen Niederländer, die bereits im 17. Jh. auf der Insel siedelten. Etwa zwei Jahrzehnte später die sefardischen Juden, die ursprünglich aus Portugal kamen, in Brasilien eine Kolonie gegründet hatten und nach ihrer Vertreibung von dort nach Curaçao geflüchtet waren.

Durch den Sklavenhandel wurden dann zahlreiche Afrikaner auf die Insel verschleppt. Aus diesen drei Gruppen entstand durch die Vermischung der Weißen und der Schwarzen schließlich die breite Bevölkerungsschicht der Mulatten.

Familie
Noch vor wenigen Jahren war auf den ABC-Inseln die Großfamilie mit 11-15 Kindern üblich. Heute hat eine Durchschnittsfamilie zwei Kinder. Das Familienleben hat sich in den letzten Jahrzehnten dem europäischen und amerikanischen Leben angeglichen.

Viele Jugendliche studieren in den Niederlanden, meist an Hotelfachschulen. Wenn sie auf ihre Insel zurückkehren und eine eigene Familie gründen, leben sie meist nicht weit vom Elternhaus entfernt, da die Familienbande weiterhin sehr stark sind.

Die jungen Frauen haben, wie in Europa und Amerika auch, die Emanzipation entdeckt und streben oft eine eigene Karriere an. Auf den Inseln sind auffällig viele Frauen im Dienstleistungssektor beschäftigt.

Landeskunde

Landeskunde

Bildungswesen

Das Schulsystem auf Aruba, Bonaire und Curaçao ist stark am niederländischen Schulsystem orientiert. Es soll den Anspruch aller Bürger nach Unterricht, unabhängig von Rasse, Glauben und Herkunft, gewährleisten.

Nach einem freigestellten Kindergartenbesuch ab vier Jahren, werden die Kinder mit dem sechsten Lebensjahr eingeschult. Die Grundschule dauert sechs bis sieben Jahre. Danach ist der Besuch einer höheren allgemeinbildenden Schule, oder einer Berufsschule möglich.

Ein Universitätsabschluß ist nur auf Curaçao möglich. Seit 1979 gibt es eine Universität auf der Insel. Diese *Universität der Niederländischen Antillen* verfügt über eine juristische Fakultät, eine medizinische Fakultät, eine Fakultät der technischen Wissenschaften und der Sozial- und Wirtschaftswissenschaften.

Auch ist auf Curaçao eine Lehrerausbildung möglich, die aber bislang zu wenig Absolventen für den Lehrerbedarf auf der Insel hat. Bislang müssen noch immer jährlich etwa 10 Lehrer aus den Niederlanden eingestellt werden.

Niederländisch ist die Amtssprache der Inseln und somit auch die Unterrichtssprache. Für viele Kinder ist sie die erste Fremdsprache. Auch die Muttersprache, das Papiamento, wird unterrichtet. In vielen Schulen gehören in den höheren Klassen Englisch und Spanisch zum Lehrstoff.

Es besteht bislang keine Schulpflicht, aber fast alle Kinder gehen zur Schule. Es gibt daher auch so gut wie keine Analphabeten auf den Inseln. Dies spricht für das, besonders im Vergleich zu anderen karibischen Inseln hohe Ausbildungsniveau,.

In viele Schulen auf den Inseln ist den Kindern und Jugendlichen das Tragen einer Schuluniform vorgeschrieben.

Gesundheitswesen

Auf allen drei Inseln gibt es fortschrittliche medizinische Einrichtungen.

Das Inselkrankenhaus **Arubas** verfügt über 280 Betten und ist modern ausgestattet. Zudem hat in jedem großen Hotel ein Hotelarzt 24-Stunden Bereitschaftsdienst.

Curaçao verfügt ebenfalls über ein modernes Krankenhaus mit ungefähr 800 Betten. Von jedem Ort der Insel ist das Krankenhaus in 20 min zu erreichen.

Es ist unter anderem mit zwei Dekompressionskammern ausgerüstet, so daß bei Tauchunfällen schnell Hilfe geleistet werden kann. Daneben verfügt Curaçao über mehrere kleine medizinische Zentren, so daß es nie weit zum nächsten Zentrum ist.

Landeskunde

Das Krankenhaus von **Bonaire** ist mit nur 60 Betten das kleinste. Auch zu seiner Ausrüstung zählt eine Dekokammer, in welcher vier Personen (drei Patienten und ein Arzt) Platz finden. Außerdem gibt es fünf Ärzte und zwei Zahnärzte auf der Insel.

RELIGION

Die Bevölkerung auf den Inseln ist heute überwiegend katholischen Glaubens. Die ersten Besatzer der Inseln, die Spanier, brachten die ersten Missionare mit, die die Ureinwohner zum katholischen Glauben bekehrten. Die Indianer wurden dann zur Arbeit auf andere Inseln verschleppt. Die später einwandernden Indianer kamen aus Venezuela und Kolumbien, wo sie schon mit katholischen Priestern in Kontakt geraten waren.

Die ersten niederländischen Siedler waren zwar überwiegend protestantisch, aber die Missionierung überließen sie weiterhin den katholischen Priestern. Den später dazukommenden, aus Afrika verschleppten Schwarzen entsprach der Katholizismus mit seiner Heiligenverehrung zudem besser als der Protestantismus. Teilweise benannten die Sklaven ihre afrikanischen Göttern nach den katholischen Heiligen, um so öffentlich und ungestraft die alten Götter huldigen zu können.

Die heutige Bevölkerung der ABC-Inseln ist zu etwa 90% römisch-katholischen Glaubens.

FEIERTAGE, FESTE & FESTIVALS

Auf allen Inseln gleichermaßen werden die großen christlichen Feste **Weihnachten** (25. und 26.12.), **Karfreitag**, **Ostern**, **Himmelfahrt** etc. gefeiert.

Dazu kommen noch der **Neujahrstag**, der **1. Mai** (Tag der Arbeit) sowie der 30. April (**Koninginnedag/ Geburtstag der Königin**) Der Geburtstag der niederländischen Königin wird mit Paraden, sportlichen Auftritten und Musik gefeiert.

An allen Feiertagen bleiben die Geschäfte geschlossen.

Natürlich wird der **Karneval** auf den drei Inseln ausgiebig gefeiert. Den Höhepunkt der Festivitäten bilden immer die letzten Tage vor Aschermittwoch. (Weitere Informationen siehe im Kapitel *Landeskunde - Karneval.*)

Auch der **Nikolaustag (Sint Nicolaas)** wird auf allen drei Inseln gefeiert. Alle braven Kinder werden am 5. Dezember vom niederländischen *Sinter Klaas* beschenkt und am 25. Dezember kommt zudem der amerikanische *Santa Claus*.

Landeskunde

Auf den Inseln werden an Weihnachten oft Wettbewerbe veranstaltet, welche Straße den schönsten Lichterschmuck hat. Die Häuser sind dann vollständig mit Lichtern behangen und auch öffentliche Bauwerke leuchten festlich.

Auf Curaçao und Bonaire werden die jüdischen Feste **Rosh Hashanah**, das **jüdische Neujahrsfest** und **Yom Kippur** gefeiert. Alle jüdischen Geschäfte und Banken haben an diesen Tagen geschlossen. Der Termin der Feste ist jedes Jahr verschieden.

Neben all diesen Festen hat jede Insel ihre eigenen Feste und Veranstaltungen. Die genauen Termine und jährlichen Besonderheiten sind den örtlichen Veranstaltungskalendern zu entnehmen.

Aruba

1. Januar - Neujahresfest. Es wird auf Aruba nicht nur wie auf den anderen Inseln mit dem traditionellen Feuerwerk gefeiert. Hier wird zudem noch die alte Sitte der *Dande* gepflegt.

Musikantengruppen ziehen nach Mitternacht von Haus zu Haus und wünschen den Bewohnern musikalisch ein gutes neues Jahr. Die Lieder werden dabei oft improvisiert und die Texte direkt auf die angesprochenen Personen umgedichtet. Um diese alte Tradition zu erhalten, wird jährlich ein Dande-Festival veranstaltet.

Frühjahr - Minimarathon. Das jährlich stattfindende Minimarathon wird auch *Half Marathon* (halbes Marathon) genannt. Es führt über eine Strecke von etwa 20 km.

18. März - Nationalfeiertag (auch Tag der Nationalflagge genannt). Zur Erinnerung an den 18. März 1976, als das erste Mal Arubas Nationalflagge gehißt wurde, feiern die Arubaner ein Fest mit traditioneller Musik und folkloristischen Darbietungen.

April - Aruba Culinary Exhibition. Die „Ausstellung" kulinarischer arubanischer Genüsse findet jedes Jahr in einem anderen Hotel statt.

Juni - Aruba-International Triathlon. Interessenten für das Triathlon erhalten Informationen bei ☎ 25877 und 24987.

24. Juni - Dia de San Juan. Der Dia de San Juan/ St. Johannistag wird mit dem Tanz *Derramento di Gai* sowie Tänzen um ein Johannisfeuer gefeiert. Alle mit dem Namen „Jan" oder „Johannes" gelten an diesem Tag als „Geburtstagskinder".

Oktober - International Dance Festival. Zu dem jährlichen Wettbewerb zeigen Vertreter zahlreicher Nationen eine große Auswahl verschiedener Tanzstile.

November - Pan American Race of Champs. Das seit 1991 jährlich veranstaltete Rennen der schwe-

Landeskunde

ren Trucks wird auch *Amstel Caribbean Shootout* genannt.

Bonaire
Frühjahr - Simadan. Simadan ist das Erntedankfest der Insel. Es basiert auf der alten Tradition der Sklaven, nach der Ernte in einer Parade singend in den Ort Ricon zurückzukehren. Entsprechend wird das Fest in Ricon und Kralendijk auch heute noch mit viel Tanz und Musik gefeiert.
30. April - Ricon's Day.
24. Juni - Dia de San Juan. Der Dia de San Juan/St. Johannistag wird mit Folkloretänze in verschiedenen Dörfern gefeiert.
29. Juni - Dia de San Pedro. Der Dia de San Pedro/St. Peterstag wird ebenfalls mit folkloristischen Darbietungen gefeiert.
September - Bonaire Day. Es werden Wettbewerbe im Fischen abgehalten.
Ende September - Vogelbeobachtungs-Olympiade.
Dritte Woche im Oktober - Internationale Segelregatta. Die jährlich stattfindende Regatta wird mit ausgelassenen Feiern auf den Straßen Kralendijks bis spät in die Nacht gefeiert.
November - Aguinaldo Festival.
6. November - Nikolaus Parade.

Curaçao
26. Januar - Indian Republic Day. Die indianische Gemeinschaft Curaçaos feiert ihren Indian Republic Day.
Ende Januar - Tumba Festival. Speziell für Kinder wird jedes Jahr das Tumba Festival veranstaltet. Es dient der Vorbereitung zum Karneval.
April - Curaçao Regatta. Jährlich wird auf Curaçao eine Segelregatta, die Curaçao Regatta, veranstaltet.
10. Mai - Öffnung der Staaten. Öffnung der Staaten (Volksvertretung) der Niederländischen Antillen durch den Gouverneur.
Juni - Open International Windsurf Championship. Die internationalen Windsurfwettkämpfe werden auf Curaçao abgehalten. Auskünfte über die Veranstaltungen des sogenannten Open International Windsurf Championship erhält man auf der Insel unter ☎ 79857.
2. Juli - Nationalfeiertag. Der Nationalfeiertag wird mit einer Fahnenparade und musikalischen Veranstaltungen gefeiert. Erinnert wird an diesem Tag an den 2. Juli 1951, an dem der Inselrat zum ersten Mal tagte. Zudem wurde am 2. Juli 1984 die Fahne von Curaçao eingeweiht, weshalb der Tag zum Dia di Himno i Bandero (Tag des Nationalliedes und der Fahne) erklärt wurde.
Erste Woche im November - Curaçao Jazz Festival. Ein ganz großes Ereignis auf Curaçao ist das Curaçao Jazz Festival. Viele Größen der Jazzmusik nehmen daran teil. Es findet immer in der *Coney Island Jazz Town*, im Osten Otrobandas, statt. Nähere

Landeskunde

Informationen gibt die Jazz Foundation, P.O. Box 386. ☎ 601125.

Karneval

Der Karneval ist das bedeutendste Fest auf den Inseln. Schon Wochen vor seinem Beginn fertigen Musikgruppen die oft sehr aufwendigen und phantasievollen Kostüme an. Die Hauptrolle beim Karneval spielt aber die Musik: die einzelnen Bands stellen vor, was sie im vergangenen Jahr in langer Fleißarbeit einstudiert haben.

Bei den abschließenden Wettbewerben werden die besten Darbietungen der Bands und Sänger sowie die besten Kostüme prämiert.

Noch in den darauffolgenden Monaten ist lange der musikalische Einfluß der einfallsreichsten und populärsten Musikstücke spürbar.

Die Festivitäten finden in den drei Wochen vor Aschermittwoch statt und bestehen aus zahlreichen Paraden der Menschen in phantasievollen Kostümen mit Musik, Tanz und Gesang. Es gibt eine **Kinderparade**, der wenige Tage später die **Große Parade** folgt. Sie findet am letzten Sonntag vor Aschermittwoch statt und gilt als der Höhepunkt des Karnevals. Den Abschluß der tagelangen Feiern bildet die Abschiedsparade der Kinder sowie die tags darauf stattfindende **Carnival's Farewell Parade**. Sie führt auf Curaçao meist durch Otrobanda.

Auf Bonaire wird als Abschluß des Karnevals eine Puppe verbrannt, die in der Bevölkerung allgemein als „König Momo" bezeichnet wird.

Tip: Die Zeit des Karnevals zählt zur Hochsaison des Tourismus. Deshalb sollten Flug- und Hotelbuchungen schon frühzeitig vorgenommen werden.

Da gerade zu den ausgelassenen Karnevalszeiten der Drogenmißbrauch und Alkoholkonsum groß ist, steigt auch die Zahl der Überfälle. Gerade Alleinreisende sollten dann, besonders abends, einsame Plätze und Straßen meiden.

Geschichte: Der Karneval hat seinen Ursprung in der Antike. Das ehemals zu Ehren des Fruchtbarkeitsgottes Dyonisos gefeierte Fest wurde zu einer überschwenglichen Feier vor dem Beginn der christlichen Fastenzeit. Der Karneval wurde im Mittelalter nur in der Aristokratie gefeiert und gelangte während der Kolonialzeit durch französische Aristokraten auf die Inseln.

In der Imitation des Karnevals fanden die Sklaven einen Weg, sich gegen ihre Herren aufzulehnen. Sie feierten das Fest ausgelassen mit Musik und Tänzen, die zu dieser Zeit aus der Mischung aus afrikanischer Tradition und europäischen Strukturen entstanden.

Landeskunde

Karneval auf Aruba

Landeskunde

KULTUR

Die Kultur auf Aruba, Bonaire und Curaçao ist das Produkt der ethnischen Vermischung der Bevölkerung. Damit unterscheidet sich die Kultur dieser Inseln nicht wesentlich von der der anderen karibischen Inseln, denn die Karibik vereint als Melting-Pot die kaum vorhandenen Reste indianischer Kultur mit den dominierenden Einflüssen europäischer und afrikanischer Kultur. Durch die Nähe zum venezuelanischen Festland sind auf den ABC-Inseln zudem auch Spuren lateinamerikanischer Einflüsse zu spüren.

Auch die vielen Religionen und die deshalb zahlreichen Feste auf den ABC-Inseln tragen ihren Teil zu der vielfältigen Kultur der Inseln bei.

Das Ergebnis der Vermischung dieser verschiedenen Kulturen ergibt die sogenannte „kreolische" Kultur. Sie zeigt sich vor allem im Tanz und der Musik. Aber auch die Küche auf den ABC-Inseln verdeutlicht die Verschmelzung der zahlreichen Bevölkerungsgruppen.

Der kulturelle Einfluß der Niederlanden wird besonders durch die Architektur augenscheinlich.

Musik, Tanz & Folklore

Die Musik in der Karibik spiegelt in ihrer Mischung die verschiedenen Einflüsse wider, die die Inseln im Verlauf ihrer Geschichte erfuhren. Von den Ureinwohnern, den Indianern, ist allerdings nichts erhalten geblieben. Auch in der Musikforschung wird die sogenannte **vorkolumbianische Musik** oft sogar als „sehr primitiv" abgetan, obwohl die wenigen vorhandenen Musiküberlieferungen im gesamten Lateinamerika einen hohen Standard dieser Musik vermuten lassen.

Die Geschichte der **heutigen Musik** im karibischen Raum setzt mit der europäischen Kolonialisierung und besonders mit dem Beginn der Sklaverei, also mit den Menschen aus Afrika, ein. Die kulturelle Entwicklung verlief nicht auf allen Inseln gleich; so wie jeder Staat seine eigene Geschichte hat, wurde auch die Musik jeder Insel durch verschiedene Einflüsse geformt.

Die hauptsächlichen Unterschiede resultieren daraus, welche Musiktraditionen durch die europäischen Eroberer auf die Inseln kamen. Ebenso spielt die Herkunft der Afrikaner eine entscheidende Rolle, da die aus verschiedenen afrikanischen Stämmen kommenden Schwarzen unterschiedliche Gesangs- und Tanztraditionen mitbrachten.

Neben diesen Unterschieden sind jedoch einige grundsätzliche strukturelle Gemeinsamkeiten auf jeder Insel vorhanden: prägend ist

Landeskunde

bei allen Musikrichtungen die Vermischung afrikanischer mit europäischer Musiktradition. Die Art der Kombination, im Bereich der Karibik auch **Kreolisation** genannt, ist trotzdem auf jeder Insel einzigartig.

Von der afrikanischen Musik wurden die Trommelklänge und die Tradition des *Ruf- und Antwort-Gesangs* (ein Beispiel hierfür ist der *Calypso*) übernommen. Die Trommelklänge und der Ruf- und Antwort-Gesang sind religiös geprägte Elemente. Die europäische Musik lieferte die Melodie.

In der Karibik konnten die *afrikanischen Stilelemente* besser überdauern als in Nordamerika. Dies hängt vor allem mit den Lebensumständen der damaligen Sklaven zusammen. Sie lebten sehr dicht und isoliert zusammen und konnten so ihre Bräuche und Kultur relativ unbehindert leben. Außerdem entsprach der in der Karibik verbreitete Katholizismus mit seiner Heiligenverehrung eher dem westafrikanischen Kultleben als der Protestantismus Nordamerikas. Durch die Vermischung des katholischen Glaubens mit den alten afrikanischen Kulten konnten viele Elemente der afrikanischen Kultur weiterbestehen. (Siehe dazu auch Kapitel *Landeskunde-Religion*.)

Auf Aruba, Bonaire und Curaçao ist die Musik natürlich vor allem von den *niederländischen Volksweisen* beeinflußt.

Sie dienten als Grundlage und wurden mit afrikanischen Instrumenten im schnellen Trommel-Rhythmus gespielt und abgewandelt. Die Kunst der Improvisation spielte dabei eine wichtige Rolle.

Unverkennbar ist der afrikanische Ursprung der **Tänze** *Tambú* und *Tumba*. Der Tambú diente den Sklaven als einzige Abwechslung nach der Arbeit.

Eine wichtige Rolle bei diesem Tanz spielt die gleichnamige Trommel, die mit Schafshaut bespannt ist. Mit den Fingern und den Handflächen wird auf der Trommel der Rhythmus des Tanzes angegeben. Heute wird der Tambú während der Erntefeste, zur Jahreswende und auf folkloristischen Festen getanzt. Auf Aruba gibt es diesen Tanz nicht, da er von den Sklaven aus Afrika getanzt und gespielt wurde, den Vorfahren der Bevölkerung auf Bonaire und Curaçao.

Der Tumba ist der Haupttanz und -rhythmus während der Karnevalszeit. Durch die Karnevalbands und die Musikwettbewerbe erfährt er während dieser Zeit unzählige Abwandlungen und Variationen.

Der Tambu wird zum Rhythmus der Tambu-Trommel getanzt und ist ein Protesttanz, in dessen Gesang Mißstände thematisiert werden. Vor allem Ärgernisse des vergangenen Jahres werden in den Gesängen beschrieben, die

Landeskunde

überwiegend in der Zeit von Weihnachten bis Ostern zum Tanz gesungen werden.

Mehr westeuropäischen Ursprungs sind die Tänze *Mazurka*, *Walse* und *Balié Sinta,* während der *Danza* lateinamerikanischer Herkunft ist. Weitere Tänze sind *Rumba*, *Carioca* und *Merengue*.

Zum Tanz gehört außerdem der **Gesang**. Es handelt sich dabei um improvisierte Liedtexte, die ein bestimmtes Thema besingen und auch aus Spottversen oder Kritik an gesellschaftlichen Mißständen bestehen können.

Je nach Anlaß gibt es die sogenannten *Arbeitslieder*, *Samstagslieder*, *Hängemattenlieder* und *Erntelieder*.

Bei den **Instrumenten**, die in der karibischen Musik benutzt werden, handelt es sich hauptsächlich um Schlaginstrumente. Sie sind meist aus einfachsten Materialien, wie etwa der *Agan* und der *Chapi*.

Der Agan ist eine sich verengende Röhre, die am Handgelenk des Spielers befestigt und mit einem Holzstab gespielt wird.

Den Chapi greift der Spieler mit dem Daumen durch das Öffnungsloch. Dieses harkenförmige Instrument wird mit einem Eisenstab gespielt.

Während des Erntedankfestes, dem sogenannten *Seú*, ist ein gleichnamiges Instrument von großer Bedeutung. Es besteht aus einem ausgehöhlten Kürbis, der in einem Wasserbottich treibt. „Gespielt" wird der Kürbis mit zwei Stöcken oder mit den Fingern.

Auf Aruba, Bonaire und Curaçao gibt es zahlreiche **Folkloregruppen** (grupo folklóriko), die, von Musikgruppen begleitet, Tänze aufführen. Die Gruppen bestehen aus vier Paaren, die in den alten Trachten auftreten, welche noch bis zu Beginn dieses Jahrhunderts auf den Inseln getragen wurden.

Die Aufführungen der Folkloregruppen sowie die musikalischen und folkloristischen Darbietungen bei den Festen lassen ein wenig die Vielfalt der karibischen Musik und der Tänze erahnen.

Durch den Tourismus ist in einigen Touristenzentren eine **Neofolklore** entstanden. Sie ist charakterisiert durch die Vereinfachung der Themen.

Kunsthandwerk

Neben den handwerklichen Erzeugnissen existiert nur wenig Kunsthandwerk. Zur Zeit der Sklaverei kam es zu keiner wirklich eigenständigen Kultur des Kunsthandwerks, die Menschen orientierten sich an der europäischen Kultur.

Ein Werk dieser Zeit ist der **Holzschnitzaltar** in der Santa Anna Kirche auf Aruba. Er wurde im 17. Jh. von dem niederländischen Meister *van Geld* geschaffen.

Landeskunde

Folkloredarbietung auf Curaçao

Landeskunde

ARCHITEKTUR

Viele Gebäude auf Aruba, Bonaire und Curaçao sind von der **niederländischen Architektur** geprägt. Abwandlungen erfuhr sie vor allem durch die Anpassung an das tropische Klima. Das Ziel der „Bauherren" war es, die Sonneneinstrahlung zu mindern und den abkühlenden Wind auszunutzen. Die Ausrichtung der Häuser nach dem Wind und der farbige Anstrich zeugen von diesen Bemühungen. Die Pastellfarben der Häuser führte ein Gouverneur auf Curaçao ein, der von dem ursprünglich weißen Anstrich geblendet wurde.

Die Farbe dieses weißen Anstriches gewann man aus dem Kalkstein der Inseln.

Da die Inseln von den Eroberungskriegen nicht so sehr betroffen waren, sind auch in den Städten einige schöne historische Bauten erhalten. Der am häufigsten anzutreffende Stil ist ein vereinfachter **niederländischer Barock** und **Klassizismus**. Ein eindrucksvolles Beispiel hierfür ist Willemstad, die Hauptstadt von Curaçao.

Die typischen roten Dachziegel der Gebäude, die häufig zu sehen sind, wurden als Ballast der Schiffe auf die Inselkolonien gebracht. Dann kehrten diese Schiffe, beladen mit dem Salz, das in den Salzplantagen gewonnen wurde, zurück nach Europa.

Häuser mit einem sogenannten *Tortodach* sind eine **architektonische Besonderheiten auf Aruba**. Dieses Dach hat verschiedene Neigungswinkel. Das heißt, zunächst verläuft es nur leicht ansteigend, dann folgt ein normal steiler Dachgiebel und läuft schließlich auf der anderen Seite wieder leicht abfallend aus.

Eine weitere Besonderheit der Häuser auf Aruba sind die hübschen Ornamentverzierungen an der Vorderfront. Dies sollen alte indianische Zeichen sein, die Unheil vom Haus fernhalten sollen. 1820 wurden sie erstmals auf den typischen Häusern angebracht.

Die ersten **Häuser der niederländischen Kolonialisten** waren aus Holz und Stein erbaut, und mit Ziegeln gedeckt.

Die einfachen, kleinen **Häuser der Sklaven** wurden aus Lehm, Stroh und Zweigen nach afrikanischer Tradition errichtet. Die Mauern des Hauses bestanden aus einem mit Schlamm bestrichenen Gerüst fester Zweige. Auf diese Schicht wurde nasser Mist gestrichen, bis die Mauer eine Dicke von bis zu 50 cm erhielt. Die Wände wurden dann mit weißem Kalk, der mit Aloesaft vermischt war, getüncht. Das Dach bestand ebenfalls aus einem Zweiggerüst, auf das dann Maisstroh gedeckt wurde.

Landeskunde

In den Häusern war es recht dunkel, da sie nur kleine oder gar keine Fenster hatten. Ähnlich waren auch die Hütten der Indianer errichtet. Diese Bauweise diente dazu, möglichst wenig Wärmestrahlen ins Haus dringen zu lassen.

In alten Städten, wie beispielsweise Ricon (Bonaire), kann man noch alte Häuser sehen. Teilweise wurden sie umgebaut und vergrößert, aber die Grundstruktur der frühen Bauweise ist noch sichtbar.

Mit den Sklaven wuchs der Wohlstand der Kolonialisten, was sich heute noch an den erhaltenen Plantagenhäusern, genannt „**Landhuizen**", zeigt. Auf Curaçao sorgt die Stiftung *Monumentenzorg* für die Instandhaltung von etwa 30 Landhäusern. Die übrigen 40 Landhäuser auf der Insel sind in einem schlechten Zustand.

Ein Landhaus ist das Hauptgebäude einer Plantage oder einer Viehzuchtfarm. Bei großen Plantagen liegt dieses Hauptgebäude auf einer erhöhten Stelle. Somit bot sich den Besitzern von dort eine gute Sicht für die Kontrolle der Sklaven auf den umliegenden Ländereien. Außerdem konnten sich auf diese Weise die umliegenden Landhuizen durch Rauchsignale oder Flaggenzeichen verständigen. Dies diente zum Schutz gegen Piraten, die im

typisches Landhuis auf Curaçao

Landeskunde

18. Jh. eine Gefahr darstellten, aber auch als Schutz gegen die eigenen Sklaven, falls ein Sklavenaufstand drohte.

Auf Curaçao gab es Anfang des 19. Jh. knapp 100 solcher Plantagen mit aus Stein erbauten Hauptgebäuden. Die etwa 300 kleineren Ländereien wurden „Garten" genannt. Allerdings dienten viele Landhäuser mehr dem Image, denn der landwirtschaftliche Ertrag deckte gerade den Eigenbedarf. Lediglich die Salzgewinnung und die Tierzucht waren rentable Wirtschaftszweige auf den Inseln.

Mit dem wirtschaftlichen Umschwung auf den Inseln durch die Ölindustrie verloren die Plantagen ganz an Bedeutung. Die Sklavenbefreiung dagegen hatte den Großgrundbesitzern kaum Einbußen gebracht, da sie ihre ehemaligen Sklaven meist gegen kleine Anbauflächen weiterhin auf ihrem Gut verdingen konnten.

Die auffallendsten architektonischen Merkmale der Landhäuser sind ihre mit Ziegeln gedeckten Dächer und die überdachte Galerie an der Außenseite des Hauses. Die Räume im Haus grenzen direkt aneinander, es gibt keine trennenden Flure.

Der Grundriß wurde meist den klimatischen Verhältnissen angepaßt: Die Grundform des Hauses ist länglich und die Schlafräume liegen an der Windseite. Die Küche befindet sich auf der windgeschützten Seite. So sorgt der Wind als natürlicher Ventilator für eine Abkühlung des Hauses und der Küchendunst dringt nicht in die Wohnräume ein.

Auch die häufig zu sehenden Giebelverzierungen dienen der Abkühlung, da sie das Sonnenlicht filtern und für Lüftung sorgen. Die schrägen Dächer schützen vor der Hitze und da das Regenwasser schnell abfließt und nicht verdunstet, kann das kostbare Naß aufgefangen werden.

Die schmucken Veranden haben ebenfalls einen kühlenden Effekt, da sie die Sonne von der Außenmauer des Hauses abschirmen und so die Aufwärmung vermindern.

Von den wenigen kriegerischen Auseinandersetzungen um die Inseln zeugt die **Festungsarchitektur**. Ein Beispiel ihrer monumentalen Bauwerke ist das Fort Amsterdam in Willemstad (Curaçao). Auch in den Hauptstädten von Aruba und Bonaire diente ein Fort als Schutz vor feindlichen Mächten und vor Piraten.

Auf Curaçao wurden zudem an abgelegenen, ungesicherten Stellen der Insel Forts errichtet.

An Zweckbauten, wie etwa öffentlichen Gebäuden und den neuen Hotels und Hotelanlagen, zeigt sich die **moderne Architektur** der Inseln. In dieser Bauart entstand etwa die Markthalle in Willemstad.

Landeskunde

CASINOS

Casinos gibt es auf Curaçao und Aruba wie Sand am Meer. In jedem größeren Hotel kann man eins finden, doch nicht nur Touristen lassen sich von der Spielleidenschaft ergreifen. Viele Gehälter der Curaçaoaner und Arubaner wandern hier über den Tresen, denn es hoffen viele auf das große Glück. Dabei sollten gerade sie es besser wissen, denn im Papiamento bedeutet „Casi no" übersetzt: „Meistens nicht".

Ein anderer Grund ins Casino zu gehen als der des Spielens, besteht durch die häufig servierten Freigetränke. Da der Eintritt frei ist, kann man bei einem Casinobesuch auch sehr viel Geld einsparen - vorausgesetzt, man bleibt den Spieltischen und Automaten fern.

Wer trotzdem versuchen möchte, die Urlaubskasse etwas aufzufrischen, sollte sich vorher ein Limit setzen, denn schnell verführt der Verlust des Geldes dazu, es mit weiterem Einsatz zurückgewinnen zu wollen.

Tip: Es ist in allen Casinos möglich, zu einem recht guten Kurs Travellerschecks zu wechseln und auf Scheckkarte Bargeld zu erhalten. Die meisten Casinos haben durchgehend von 10.00-4.00 Uhr geöffnet. Vor einigen Jahren waren viele sogar non-stop geöffnet, aber das Gesetz erlaubt mittlerweile nur eine Öffnungszeit bis 4.00 Uhr.

Die häufigsten Spiele sind Roulette und Black Jack. Außerdem stehen in jedem Casino zahllose „Einarmige Banditen" (englisch: Slotmachine). Einige Casinos haben zudem einen Tisch für das Würfelspiel Craps.

Hinweis: In den Casinos ist das Fotografieren verboten, um die Privatsphäre der Spieler nicht zu verletzen.

Viele Casinos bieten an bestimmten Tagen eine Einführung in die Casinospiele an. Dabei werden die Regeln und Gewinnmöglichkeiten erklärt.

Am einfachsten sind die **Slotmachines** zu bedienen. Zudem kann man bei ihnen den Einsatz pro Spiel recht niedrig halten, denn es gibt Automaten für Nickel-Münzen (0,05 US$), Cent-Münzen (0,25 US$) und ein US$-Münzen. Welche Kombinationen einen Gewinn bringen, zeigt das Schaubild auf dem Automaten.

Die Gewinnchancen pro Spiel kann man bei einigen Automaten zudem durch höheren Einsatz vergrößern: Bei jeder zusätzlichen Münze Einsatz (bis zu drei bzw. fünf Münzen) zählt nicht nur die

Landeskunde

mittlere Reihe, auch Symbolkombinationen auf der Reihe darunter oder darüber können Gewinne bringen.

Am bekanntesten ist das Tischspiel **Roulette**. Der Mindesteinsatz wird an jedem Tisch durch ein Schildchen angezeigt. Meist beginnt der Einsatz bei einem US$. Man kann entweder auf Farbe (rot oder schwarz) setzten und bei einer beinahe 50%igen Chance seinen Einsatz verdoppeln.

Das gleiche gilt bei „Gerade" und „Ungerade". Setzt man dagegen auf eine Zahl, so ist die Chance entsprechend niedrig. Der mögliche Gewinn aber auch verlockend hoch, da der Einsatz 35fach ausgezahlt wird.

Weitere Möglichkeiten, den Einsatz zu setzen, ist die Kombination mehrerer Zahlen gleichzeitig, indem man die Spielmünze auf die Eckpunkte der entsprechenden Felder setzt.

Black Jack ist ein etwas komplizierteres Spiel, aber hier hat man etwas mehr Einflußmöglichkeiten auf die Gewinnchancen. Der Mindesteinsatz beträgt meist fünf US$.

Die Regeln ähneln dem Spiel 17 + 4. Jeder Spieler am Tisch spielt gegen den Croupier, aber nicht gegen die anderen Spieler. Der Croupier verteilt an jeden Spieler zwei Karten, die offen auf dem Tisch liegen. Er selbst erhält ebenfalls zwei Karten, eine davon bleibt allerdings verdeckt. Jeder Spieler kann erneut Karten erhalten, aber auch mit den ausgeteilten Karten aufhören.

Das Ziel ist es, mit der Punktzahl der Karten so nahe wie möglich an 21 zu gelangen. Wer mehr Punkte hat, verliert sofort. Wer mit den beiden ersten Karten 21 erreicht, gewinnt seinen Einsatz eineinhalbfach, sofern nicht auch der Croupier auf diese Weise gewonnen hat. Der Croupier ist bei einer Gesamtzahl seiner Karten von 16 Punkten oder weniger gezwungen, eine neue Karte zu ziehen.

Wenn der Croupier verliert, gewinnen alle Spieler, die nicht ebenfalls über 21 Punkte gekommen sind. Erreicht niemand 21 Punkte, so gewinnt jeder Spieler, der mehr Punkte als der Croupier hat. Als Gewinn erhält der Spieler seinen Einsatz zurück und gewinnt Chips in Höhe seines Einsatzes.

König, Dame und Bauer zählen bei diesem Spiel 10 Punkte, das Ass kann wahlweise als ein Punkt oder 11 Punkte angenommen werden.

Bei dem Würfelspiel **Craps** wetten die Spieler auf die Augenzahl des gewürfelten Ergebnisses. Ein Spieler würfelt mit zwei Würfeln. Davor können die anderen Spieler und auch er selbst auf das Ergebnis Wetten abgeben. Wenn die gewürfelte Augenzahl beim ersten Wurf 7

Landeskunde

Roulettetisch

Landeskunde

oder 11 beträgt, so gewinnt der Würfler sofort, und darf auch im nächsten Spiel würfeln. Wenn er 2, 3 oder 12 würfel, verliert er seinen Einsatz, darf aber auch weiterwürfeln. Bei einer der übrigen Nummern wird diese zu seiner zweiten Chance. Denn wenn er diese Nummer erneut würfelt, bevor er 7 würfelt, dann gewinnt er.

Die anderen Spieler können während des Spiels zusätzlich wetten, ob der Spieler gewinnt oder verliert.

Bei der nächsten Runde würfelt dann der Nachbarspieler. Der Mindesteinsatz dieses Spieles beträgt meist fünf US$, man kann dann den Wert des Einsatzes gewinnen.

DIE KÜCHE DER ABC-INSELN

Essen

Die Küche der ABC-Inseln spiegelt ebenso wie die gesamte Kultur der Inseln die verschiedenen Einflüsse wider, denen sie im Laufe der Jahrhunderte unterlagen. Auch die Nähe zum venezuelanischen Festland macht sich bemerkbar sowie die Kontakte zu den anderen karibischen Inseln durch die Handelsschiffe.

Die Spezialitäten aus der **kreolischen Küche** (*Kushina Krioyo*) bestehen vor allem aus den wenigen Gemüsearten des heimischen Anbaus sowie *Ziegen-*, *Lamm-* und *Schaffleisch*. Zu den landwirtschaftlichen Produkten der Inseln, die schon die **Indianer** anbauten, zählen *Bohnen* und *Mais*. Auch *Erdnüsse* und *Kartoffeln* gehören zu den ersten Zutaten der Gerichte auf den ABC-Inseln.

Die **Spanier** bereicherten den Speisezettel um Zitrusfrüchte, Oliven, Zucker und Salz. Durch die **Niederländer** kam schließlich der Käse hinzu. Die als Sklaven auf die Inseln verschleppten **Afrikaner** sorgten für die heute noch in der kreolischen Küche typische Zubereitung, etwa dem Kochen in Bananenblättern. Und sie brachten die *Bananen*, die heute noch ein wichtiger Bestandteil der heimischen Gerichte ist, mit in die Karibik.

Die auf den Märkten angebotene Vielzahl von Gemüsen und Früchten stammt aus **Venezuela**. Da die Inseln zu trocken für den großangelegten Anbau von Gemüse und Früchten sind, werden täglich die notwendigen Lebensmittel auf Booten, den sogenannten *Barken*, von Venezuela gebracht. In Willemstad, Curaçao, kann man wochentags an der Sha Caprileskade den *Schwimmenden Markt* besuchen. Dort legen die Boote aus Venezuela an und die Menschen verkaufen ihre Waren direkt vom Boot aus.

82

Landeskunde

Natürlich hat auch der Tourismus seinen Einfluß auf die heimische Eßkultur. Besonders deutlich wird dies an der steigenden Anzahl von **Fast-Food**-Läden.

Ebenso ist die **internationale Küche** vertreten. Neben italienischen und französischen sind auch chinesische und indonesische Restaurants zu finden.

Gewürze: Die karibische Küche ist reich an Gewürzen. Zwar wird auf den Inseln keines der Gewürze angebaut, aber wie auch sonst alles, wird es eben importiert. Am häufigsten wird die Gewürzmischung **Curry** verwendet. Sie stammt ursprünglich aus Asien und setzt sich zusammen aus den Gewürzen Kurkuma, Koriander, Ingwer, Nelken, Chili, Pfeffer und Knoblauch.

Besonders scharfe Gerichte werden mit frischer **Chili** zubereitet. In Restaurants wird zum Essen oft Chilisauce serviert, mit welcher man nachwürzen kann.

Zubereitung: Früher wurde das Essen, da es wenig Brennholz gab, langsam gekocht. Außerdem benötigte das häufig verwendete Ziegenfleisch eine lange Garzeit, bis es zart war. Die Zubereitung der Eintopfgerichte dauert beispielsweise 4-5 Stunden.

Essgewohnheiten: Auf Bonaire und Curaçao fällt das Frühstück in vielen Familien recht einfach aus und besteht nur aus Kaffee und einer Scheibe Brot. Auf Aruba ist das Frühstück dagegen sehr reichhaltig.

Die Hauptmahlzeit wird am Mittag gegessen. Oft besteht sie aus einer dicken Suppe mit Fisch oder Fleisch. Es gibt auch Suppen mit Früchten.

Abends kommt entweder Brot mit herzhaften Beilagen auf den Tisch, oder es wird wieder eine warme Mahlzeit serviert.

Nach Sonnenuntergang werden vereinzelt kleine Snacks, meist kleine Pasteten, angeboten.

Auch nach dem Urlaub muß man nicht auf die karibische Küche verzichten. Hier das einfache Rezept des typischsten Gerichts:

Funchi: 750-800 ml Wasser in einem großen Topf zum Kochen bringen, nach und nach 500 g Maismehl einrühren, bis sich die eingedickte Masse vom Topfrand löst. Mit Salz abschmecken und weitere 8-9 Minuten leicht kochen lassen.

Die Masse in eine Schüssel geben und erkalten lassen. Danach das fertige Funchi stürzen.

Funchi wird zu Hauptgerichten als „Sättigungsbeilage" in Scheiben geschnitten serviert. Als leckere Abwandlung kann man das Funchi auch in Scheiben in der Pfanne backen.

Landeskunde

Kleine Übersicht der häufigsten heimischen Gerichte & Getränke der ABC-Inseln:	
Awa	Saft
Awa di sorsaka	Milchmixgetränk (Beschreibung siehe unten)
Banana hasà	Gekochte oder gebackene Banane
Bami	Nudeln mit Hühnerfleisch
Cala	Frittierte Klöschen aus gemahlenen Bohnen und Kräutern
Calco	Meeresfrüchte
Conch-Shell-Meat	Trompetenmuschel-Fleisch
Cucui (auch: *Coecoei*)	Arubanischer Likör mit Anisgeschmack
Empanadas	Maisgriesmehl-Pastetchen mit Huhn, Fisch oder Fleisch
Funchi	Getreidebrei aus Mais oder Mehl (meist als Beilage)
Keshi Yena	Mit Fleisch, Fisch oder Huhn gefüllter Käse
Mocksie Mocksie	Schweinefleisch mit Reis
Pan Batí	Pfannkuchen aus Maismehl und Mehl
Pastechi	Pastete mit Fleisch, Fisch oder Huhn
Pisca	Fisch
Ponche Crema	Curaçaoischer Likör (ähnlich wie Eierlikör)
Sopito	Fischsuppe mit Kokosnußmilch
Soppi di Banana	Bananensuppe
Soppi di cabritu	Ziegenfleischsuppe
Soppi di galinja	Hühnersuppe
Soppi di pisca	Fischsuppe
Stobà	Gemüseeintopf mit Lamm- und Ziegenfleisch

Getränke: Auch bei den Getränken zeigt sich die karibische Vielfalt. Es gibt zahlreiche *Fruchtsäfte* und Getränke, die auf Fruchtsaft basieren. Ein erfrischendes Getränk ist das *Awa di sorsaka*, eine Mischung aus Soursopsaft und Milch mit Zucker, Zimt, Vanille und Eis. (Soursop ist eine süße, außen stachelige, innen milchigweiße Frucht.)

Bei den alkoholischen Getränken muß man auf Bier nicht verzichten. Auf Curaçao wird *Amstel Bier* aus entsalztem Meerwasser gebraut, viele weitere Sorten werden importiert. *Wein* dagegen wird selten angeboten und ist recht teuer.

Die zahlreichen **Cocktails** und der Rum-Punch, die in jeder Bar und jedem Restaurant angeboten werden, sind besonders lecker, wenn sie mit frischem Fruchtsaft gemixt werden.

Die nachfolgend aufgeführten Rezepte sind in der Maßeinheit *oz* angegeben, da sie im karibischen Raum gebräuchlicher als cl ist. (1 oz = 3 cl)

Landeskunde

Aruba Ariba: 1 oz brauner Rum mit 1 oz Creme de Banana, 0,25 oz Milch und einem Teelöffel Zucker in einem Cocktailshaker schütteln. In einem Sektglas mit zerstoßenem Eis und einer Kirsche dekoriert servieren. (Statt 1 oz Creme de Banana, Milch und Zucker kann man abgewandelt 0,5 oz Creme de Banana verwenden und mit verschiedenen Fruchtsäften auffüllen.)

Fresh Banana Daiquiri: 1,25 oz weißer Rum mit 0,5 oz weißem Curaçao-Likör, 0,25 oz Zitronensaft, einem Eßlöffel Zucker und einer halben frischen Banane im Elektromixer mixen. Über Eis in einem Longdrink-Glas servieren und mit einer Scheibe Banane dekorieren.

Peach on the Beach (Originalrezept von *Stirling Sambre,* dem Head- Bartender des *Princess Beach Hotels*, Curaçao): 1 oz weißer Rum, 1 oz Pfirsichlikör, 0,5 oz Zitronensaft, 5 oz Orangensaft und 0,5 oz Grenadinensirup mit zerstoßenem Eis mischen und schütteln. Mit einer Kirsche und einer Orangenscheibe dekoriert servieren.

Green Flash Sundowner: 2 oz grüner Curaçao-Likör, 4 oz Ananassaft und 1 Teelöffel Kokosnußcreme mit zerstoßenem Eis mischen und schütteln. Mit einer Ananasscheibe dekoriert servieren.

Durch den gleichnamigen Likör wurde die Insel Curaçao bekannt. **Curaçao Likör** ist ein aus der Valencia Orange hergestellter Likör. (Zur Valencia Orange siehe auch im Kapitel *Landeskunde-Flora*).

Da der Original-Likör nach der Insel benannt wurde, unterliegt der Name keinem Warenschutz, und Hersteller ähnlicher Liköre konnten ihn auf ihr Produkt anwenden.

Die genaue Bezeichnung des Original-Likörs heißt: *The Genuine Senior Curaçao of Curaçao Liqueur.*

Er wurde 1973 bei einem *Internationalen Wettbewerb für Liköre* mit einer Goldmedallie ausgezeichnet.

Landeskunde

SPRACHE

Auf den Inseln wird von der Bevölkerung **Papiamento** gesprochen. **Niederländisch** ist allerdings, da die Inseln niederländische Kolonien waren, weiterhin die Amtssprache, aber als Umgangssprache ist Papiamento etabliert. Schon im ersten Schuljahr lernen die Kinder auf Aruba, Bonaire und Curaçao Niederländisch. Da auch **Englisch** und **Spanisch** recht früh unterrichtet wird, ist die Verständigung auf den Inseln kein Problem.

Viele Menschen wissen zudem, daß die vielen Sprachen, die sie sprechen, ihr wichtigstes Kapital ist. Dies besonders, da die Inselwirtschaften fast vollständig vom Tourismus abhängen. Es ist auf den Inseln keine Seltenheit, wenn jemand sechs oder sieben Sprachen nahezu perfekt spricht und versteht.

Papiamento

Die Umgangssprache Papiamento entstand als Mischung der Sprachen aller Einwohner der Inseln und wird von allen Bevölkerungsgruppen gleichermaßen als Muttersprache gesprochen.

Der Grundwortschatz des Papiamento basiert auf dem Spanischen und dem Portugiesischen, das mit Wörtern aus dem Niederländischen, aber auch Englischen und Französischen und den Sprachen der Afrikaner vermischt ist. Das Spanische und Portugiesische ist deshalb so stark im Papiamento vertreten, weil die ersten niederländischen Siedler aus Brasilien auf die Inseln geflüchtet waren und diese Sprachen als Umgangssprache mitbrachten. Durch die späteren Siedler wurde die Sprache um einige niederländische Wörter ergänzt und durch den Handels-Kontakt mit Engländern und Franzosen finden sich auch einige englische und französische Wörter im Papiamento.

Die Bezeichnung *Papiamento* wird abgeleitet aus dem Wort 'papia', was 'sprechen' bedeutet.

Lange Zeit wurde die Umgangssprache der Bevölkerung von der niederländischen Regierung nur als ein minderwertiger Dialekt angesehen und es war in den Schulen verboten, Papiamento zu sprechen. Mittlerweile gibt es aber sogar eine eigenständige Literatur in dieser Sprache und an den Schulen wird Papiamento unterrichtet. Papiamento wird in allen sozialen Schichten gesprochen.

Die **Schriftsprache** ist zwar durch Lehrbücher mittlerweile festgehalten, aber oft nicht vereinheitlicht. So kann man beispielsweise in Straßenkarten verschiedene Schreibweisen des gleichen Ortes finden. (Bei den Karten besteht zudem die Schwierigkeit,

Landeskunde

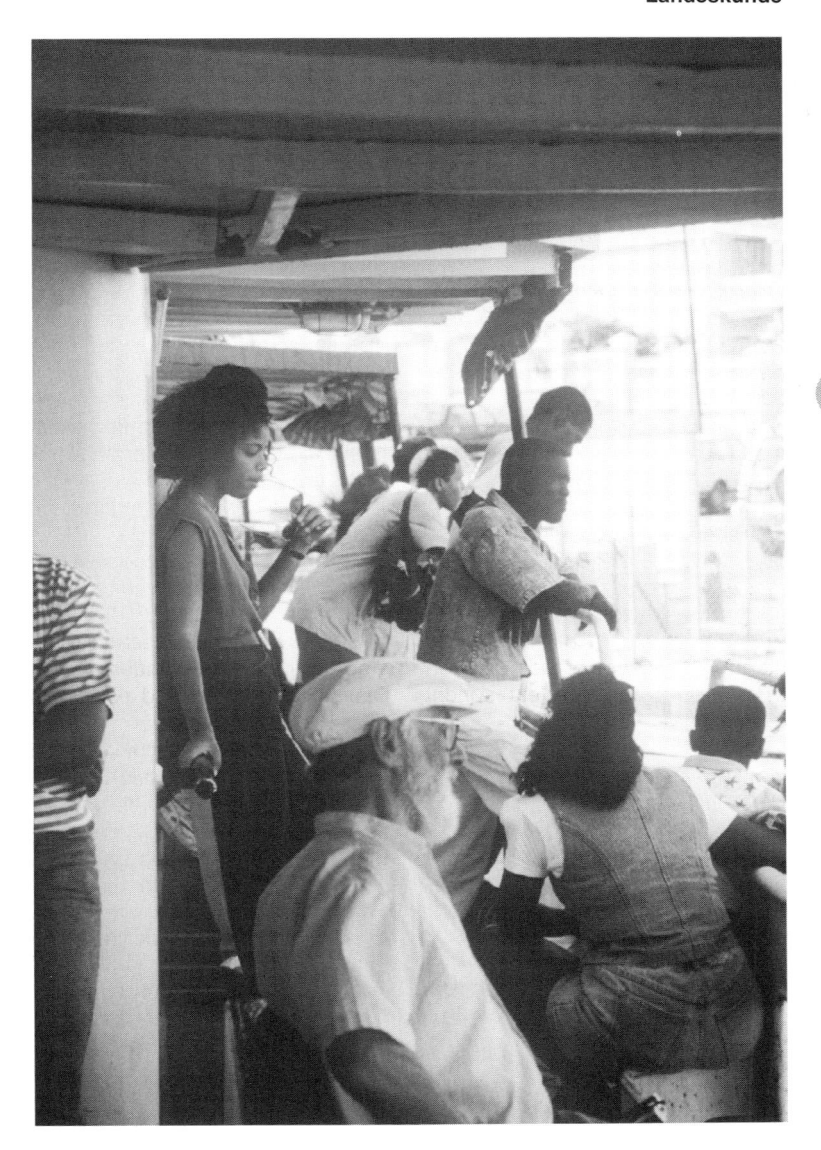

Landeskunde

daß die offiziellen Bezeichnungen niederländisch sind und einige Namen für die Touristen ins Englische übersetzt wurden.)

Die **Betonung** liegt überwiegend auf der letzten Silbe des Wortes. Bei einigen Wörtern weisen Betonungszeichen auf die korrekte Betonung hin.

Verben mit zwei Silben haben eine melodische Betonung, die weder auf dem ersten noch auf dem zweiten Akzent liegt. Ihre genaue **Aussprache** lernt man nur durch Zuhören.

Bei der Aussprache sind folgende Regeln zu beachten:

Vokale:

au	ou
è	ä
ex	ix
in	jn
u	u
aber:	
ua	wa
ue	we
ui	wi
uo	wo

Konsonanten

c	vor a, o und u wie k
c	vor e und i wie s
ch	tsch
dj	dsch
g	vor a, o und u wie g
g	vor e und i wie ein lautloses h
ñ	zusammengezogenes nj
v	in niederländischen Worten: f
v	in spanischen Worten: b
v	sonst wie v
zj	j

Grammatik

Die Grammatik zeichnet sich durch eine einfache Struktur aus.

Ein **Nomen** hat nur die Form
- Subjekt oder Objekt
- Singular oder Plural

Das **Verb** hat nur eine Form, ungeachtet der Person oder Anzahl.

Die **Zeiten** werden durch Hilfsverben ausgedrückt, die dem Verb vorangestellt werden:

Gegenwart (Unvollendete Aktionen und sich wiederholende Aktionen): *ta*
Mi ta bai   Ich gehe

Vergangenheit (Vollendete, beendete Aktionen): *a*
Mi a bai   Ich ging
(die dritte Person wird von *e* zu *el* verändert, Personalpronomen siehe unten)

Zukunft (Erwartete Aktionen): *lo*
(wird vor den Satz gestellt)
Lo mi bai   Ich werde gehen

Es gibt nur einen unbestimmten und einen bestimmten **Artikel**.
un   ein, eine, eines
e   der, die, das

Für den **Plural** wird kein Artikel verwendet, sondern an das Nomen *nan* angehängt.
un buki   ein Buch
e buki   das Buch
bukinan   (die) Bücher

Landeskunde

Die **Befehlsform** (Imperativ) wird einfach durch ein Verb ohne Subjekt ausgedrückt.
Bai! Gehe!

Das **Passiv** wird mit den Verben *worde* oder *ser* (1) gebildet oder der einfachen Beschreibung der Situation (2):
(1) *E carta ta worde skirbí*
Der Brief ist geschrieben (worden)
(2) *E carta ta skibrí*
Der Brief ist (schon) geschrieben

Es gibt sechs **Personalpronomen**, die unveränderlich bleiben, egal ob Subjekt oder Objekt.
mi ich
bo du
e (el) er, sie, es
nos wir
bos ihr
nan sie

Die **Höflichkeitsform** wird durch die Bezeichnung der angeredeten Person mit *Señor*, *Señora*, *Doktor* etc. ausgedrückt.

Die **Possessivpronomen** sind bis auf die dritte Person Singular mit den Personalpronomen identisch. (Personalpronomen siehe oben.)
su sein, ihr, sein

Das **Adjektiv** hat nur eine Form und folgt gewöhnlich dem Nomen, das es bezeichnet.
un cas bunita
ein Haus schön (wörtlich übersetzt)

Fragen sind entweder am Tonfall ersichtlich oder durch ein einleitendes Fragewort zu erkennen.
cuá welches?
kí was?
kén wer, wem? (Person)
unda wo?
kí ora, kí día wann?
kí tempu, kí aña wann?
kon wie? (Art und Weise)
pákiko warum? (Grund)
cuánta wieviel?

Ein Satz wird **verneint** durch *no* direkt vor dem Verb
no...nada nichts
no...ningun kein
no...ni weder...noch

Füllwörter sind im Papiamento sehr wichtig, sie werden oft verwendet. Wenn man sie nicht kennt, kann die Sprache schnell unverständlich werden.
biba, ayayai gut (zustimmend)
pst; hey hör' mal her
caramba, diabolo Oh je!
ariba auf geht's (ermunternd)
Danki Dios! Gott sei dank!
esta bon das ist gut (erleichtert)

Kleiner Sprachführer

Die nachfolgenden Vokabeln und Redewendungen sollen eine kleine Hilfe zur Verständigung auf den Inseln sein.

Beim Vergleich mit den spanischen und den niederländischen Wörtern kann man recht gut den Aufbau der Wörter des Papiamento ersehen.

Landeskunde

Deutsch	Papiamento	Niederländ.	Spanisch	Englisch
Im Alltag				
Guten Tag	Bon tardi	Goede middag	Buenas tardes	Good afternoon
Guten Morgen	Bon día morro	Goede morgen	Buenas dias	Good morning
Guten Abend (Nacht)	Bon nochi	Goeden avond	Buenas noches	Good evening (night)
Freut mich, Sie kennenzulernen	Cu muchu gustu	Fijn, met U kennis te maken	Encantado(a) de conocerle	Nice to meet you
Auf Wiedersehen	Ayó	Tot ziens	Adiós	Good bye
Bis später	Te aworo	Tot straks	Hasta luego	So long
bitte	pa fabor	alstublieft	por favor	please
danke	danki	dank U wel	gracias	thank you
Entschuldigung	Sorry /Pordonami	Verontschuldiging	Excúseme /Perdón	Sorry
ja	sí	je	si	yes
nein	no	nee	no	no
Sprechen Sie ...	Señor(a), bo ta papia...	Spreekt U ..	¿Habla...	Do you speak
spanisch?	spañó?	spaans?	español?	spanish?
englisch?	ingles?	engels?	inglés?	english?
deutsch?	aleman?	duits?	alemán?	german?
niederländisch?	hulandes?	nederlands?	holandés?	dutch?
Vielen Dank	Mashá danki	Dank U wel	Muchas gracias	Thank you very much
Können Sie bitte...	Señor(a) por...	Kunt U alstublieft	¿Podriá hablar más...	Could you please..
...langsam sprechen?	papia poco-poco, pa fabor?	...langzaam praten?	...despacio, por favor?	speak slowly?
Sehr gut, danke	Mashá bon, danki	Heel good, bedankt	Muy bien, gracias	Very good, thank you
Bitte, geben Sie mir...	Duná mi...pa fabor...	Geeft U mij, alstublieft,..	Por favor, deme...	Please, give me..
Das ist ...	Esaki ta ..	Dat is..	Esto Eso es...	This is..
Das ist wichtig!	Esaki ta important!	Dat is belangrijk!	¡Es importante!	This is important!

Landeskunde

Deutsch	Papiamento	Niederländ.	Spanisch	Englisch
Es gibt ...	Tin ..	Er zijn...	Hay ...	There are; there is
Es gibt nicht ...	No tin ningun...	Er zijn geen...	No hay ...	There is no..
früh	tempran	vroeg	temprano	early
spät	lat	laat	tarde	late
groß	grandi	groot	grande	big
klein	chikitu	klein	pequeño	small
gut	bon	goed; mooi	bien	good, well
gut	bon	goed	bueno	good
schlecht	mal	slecht	malo	bad
heiß	calor	heet	caliente	hot
kalt	friu	koud	frio	cold
billig	barata	geodkoop	barato	cheap
teuer	caru	duur	caro	expensive
nah	corticu	dichtbij	cerca	short distance
fern	largu	ver	lejos	long distance
offen	habrí	open	abierto	open
geschlossen	cerá	dicht	cerrade	closed
richtig	bèrdè	juist	corecto	right
nicht richtig	no ta berde	niet juist	incorecto	wrong
schnell	rápido	snel	rápido	quick
langsam	pocopoco	langzaam	lento	slow
schön	bunita	mooi	bonito	nice
häßlich	mahos	niet mooi	feo	ugly
voll	yen	vol	lleno	full
leer	bashí	leeg	vació	empty

Fragen				
Wann?	Kí ora?	Wanner?	¿Cuándo?	When?
Was?	Kíko?	Wat?	Qué?	What?
Warum?	Pákiko	Waarom?	¿Por qué?	Why?
Was bedeutet das?	Kíko esey tanificá?	Wat betekent dat?	¿Qué significa ésto eso?	What does that mean?
Was ist das?	Kíko esey ta?	Wat is dat?	¿ Qué es ésto eso?	What is that?
Welche?	Cuá?	Welke?	¿Cuál? Cuáles?	Which?
Wer?	Kén?	Wie?	¿Quién? Quiénes?	Who?

Landeskunde

Deutsch	Papiamento	Niederländ.	Spanisch	Englisch
Wie geht es Ihnen?	Cón ta bai?	Hoe gaat het met U?	¿Cómo está?	How are You?
Wie komme ich zum ...?	Con mi por jega na...?	Hoe kom ik naar...?	¿Cómo puedo llegar?	How can I reach the...
Wie?	Cón?	Hoe?	¿Cómo?	How?
Wieviel?	Cuánto?	Hoeveel?	¿Cuánto? Cuántos?	How much?
Wo gibt es eine gute(s) ...?	Unda tin un bon...?	Waar krijg ik een goed (goeden)...?	¿Dónde hay un(a) buen(a) ...?	Where is a good...
Wo ist das...?	Unda essey ta...?	Waar is dat...?	¿Dónde esta están...?	Where is the...
Wo ist die (der) nächste ...?	Unda ta esun di mas cerca...?	Waar is de dichtstbijzijnde..?	¿Dónde está el (la) ... más cerca?	Where is the next...
Wo kann ich ... finden?	Unda mi por haja...?	Waar kan ik ... vinden??	¿Dónde puedo encontrar..?	Where can I find..
Ich habe mich verirrt	Mi a dwaal	Ik ben verdwaald	Mehe extraviado	I lost my way
Ich möchte	Mi ta deseá	Ik zou graag	Quisiera	I want
Wir möchten	Nos ta deseá	wij zounden graag	Quisiéramos	We want
Ich verstehe	Mi comprende	Ik verstaa	Comprendo	I understand
Ich verstehe nicht	Mi no ta compronde	Ik verstaa niet	No Comprendo	I do not understand
Können Sie mir zeigen...?	Señor(a) por mustrami...?	Kunt U mij aanwijzen..?	¿Puede mostrarme...?	Could you show me..?
Können Sie mir helfen?	Yudami, pa fabor.	Kunt U mij helpen?	¿Puede ayudarme?	Could you help me?
Können Sie mir sagen...?	Señor(a) por bisami ...?	Kunt U mij vertellen...?	¿Puede decirme...?	Could you tell me..
Bei Krankheit	**malesa**	**ziekte**	**enfermedad**	**illness**
Abführmittel	laxante	laxeermiddel	laxante	laxative
Aspirin	aspirin	aspirine	aspirina	aspirin
Bandage	tip (of verband)	verband	vendaje	bendage
Beruhigungstabletten	pildo pa trankiliza	kalmerende pil	tranquilizantes	tranquilizer
Desinfektionsmittel	desinfectante	desinfectiemiddel	desinfectante	disinfectant

Landeskunde

Deutsch	Papiamento	Niederländ.	Spanisch	Englisch
Erkältung	verkoud	verkondheid	resfriado	cold
Husten	tosamento	hoest	tos	cough
Fieber	keintura	koorts	fiebre	fever
Halstabletten	pildo pa garganta	keeltabletten	pastillas para la garganta	throattablets
Hustensaft	stopi pa tosamento	hoestdrank	jarabe para la tos	cough syrup
Jod	jodi	jodium	yodo	jodium
Magenschmerzen	dolor di stoma	maagpijn	dolor de estómago	stomage-ache
Magentabletten	pildo pa stoma	maagtabletten	pastillas digestivas	stomach pills
Ohrentropfen	druppel pa orea	oordruppels	gotas para los oídos	eardrops
Sonnenbrand	kimá di solo regla	zonnebrand	insolación	sunburn
Gibt es eine..	Tin un..	Is er een...	¿Dónde está la...	Is there any..
Apotheke in der Nähe?	..botica aki cerca?	...apotheek dichbij?	farmacia más cerca?	pharmacy close by?
Ich möchte etwas für ...	Ni kier algo pa...	Ik wil iets voor...	Quiero algo para ...	I want something for
Augenarzt	docter di wowo	oogartsr	oculista	oculist
Zahnarzt	dientista	tandarts	dentista	dentist
Doktor	docter	dokter	médico	doctor
Krankenhaus	hospitaal	ziekenhuis	hospital	hospital

Im Restaurant

Deutsch	Papiamento	Niederländ.	Spanisch	Englisch
Ananas	piña	ananas	piña	pineapple
Banane	bocoba	banaan	cambur	bananas
Brot	pan	brood	pan	bread
Butter	manteca	boter	matequilla	butter
Eis	ijs	ijs	helado	ice
Essig	binaguer	azijn	vinagre	vinegar
Fisch	pisca	vis	pescado	fish
Fleisch	carni	vlees	carne	meat
Huhn	galinja	kip	aves	chicken
Gemüse	berdura	groente	vegetales	vegetables
Grapefruit	grapefruit	grape-fruit	toronja	grapefruit
Kaffee	koffie	koffie	café	coffee

Landeskunde

Deutsch	Papiamento	Niederländ.	Spanisch	Englisch
Kartoffel	batata	aardappel	papas	potato
Pommes frites	hasá	patates frites	papas fritas	french fries
Käse	keshi	kaas	queso	cheese
Mandarine	mandarin	mandarijntje	mandarina	mandarin
Mango	mango	mango	mango	mango
Meeresfrüchte	cuminda di lamá	zee vruchter	mariscos	seafood
Melone	milon	meloen	melón	melon
Milch	lechi	melk	leche	milk
Obst	fruta	vruchten	frutas	fruit
Öl	zeta	olie	aceite	oil
Orange	apelsina	sínaasappel	naranja	orange
Pfeffer	pepro	peper	pimienta	pepper
Reis	aros	rijs	arroz	rice
Salat	salada	sla	ensalada	salad
Salz	salo	zout	sal	salt
Suppe	soppi	soep	sopa	soup
Wasser	awa	water	agua	water
Wein	biña	wijn	vino	wine
Zitrone	lamoenchi	citroen	limón	lemon
Zucker	sucu	suiker	azúcar	sugar
Gabel	forki	vork	tenedor	fork
Messer	cuchiu	mes	cuchillo	knife
Teller	tayó	bord	plato	plate
Löffel	cuchara	lepel	cuchara	spoon
Glas	glas	glas	vaso	glass
Serviette	serbette	servet	servilleta	napkin
Medium	medio	half zacht	término medio	medium
gut gekocht	bon herbí	door gekookt	bien cocida	well done cooked
Können Sie mir bitte ein gutes Restaurant empfehlen?	Bo por recomendami un bon restaurant?	Kunt U alstublieft een good restaurant aanbevelen?	¿Puede recomendarme un buen restaurante?	Could you recommend me a good restaurant?
Können Sie uns, bitte ...?	Bo por...por fabor?	Kunt U ons alstublieft...?	¿Nos podria facilitar ...?	Could you please .. us ...?
Gibt es ein preiswertes Restaurant in der Nähe?	Bo conocé un Restaurant barata den vencidario?	Kent U een gredkoop restaurant in de buurt?	¿Hay restaurantes cercanos de precios razonables?	Do you know any cheep restaurant close to here?

Landeskunde

Deutsch	Papiamento	Niederländ.	Spanisch	Englisch
Guten Abend,..	Bon nochi,..	Goede avond,..	Buenas noches,..	Good evening,...
wir möchten...	Nos kier..	...wij willen...	nosotros deseamos...	we want...
...einen Tisch für drei Personen	un mesa pa tres persona	...een tafel voor drie personen	...una mesa para tres personas	...a table for three persons
Was können Sie empfehlen	Kíko bo por recomendami?	Wat kunt U mij aanbevelen?	¿Qué me reccomienda?	What could you recommand?
Was ist das?	Kíko esaki ta?	Wat is dat?	¿Qué es ésto?	What is that?
Ich habe ... verlangt	Mi a pidi...	Ik heb georaagt...	He pedido ...	I ordered...
Ich möchte ...	Mi mester di...	Ik zou graag...	Quisiera ...	I want...
Ich möchte die Speisekarte	Mi mester di e menu	De menukaart, graag	Quisiera ver el menú	I want the menu
Ich möchte ein kleines Stück	Mi kier un poco (tiki)	Ik wil graag een klein beetje	Quisiera un poquito de	I want a little
Nichts mehr, danke	Nada mas, danki	Niets meer, dank U	Nada más, gracias	Nothing else, thank you
Das war sehr gut, danke	Esaki ta mashi bon, danki	Dat was heel erg goed, dank U wel	Estuvo muy bien, gracias	It was very good, thank you
Das Essen ist kalt	E cuminda ta friu	Het eten is koud	La comida está fria	The meal is cold
Das habe ich nicht bestellt	Esaki mi no a pidi	Dat heb ik niet bestelt	Esto no fue lo que pedí	I did not order this
Die Rechnung, bitte	E cuenta, pa fabor	De rekening, alstublieft	La cuenta, por favor	The bill please
Wir möchten getrennte Rechnungen	Nos kier cuentanan separá	wij willen afzonderlüke rekeningen	Quisiéramos cuentas separada	We want seperate bills
Nehmen Sie Kreditkarten?	Bo ta acceptá credit card?	Accepteerd U een krediet kaart?	¿Acepta tarjetas de crédito?	Do accept credit-card?
Nehmen Sie Travellerschecks?	Bo ta acceptá travelchecks?	Accepteerd U travellers chek?	¿Acepta cheques de viaje?	Do you accept traveller-check?
Ich glaube in der Rechnung ist ein Fehler	Mi ta kere cu tin un fout den e cuenta	Ik geloof er is een fout in de rekening	Creo que hay un error en la cuenta	I think, there is a mistake with the bill

Landeskunde

Deutsch	Papiamento	Niederländ.	Spanisch	Englisch
Zahlen				
null	sero	nul	cero	zero
eins	un	een	uno	one
zwei	dos	twee	dos	two
drei	tres	drie	tres	three
vier	cuater	vier	cuatro	four
fünf	cincu	vijf	cinco	five
sechs	seis	zes	seis	six
sieben	siete (shete)	zeven	siete	seven
acht	ocho	acht	ocho	eight
neun	neube	negen	nueve	nine
zehn	dies	tien	diez	ten
elf	diesun	elf	once	eleven
12	diesdos	twaalf	doce	twelve
13	diestres	dertien	trece	thirteen
14	diescuater	viertien	catorce	fourteen
15	diescincu	vijftien	quince	fifteen
16	diesseis	zestien	dieciseis	sixteen
17	diessiete (diesshete)	zeventien	diecisiete	seventeen
18	diesocho	achtien	dieciocho	eighteen
19	diesnuebe	negentien	diecinueve	nineteen
20	binti	twintig	veinte	twenty
30	trinta	dertig	treinta	thirty
40	cuarenta	veertig	cuarenta	forty
50	cincuenta	vijftig	cincuenta	fifty
60	sesenta	zestig	sesenta	sixty
70	setenta	zeventig	setenta	seventy
80	ochenta	tachtig	ochenta	eighty
90	nobenta	negentig	noventa	ninety
100	cien (shen)	honderd	cien	hundred
200	dos cien (dos shen)	tweehondert	doscientos	two hundred
500	cincu cien (cincu shen)	vijfhondert	quinientos	five hundred
Monate	**tempo di luna**	**maanden**	**tiempo del mese**	**months**
Januar	januari	januari	enero	january
Februar	februari	februari	febrero	february

Landeskunde

Deutsch	Papiamento	Niederländ.	Spanisch	Englisch
März	maart	maart	marzo	march
April	april	april	abril	april
Mai	mei	mei	mayo	may
Juni	juni	juni	junio	june
Juli	juli	juli	julio	july
August	augustus	augustus	agosto	august
September	september	september	septiembre	september
Oktober	october	october	octubre	october
November	november	november	noviembre	november
Dezember	december	december	diciembre	december
Jahreszeiten				
Frühling	(ohne Übersetzung)	voorjaar	primavera	spring
Sommer	verano	zomer	verano	summer
Herbst	(ohne Übersetzung)	herfst	otoño	autumn
Winter	tempu di friu	winter	invierno	winter
Tage				
Montag	dialuna	maandag	lunes	monday
Dienstag	diamars	dinsdag	martes	tuesday
Mittwoch	diarason	woensdag	miércoles	wednesday
Donnerstag	diahuebs	donderdag	jueves	thursday
Freitag	diabièrne	vrijdag	viernes	friday
Samstag	diasabra	zaterdag	sábado	saturday
Sonntag	diadomingu	zondag	domingo	sunday
gestern	ayera	gisteren	ayer	yesterday
vorgestern	antayera	eergisteren	antes de ayer	the day before yesterday
heute	awe	vandaag	hoy	today
morgen	mañan	morgen	mañana	tomorrow
übermorgen	otro mañan	overmorgen	pasado mañana	the day after tomorrow
Sonstiges				
Wo gibt es in der Nähe ein(e)...?	Cuá ta esun ... di mas cerca?	Welk ... is in de buurt?	¿Cuál es el(la) ... más cerca?	Which ... is nearby?
Bäckerei	panadería	bakker	panadería	bakery

97

Landeskunde

Deutsch	Papiamento	Niederländ.	Spanisch	Englisch
Bank	bancu	bank	banco	bank
Fischgeschäft	tiend cu ta bende piscá	viswinkel	pescadería	fishinghop
Fotogeschäft	tienda pa saca portret (foto)	fotozaak	tienda de fotografia	photoshop
Kirche	misa	kerk	iglesia	church
Konditorei	panadería	banket bakkerszaak	repostería (panadería)	bakery
Marktplatz	plaza	marktplein	plaza del mercado	marketplace
Parkplatz	parkinglot	parkeerterrein	estacionamiento	parking place
Polizeistation	stacíon di polis	politie post	estación de policía	policestation
Post	postkantoor	post	correo	postoffice
Schwimmbad	pisina	zwembad	piscina	swimmingpool
Strand	beach	strand	playa	beach
Supermarkt	tíenda super-mercado	supermarkt	supermercado	grocery
Tankstelle	gasolinestation	pompstation	gasolinera	gasstation
Telegrafenamt	oficina di telegram	telegraaf-kantoor	telégrafo	cable office

Landeskunde

Sonnenbad

Landeskunde

SOUVENIRS

Die Inseln werben mit ihrem großen Angebot an **zollfreien Waren**. So gibt es in den Hauptstädten zahlreiche Parfümerien mit großer Auswahl. Das Angebot bei technischen Artikeln und Geräten ist ebenfalls sehr groß, aber für Europäer ist der Kauf nur selten ein Preisvorteil. Bei den Fotoapparaten kann man eher ein Schnäppchen machen. (Filme sind dagegen etwa 40 % teurer als in Deutschland.)

Gern gekaufte Souvenirs sind **T-Shirts**, die phantasievoll bedruckt und mit dem Namen der Insel versehen sind. Schöne Andenken sind außerdem **Musikcassetten** mit Reggae, Merengue, und den Inselrhythmen Tambú und Tumba. Es gibt viele Läden, die auch **CD's** mit lokaler Musik verkaufen.

Ganz typisch sind natürlich die **Liköre** der Senior's Destillerie, die auch den weltbekannten Curaçao-Likör herstellt. Weitere Produkte sind, neben diesem in vier verschiedenen Farben hergestellten Likör, die Liköre mit den Geschmacksrichtungen Kaffee, Schokolade und Rumrosinen. Die Liköre können zudem in dekorativen Keramikfläschchen erworben werden.

Schmuckstücke aus der Schwarzen Koralle und Muschelgehäuse sollten nicht gekauft werden, denn die hübschen Muscheln werden in den meisten Fällen nur zum Verkauf aus dem Meer gefischt und die Schwarze Koralle gehört nach dem *Washingtoner Artenschutzabkommen* zu den geschützten Tierarten.

Impressionen der ABC-Inseln

Restaurant auf Bonaire

Landhuis Chobolobo (Curaçao)

Impressionen der ABC-Inseln

Karneval

Impressionen der ABC-Inseln

Limbo-Show

Impressionen der ABC-Inseln

Obstvielfalt

Praktische Hinweise

Praktische Hinweise

REISEZEIT & SAISON

Die Karibik bietet sich das ganze Jahr hindurch als Reiseziel an. Die heißesten Monate sind August, September und Oktober. Von Januar bis März liegen die Temperaturen mit einer Durchschnittstemperatur von 29°C um etwa 2°C niedriger als in den übrigen Monaten. Die meisten Niederschlagstage (im Durchschnitt 15 Tage im Monat) sind im Dezember, November und Januar. Doch da der Regen auf den Inseln nie stark und lange fällt, ist auch dies keine Einschränkung des Urlaubsvergnügens.

Vor allem die Monate April bis Ende September gelten als Nebensaison und die Termine um den Karneval (Mitte November bis März/April) als Hauptsaison.

Im Winter sind demnach die Flüge und Pauschalreisen teurer, auch auf den Inseln herrscht in dieser Zeit ein spürbar höheres Preisniveau.

Im Sommer sind deutlich weniger Reisende auf den Inseln anzutreffen und die Hotels bieten ihre Zimmer teilweise sogar zum halben Preis an. Der persönliche Kontakt zu den Einheimischen ist schneller hergestellt, da man nicht einer oder eine von vielen Reisenden ist.

Vieles spricht also für die Nebensaison, zumal in dieser trockeneren Zeit auch die unasphaltierten Straßen ohne Probleme befahren werden können, und so Inselerkundungen auf eigene Faust leicht durchführbar sind. In den regenstärkeren Monaten kann es vorkommen, daß einzelne abgelegene Straßen schlecht passierbar werden.

Reisedauer & Routen

Wer alle drei Inseln sehen will, braucht viel Zeit, denn weniger als eine Woche pro Insel sollte man nicht einplanen.

Wer sehr unternehmungslustig ist, sollte zudem nicht mehr als zwei bis drei Wochen Aufenthalt für die kleinen Inseln einplanen, denn dann hat man wirklich jeden Winkel erforscht. Das muß natürlich nicht bei jeder Insel der Fall sein, sondern hängt individuell davon ab, was man selbst vom Urlaub erwartet, und was die einzelnen Inseln dementsprechend an Freizeit-Angeboten zu bieten haben.

Bevor man eine Reiseroute festlegt, sollte man sich im Inselteil dieses Buches schon im voraus über die einzelnen Inseln informieren, denn alle Inseln haben ihren besonderen Reiz und bieten oft völlig unterschiedliche Attraktionen.

Wer eine Individualreise plant, sollte versuchen, zeitlich so flexibel wie möglich zu bleiben, denn vielleicht gefällt eine Insel vor Ort besser als erwartet. Natürlich

Praktische Hinweise

kann auch das Gegenteil der Fall sein. Dann ist es besser, wenn man die Insel vorzeitig wechseln, oder länger bleiben kann. Die Umbuchung von Flügen ist meist ohne Probleme möglich, nur während Hochsaisonzeiten (etwa im Karneval), kann es vorkommen, daß alle Flüge schon ausgebucht sind. Informationen zu den Flugverbindungen siehe im Kapitel *Praktische Hinweise-Verbindungen zwischen den Inseln*.

Reisekosten

Die Karibik ist kein Billig-Reiseland. Besonders für Alleinreisende gestaltet sich der Aufenthalt teuer, denn Einzelzimmer sind meist nicht viel billiger als Doppelzimmer und die Kosten für Taxifahrten oder Mietwagen muß man alleine tragen.

Bei größeren Gruppen hat man außerdem leichter Erfolg, beim Handeln einen 'Gruppenrabatt' zu bekommen.

Die **Übernachtung** wird auf den ABC-Inseln nur selten mit Frühstück oder gar Halbpension angeboten. Die preiswertesten Übernachtungen in den kleinen Pensionen kosten ab 30 US$ für das Doppelzimmer pro Nacht. Privat kann man möglicherweise preiswerteres finden, doch handelt es sich dabei meist nur um ein einfachstes Bettlager. Daher sollte man in diesem Fall vorher das Zimmer besichtigen, bevor man es nimmt.

Nach oben sind dem Preis fast keine Grenzen gesetzt. Auf allen Inseln gibt es erstklassige Hotels mit ausgezeichnetem Service und vielen Sportangeboten.

Je nach Saison sind die Preise unterschiedlich. Außerdem muß man die Bedienungssteuer (service tax) und Zimmersteuer (room tax) pro Übernachtung und Person zum Übernachtungspreis dazuaddieren. In Aruba beträgt die service tax 11 % und die room tax 5%, auf Bonaire und Curaçao wird 10 % service tax und 5 % room tax verlangt.

Die Einzelbuchung von Flug und Hotel ist meist teurer als eine Pauschalreise. Daher sollte man, wenn man nicht in einfachen Appartements oder Privatunterkünften übernachten will, eine Pauschalreise buchen.

Das **Essen** ist für Touristen ebenfalls nicht sehr preiswert, außer man hält sich an die Gaststätten und Imbißstuben der Einheimischen. Dort sind einfache, aber gute Gerichte ab ca. 10 DM zu haben. Bei den Preisen in den Restaurants wie bei den Hotels sind nach oben fast keine Grenzen gesetzt.

Auch die Wahl des **Verkehrsmittels** schlägt sich finanziell zu Buche. Wer viel von der Insel sehen und unabhängig von öffentlichen Verkehrsmitteln sein will, muß die Kosten für einen Mietwagen mit einkalkulieren. Oft kann es lohnend sein, sich schon

Praktische Hinweise

bei der Ankunft am Flughafen einen Wagen zu leihen, je nachdem ob bei der Fahrt zum Hotel hohe Taxikosten zu erwarten sind oder nicht.

Die Kosten für den Urlaub auf der jeweiligen Insel lassen sich anhand der im Inselteil gegebenen Richtpreise errechnen. Wer ein Pauschalarrangement gebucht hat, braucht nur noch Extraessen, Drinks, Souvenirs, Trinkgelder, Taxi- und Buskosten etc. dazu zu rechnen. Für die Individualreisenden kommt außerdem natürlich noch die Übernachtung und das Essen dazu.

Für die Unterkunft muß man mindestens 50 DM bezahlen, etwa 20-50 DM für Essen und Drinks. Rechnet man dazu einen Mietwagen am Tag, so kommt man schnell auf über 200 DM Kosten pro Tag für zwei Reisende. Alleinreisende müssen bei den gleichen Leistungen fast genausoviel wie zwei Personen bezahlen.

Durch das Benutzen öffentlicher Verkehrsmittel spart man viel Geld. Trotzdem sind die Fahrten zum Flughafen meist teuer, da dieser oft nur mit dem Taxi erreichbar ist. Die Bus- und Taxipreise sind bei den Inselbeschreibungen angegeben.

Für die Bedienung im Restaurant sind 10 % des Rechnungsbetrags üblich. Dieser Betrag wird in vielen Restaurants automatisch mit auf die Rechung gesetzt. Auf der Rechnung wird dann das **Trinkgeld**, die sogenannte „service charge", gesondert ausgewiesen. Ist dies nicht der Fall, sollte es selbst addiert werden. Bei sehr gutem Service ist ein höheres Trinkgeld natürlich möglich. Auch Hotelboys und Zimmermädchen sollten nicht vergessen werden (etwa 1 US$/Tag), denn sie haben sehr niedrige Löhne.

GELD & WÄHRUNG

Wer in der Karibik von Insel zu Insel wechselt, muß meist auch in der Währung umdenken. Bei den ABC-Inseln bedeutet dies, mit drei Währungen zu jonglieren, denn neben den Inselwährungen wird immer auch der US$ akzeptiert. Manche Preise, wie etwa die Hotelpreise, werden sogar oft nur in US$ angegeben.

Die Währung der Niederländischen Antillen (zu welchen Bonaire und Curaçao gehören) ist der **Gulden der Niederländischen Antillen (Naf)**, oder einfach Gulden (Guilder) genannt.

Ein Guilder ist 100 Cent wert. Es gibt Münzen in 1, 5, 10, 25 und 50 Cents sowie in 1 und 2,5 Guilder.

Auf Aruba wird mit dem **Arubanischen Florin (AFl)** bezahlt. Der Umtausch zwischen dem Arubanischen Florin und dem

Praktische Hinweise

Hübsches Bankgebäude in Curaçao

Praktische Hinweise

Gulden der Niederländischen Antillen beträgt nahezu 1:1. Auch der Florin ist 100 Cent wert und es gibt Münzen in 5, 10, 25 und 50 Cents sowie in 1 Florin, Banknoten gibt es in 5, 10, 25, 50 und 100 Florin.

In Aruba sind viele Restaurants und Hotels durch die zahlreichen amerikanischen Urlauber nur auf Dollar eingestellt. Wenn man dort mit arubanischer Währung bezahlt, erhält man das Wechselgeld oft in US-Dollar zurück.

Es empfiehlt sich, den Großteil des Geldes in **Travellerschecks** mitzunehmen. Diese werden auf allen Inseln akzeptiert und können bei Verlust schnell ersetzt werden. *American Express* wird auf den Inseln von folgenden Banken vertreten:

Aruba
- *S.E.L. Maduro & Sons*, Rockefellerstraat 1, Oranjestad. ☎ 23888.

Bonaire
Es ist die Bank auf Curaçao zuständig.

Curaçao
- Hanchi Snoa 22, Willemstad. ☎ 616212, 616213.

Neben Travellerschecks empfiehlt sich eine **Kreditkarte** für das Bezahlen hoher Rechnungen. Beispielsweise das Mieten eines Wagens oder der Kauf eines Flugtickets wird mit der Karte schnell und einfach erledigt. Ein weiterer Vorteil besteht darin, daß man keine größeren Bargeldsummen mit sich herumtragen muß.

Bei dem Verlust der Karte ist zwecks Sperre sofort das entsprechende Kreditkarteninstitut zu benachrichtigen. Eine 24-Stunden-Auskunft in den USA ist ☎ 314 275 6690.

Aruba
- *Visa/MasterCard*, Aruba Bank nv, Nassaustraat 89, Oranjestad. ☎ 21515, 21200. Telex 5023 ABNAR NA.
- *Visa/MasterCard*, Caribbean Mercantile Bank nv, Nassaustraat 90-92, Oranjestad. ☎ 32168, 31942. Telex 5157 BAKAR NA.

Bonaire
- *Visa*, Maduro & Curiel's nv, Kaya L.D. Gerharts 1, Kralendijk. ☎ 8420, 8414, 8404.

Curaçao
- *American Express*, Hanchi di Snoa 22, Willemstad. ☎ 616212, 616213.
- *Diners Club*, Schottegatweg Oost 215C, Willemstad. ☎ 614180, 614181, außerhalb der Bürostunden ☎ 75167 und 615821.
- *Eurocard/Mastercard*, Maduro & Curiel's Bank nv, Plaza Jojo Correa 2-3, Willemstad. ☎ 611100.

Praktische Hinweise

Ganz ohne Bargeld geht es aber auf den ABC-Inseln auch nicht. Die Kreditkarte und Travellerschecks können immer nur Hilfen sein, einen größeren Bargeldbesitz zu umgehen. Leider bekommt man Travellerschecks oft nur in einigen Banken der Hauptstädte ausbezahlt, kleine Appartment- und Hotelbesitzer akzeptieren sie nicht. Und mit der Kreditkarte Bargeld abzuheben kostet hohe Gebühren.

Wer keine Kreditkarte besitzt, kann das Testangebot vieler Institute in Anspruch nehmen. Wenn man die Karte vor Ablauf der Testzeit, die in den meisten Fällen drei Monaten beträgt, wieder zurückgibt, erhält man die Jahresgebühr zurück.

Tip: Auch in den Casinos kann man Travellerschecks eintauschen, oder mit der Scheckkarte Geld bekommen.

Dies ist eine hilfreiche Lösung, wenn die Banken schon geschlossen haben und das Bargeld knapp wird, denn die meisten der Casinos haben bis nachts um 4.00 Uhr geöffnet.

MIT ODER OHNE REISEPARTNER ?

Die Entscheidung, mit oder ohne Reisepartner zu reisen, sollte gerade bei länger dauernden Individualreisen gründlich überlegt sein, denn oft stellen sich schnell unterschiedliche Interessen und Vorstellungen über den Reiseablauf heraus. Um Spannungen zu vermeiden, ist es ratsam, schon bei der Reiseplanung auf die Interessen des Einzelnen zu achten, und nur Reiseziele auszuwählen, die allen Beteiligten entsprechende Angebote bieten. Auch während des Urlaubs empfiehlt es sich, zusammen zu unternehmen, was alle interessiert, oder aber für eine kurze Zeit eigene Wege zu gehen.

Wer für den Urlaub Mitreisende sucht, kann sich an Reisepartnervermittlungen wenden. Geringere Gebühren, aber auch etwas niedrigere Erfolgsquoten gibt es mit Anzeigen in Reisezeitschriften und Stadtzeitungen sowie Aushängen beispielsweise an Universitäten und in Ausrüstungsläden.

Hier einige Adressen von bekannten Reisepartnervermittlungen:
- *Bon Voyage*, Peschkestraße 10, 12161 Berlin, ☎ 030/8515104; Ostendstraße 12, 60314 Frankfurt, ☎ 069/499653; Reinickeweg 8, 30659 Hannover, ☎ 0511/6499918; Merheimerstraße 275, 50968 Köln, ☎ 0221/ 767616. Die Gebühr für eine Vermittlung beträgt etwa 60 DM, dafür werden drei Monate lang alle passenden Vorschläge weitergegeben. Als Gebühr für ein Jahr sind etwa 130 DM zu entrichten.

Praktische Hinweise

- *Freundeskreis Alleinreisender e.V.*, Postfach 520551, 20457 Hamburg. ☎ 040/8807421. Der Jahresbeitrag beträgt 55 DM, die Zahl der Vorschläge ist unbegrenzt.
- *Frauen-Reisebörse*, Hannelore Vierrath-Lewitzki, Lütticherstr. 25, 51149 Köln. ☎ 0221/515254. Die Grundgebühr betragt 40 DM, für jede Adresse müssen außerdem 5 DM gezahlt werden.

Allein als Frau

In der Karibik ist zwar die Anmache meist häufiger und direkter als in den südlichen Ländern Europas, doch das sollte keine Frau davon abhalten, allein zu reisen. Der Trick mit dem Ehering funktioniert hier leider nicht so gut wie z.B. in islamischen Staaten, denn der Ehemann, sei er nun im fernen Europa oder sogar im nur wenige Meter entfernten Hotel, interessiert die Männer in der Karibik herzlich wenig.

Da die oft aufdringliche Anmache einfach nicht zu umgehen ist, sollte frau sie mit Humor nehmen und unmißverständlich darauf reagieren, denn jedes Zögern verstehen die Männer als Einverständnis.

Auch sollte frau immer in der Nähe von betriebsamen Straßen bleiben und nicht allein durch einsame Parks und Straßen gehen. Besonders gilt dies natürlich in der Dunkelheit.

Es soll hier nicht das falsche Bild entstehen, die Männer in der Karibik würden Frauen auf Schritt und Tritt belagern, aber jede Frau sollte auf die direkte Art gefaßt sein, in der die Männer ihren Gefallen gerade an weißen Frauen zum Ausdruck bringen.

Oft bieten sich Einheimische als Führer und Beschützer an, dann muß jede selbst entscheiden, inwieweit sie ihrem Begleiter trauen kann und will. Grenzenloses Mißtrauen sollte man nicht haben, aber eine realistische Vorsicht ist angebracht.

Ein kleiner Trick kann Frauen, die zusammen reisen, vor zu viel 'Zuwendung' schützen: sich als lesbisches Pärchen auszugeben wird etliche der Männer abschrecken.

Außerdem sollten Frauen weite, körperbedeckende Kleidung tragen, denn knappe, enge Hosen oder Röcke werden von den Männern nur zu gern als Aufforderung mißverstanden.

Praktische Hinweise

EIN- UND AUSREISEBESTIMMUNGEN

Es wird die Vorlage eines gültigen Reisepasses und des Rück- bzw. Weiterflugtickets verlangt. Das Ticket muß einen Zielort außerhalb der Niederländischen Antillen bzw. Arubas vorweisen. Bei der Einreise in Aruba kann außerdem von den Zollbeamten der Nachweis verlangt werden, für den Aufenthalt genügend Geld zu besitzen.

Die Drogeneinfuhr ist auf allen Inseln verboten. Bei der Kontrolle von Arzneimitteln kann es hilfreich sein, die Beipackzettel vorzulegen.

Genauer erkundigen sollte man sich bei der **Mitnahme von Tieren**. In die ABC-Inseln ist die Einfuhr von Hunden und Katzen, die ein entsprechendes Gesundheitszeugnis haben und den Nachweis einer Tollwutimpfung (nicht älter als zwei Wochen), erlaubt. Nur bei der Einfuhr aus Süd- oder Mittelamerika sind diese Tiere verboten. Wer seinem Haustier die klimatische Umstellung zumuten möchte, sollte sich auch vorher erkundigen, ob das Hotel das Tier erlaubt. Aktuelle Informationen geben die Touristenbüros und Botschaften der einzelnen Länder.

Bei der Einreise aus den Gebieten des Königreichs der Niederlanden bestehen keine **Einfuhrbeschränkungen** mehr, solange die Waren nicht zur gewerblichen Verwendung gedacht sind, da die Inseln zur EG gehören. Das gleiche gilt für Reisen von Deutschland nach Aruba, Bonaire und Curaçao.

Für Tier- und Pflanzenarten, die nach dem *Washingtoner Artenschutzabkommen* vom Aussterben bedroht sind, muß man neben der Ausfuhrgenehmigung des Herkunftlandes auch eine deutsche Einfuhrgenehmigung vorlegen. Für Österreich und die Schweiz gelten ähnliche Vorschriften.

WICHTIGE ADRESSEN UND TELEFONNUMMERN

Touristeninformationen auf den Inseln

Aruba
- *Aruba Tourism Authority*, P.O. Box 1019, L.G. Smith Boulevard 172, Oranjestad, Aruba. ☎ 23777 und Fax 34702.

Bonaire
- *Bonaire Tourism Corporation*, Kaya Simon Bolivar 12, Kralendijk, Bonaire N.A. ☎ 8322, 8649, Fax 8408.

Curaçao
- *Curaçao Tourist Board*, P.O. Box 3266, Pietermaai 19, Willemstad,

Praktische Hinweise

Curaçao N.A. ☎ 616000, Fax 612305.

Touristeninformationen in Europa

Aruba
- *Aruba Tourism Authority*, Schimmelpennicklaan 1, 2517 JN Den Haag, The Netherlands. ☎ 070/3566220 Fax 070/3604877.

Bonaire
- *Bonaire Tourism Corporation*, Visseringlaan 24, 2288 ER Rijswijk, The Netherlands. ☎ 070/3954444, Fax 070/ 3368333.

Curaçao
- *Fremdenverkehrsamt Curaçao*, Arnulfstraße 44, 80335 München. ☎ 089/598490 und Fax 089/ 5232212.

Notrufe und Rettungsdienste
Notfallnummern auf den Inseln:

Aruba
- *Polizei*, ☎ 100, 24000 und für San Nicholas 45000.
- *Feuerwehr*, ☎ 115.
- *Krankenhaus*, ☎ 74300.
- *Krankenwagen*, ☎ (Oranjestad) 21234, ☎ (San Nicholas) 45050.
- *Medizinisches Zentrum*, ☎ 48833.

Bonaire
- *Gemeinsame Notrufnummer der Feuerwehr, Polizei und des Krankenwages*, ☎ 11.
- *Polizeistation*, ☎ (Kralendijk) 8000, (Ricon) 6222 und 5330 (staatlicher Sicherheitsdienst).
- *Krankenhaus*, ☎ 14.

Curaçao
- *Polizei und Feuerwehr*, ☎ 114.
- *Krankenhaus*, ☎ 624900.
- *Krankenwagen*, ☎ 112, 689337 und 689266.
- *Zahnarzt* (Bereitschaftsdienst), ☎ 8888.
- *Arzt* (Bereitschaftsdienst), ☎ 1111.
- *Apotheke* (Bereitschaftsdienst), ☎ 2222.

Aufgrund der guten ärztlichen Versorgung, auch in den ländlichen Gebieten, ist im Ernstfall mit einer zuverlässigen Hilfe zu rechnen.

Wer sich ärztlichen Rat dennoch lieber Zuhause holen möchte, der kann sich Tag und Nacht an die Notrufstationen in der Bundesrepublik Deutschland wenden.

- *ADAC-Notrufzentrale,* München, ☎ 089/222222
- *AvD-Notruf*, Frankfurt/Main, ☎ 069/6606300

Die *Notrufstationen* sorgen gegebenenfalls auch für Hilfe durch Luftrettung.
- *Deutsche Rettungsflugwacht*, Stuttgart-Flughafen, ☎ 0711/ 701070
- DRK - Flugdienst, Bonn ☎ 0228/ 230023

Praktische Hinweise

WAS SOLLTE MAN MITNEHMEN?

Die meisten Fluggesellschaften erlauben 20 kg Reisegepäck. Individualreisende sollten einkalkulieren, daß das Gepäck möglicherweise auch mal über längere Wegstrecken getragen werden muß. 12-15 kg sollten daher schon aus diesem Grund nicht überschritten werden.

Reisetasche: Besser als Koffer oder Reisetasche lassen sich spezielle Kompaktrucksäcke tragen. Da das Tragegestell bei der Prozedur des Ein- und Aus-Checkens leicht Schaden nimmt, sind besonders Rucksäcke zu empfehlen, bei denen man das Tragegestell durch ein einfaches Reißverschlußfach verdecken kann. Sie kosten etwa 250 DM.

Diese Rucksäcke sind auch dann sehr hilfreich, wenn man in einem etwas gediegeneren Hotel absteigen will, denn oft sind Rucksackreisende dort nicht gern gesehen. Durch wenige Handgriffe kann man dann aus dem Rucksack schnell eine Reisetasche mit Umhängeriemen zaubern.

Kleidung: Auch bei einem längeren Urlaub sollte man nicht zu viel Kleidung mitnehmen, sondern lieber im Urlaub etwas waschen. Für die Karibik ist nur leichte Sommerkleidung nötig, aber eine lange Baumwollhose und ein langärmliger Baumwollpullover sollten nicht fehlen, denn abends sind diese Kleidungsstücke der wirkungsvollste Schutz gegen Moskitostiche.

In den Restaurants und Hotels wird es nicht gern gesehen, wenn man in Strandbekleidung zum Essen geht, aber auch hier reichen meist T-Shirt und nicht zu knappe Shorts. Wer Ausflüge ins Landesinnere unternehmen will, sollte außerdem festes Schuhwerk und Socken mitnehmen. Auf den Inseln gibt es Schlangen und geschlossene Schuhe sind der beste Schutz.

Schutzmittel: Auch wer schon vorgebräunt in den Urlaub fährt, sollte nicht auf Sonnenschutzmittel mit hohem Schutzfaktor verzichten. Es ist davon abzuraten, im Urlaub neue Produkte auszuprobieren, denn gerade in Verbindung mit der starken Sonnenstrahlung kann es leicht zu Sonnenallergien kommen.

Gerade während der Regenzeit gibt es sehr viele Moskitos, aber auch sonst sollte man genügend Insektenschutzmittel mitnehmen. Am besten schon zu Hause testen, ob man die einzelnen Mittel verträgt. Am angenehmsten für die Haut sind Sprays mit Zitronenmelisse.

Ein weiterer Trick ist die Einnahme von Vitamin B12. Täglich eingenommen erzeugt dieses Vitamin einen für den Menschen nicht wahrnehmbaren

Praktische Hinweise

Körpergeruch, der Insekten abwehrt.

Dokumente: Neben den Originalen sollte man getrennt auch noch eine Kopie des Reisepasses und des Flugtickets aufbewahren. Es erleichtert die Wiederbeschaffung bei Verlust eines dieser Dokumente.

Wer plant, einen Mietwagen zu leihen, sollte sich einen Internationalen Führerschein bei der Führerscheinstelle ausstellen lassen. Man benötigt dazu ein Paßbild.

Reiseapotheke: In der Reiseapotheke sollte sich eine Brandsalbe und eine Salbe für Insektenstiche befinden, falls die schon erwähnten Sonnenschutzmittel und Insektenschutzmittel versagen.

Dringend notwendig sind auch Kohletabletten, Schmerz- und Fiebermittel und Verbandszeug mit Desinfektionsmittel. Zwar ist die medizinische Versorgung auf den meisten Inseln sehr gut, aber für die Erste Hilfe sind oben genannte Mittel unerläßlich.

Nicht vergessen sollte jeder, seine vom Arzt verschriebenen Medikamente in ausreichender Menge und die Beipackzettel der Arzneimittel mitzunehmen, denn bei der Einreise kann es sein, daß sich der Zoll die Medikamente näher anschaut.

Hier die wichtigsten **Medikamente für die Reiseapotheke**. (Rezeptpflichtige Medikamente sind mit (RP) gekennzeichnet.)

- **Reisekrankheit**: *Paspertin* (RP).
- **Durchfallerkrankungen**: *Perenterol, Imodium, Kohle-Compretten*. (Durch Trinken von Limonade mit Salz den Flüssigkeits- und Mineralverlust ausgleichen!)
- **Verdauungsbeschwerden**: *Perenterol, Pankreon*.
- **Halsschmerzen**: *Frubienzym, Hexoraletten*.
- **Schmerzen/Erkältung**: *Gelonida, Ben-u-ron, Aspirin*.
- **Sonnenbrand/Insektenstiche**: *Soventol, Fenistil*.
- **Insektenschutz**: *Autan* oder ähnliches.
- **Prellungen/Verstauchung**: *Emulgel, Mobilat Gel*.
- **Übelkeit**: *Paspertin* (RP).
- **Kreislaufschwäche**: *Effortil-Tropfen* (RP).
- **Wundinfektionen**: *Merfen Orange, Typosur Salbe*.
- **Desinfektionsmittel**: *Merfen*.
- **Infektionen** (bakteriell): *Bactrim* (RP).
- **Verbandszeug**: *Hansaplast, Mullbinden, Mullkompressen, Dreieckstuch, elastische Binden, Schere, Pinzette, Einwegspritzen (2 und 5 ml)*, um sich im Notfall vor Infektionen zu schützen, die mit Spritzen übertragen werden können.

Doch **Vorsicht** mit Einwegspritzen bei Zollkontrollen, dadurch kann man mit Rauschgift in Verbindung gebracht werden.

- **Einweghandschuhe**: Zur Vorbeugung gegen Infektionen bei Erste-Hilfe Maßnahmen.

Praktische Hinweise

Auch **Naturheilmittel** helfen oft ausreichend gegen die Reisebeschwerden. Hier deshalb eine kleine Liste der wichtigsten Naturheilmittel.

- **Insektenstiche:** *Apis D4* (bei starker Hautrötung alle 15 Minuten).
- **Sonnenbrand:** *Cantharis D4* (die Tropfen lindern, alle 15 Minuten aufgetragen, die Hautreizung).
- **Reisekrankheit:** *Cocculus D4*, *Okoubaka D2/D3* (stündlich einnehmen).
- **Magen-/Darmerkrankungen:** *Nux vomica D4* (ist bei Magenverstimmung und bei Völlegefühl stündlich einzunehmen), *Ipacacuanha D4* (ist bei Übelkeitsbeschwerden stündlich einzunehmen), *Colocynthis D4* (ist bei Krämpfen und bei Darmkoliken im Abstand von 15 Minuten einzunehmen).
- **Erkältungen:** *Echinacin* (stündlich einnehmen), *Aconit D4* (ist bei Fieber und Frösteln im Abstand von 15 Minuten einzunehmen), *Belladonna D4* (bei Kopfschmerzen und bei Schweißausbruch alle 15 Minuten), *Eupatorium perfoliatum D4* (bei Gliederschmerzen).
- **Wunden:** *Arnica D4* (als Tropfen und Salbe erhältlich).

Eine Absprache mit dem Hausarzt ist vor dem Benutzen aller aufgeführten Mittel unerläßlich!

Ausrüstungsläden
Hilfreiche Tips erhält man auch in den Ausrüstungsläden, nachfolgend einige Adressen:

Deutschland
- *Alles für Tramper*, Bundesallee 88, 12161 Berlin, ☎ 030/8518069.
- *Alles für Globetrotter*, Lietzenburgerstr. 65, 10719 Berlin, ☎ 030/8827601.
- *Bernd Woick Expeditions- u. Allradservice*, Gutenbergstr.14, 70176 Stuttgart, ☎ 0711/455038.
- *Därrs Travel Shop*, Theresienstr. 66, 80333 München, ☎ 089/282032.
- *Denart & Lechart Globetrotterausrüstung*, Wiesendamm 1, 22305 Hamburg, ☎ 040/291223.
- *Globetrotter-Zentrale Tesch*, Karlsgraben 69, 52064 Aachen, ☎ 0241/33636.
- *Pritz Globetrotter Ausrüstungen*, Schmiedgasse 17, 94032 Passau, ☎ 0851/36220.
- *Sahara Spezial*, Bahnhofstr. 65, 35390 Gießen, ☎ 0641/74774 und 73195.
- *Tuareg*, Luxemburgerstr. 185, 50939 Köln, ☎ 0221/410304.
- *Uhl's Ausrüstungsdepot*, Enoch-Widmann-Str. 3 u. 12, 95028 Hof/Saale, ☎ 09281/44857.

Schweiz
- *Transa*, Josefstr. 21, 8005 Zürich, ☎ 011/429040.

Österreich
- *Hof und Turecek Expeditionsservice*, Markgraf-Rüdiger-Str. 1, 1150 Wien, ☎ 0222/922361.

Praktische Hinweise

Fotoausrüstung
(von Jörg F. Tröller)

Wer keine eigene **Kamera** hat, steht zunächst vor der Qual der Wahl aus einem unüberschaubaren Angebot an Kameras zu den unterschiedlichsten Preisen.

Wer nur selten fotografieren will, sollte sich für eine kompakte Kleinbild-Sucherkamera mit fest eingebautem Weitwinkelobjektiv entscheiden.

Diese Kameras besorgen alle notwendigen Einstellungen automatisch und liefern gute Fotos. Die einfache Handhabung ist wichtig, wenn man die Kamera ohnehin nur zwei- bis dreimal im Jahr in der Hand hat.

Wer etwas weitergehender Fotografieren möchte oder ein Faible für technische Geräte hat, ist gut bedient mit einer Kamera mit fest eingebautem Zoomobjektiv. Das Zoomobjektiv sollte dabei mindestens den Bereich von 35-70 mm abdecken und eine Lichtstärke von mindestens 4,0 besitzen.

Der ambitionierte Fotograf wird zu einer Spiegelreflexkamera mit Wechselobjektiven und entsprechendem Zubehör greifen bzw. mehrere Kameras für "jede" Gelegenheit mit sich führen.

Dann kommt die Frage, welche **weitere Ausrüstung** mitgenommen werden soll. Zum einen ist es eine unsägliche Quälerei, in brütender Hitze eine komplette Kameraausrüstung mit sich herumzuschleifen, von der doch nur die Hälfte benötigt wird, außerdem ist eine umfangreiche Fotoausrüstung immer ein begehrtes Objekt für Diebe. Daher der Rat: So wenig Zubehör wie möglich, denn hier ist oft weniger mehr und der Spaß beim Fotografieren bleibt erhalten.

Wichtige Dinge, die im Zusammenhang mit der Ausrüstung oft vergessen werden, sind Ersatzbatterien. Selbst wenn sie am Urlaubsort erhältlich sind, ist die Sucherei danach doch nervenaufreibend und die Preise fallen meist recht hoch aus.

Ein weiterer wichtiger Punkt ist das Überprüfen der Ausrüstung vor Urlaubsantritt. Dazu einfach einen Film einlegen und unter Einbeziehung allen Zubehörs wie Wechselobjektiven, Blitz etc. fotografieren. Anhand der entwickelten Bilder läßt sich dann ersehen, ob alles funktioniert.

Dies ist gerade für den stolzen Besitzer einer neuen Kamera wichtig, da er sich so mit den Bedienungselementen vertraut machen kann und die Fehler ausgerechnet nicht bei den unwiederbringlichen Urlaubsbildern entstehen.

Bei etwas abenteuerlichen Unternehmungen, aber auch am Strand, muß damit gerechnet werden, daß die Kamera durch die Feuchtigkeit bzw. den Sand Schaden nehmen kann. Den besten Schutz bieten Plastiktüten.

Praktische Hinweise

Bei der Frage des **Filmmaterials** muß zunächst die Entscheidung zwischen einem Negativfilm und dem Diapositiv fallen. Zu Diapositiven gehört die Arbeit des Rahmens der Filme und vor allem ist eine Leinwand und ein Projektor nötig. Ist dies vorhanden, bietet das Dia natürlich wesentlich mehr, denn selbstverständlich sind auch vom Dia Papierabzüge möglich. Und zusätzlich können die Dias in voller und vor allem "großer" Pracht auf der Leinwand von vielen Zuschauern gleichzeitig bewundert werden.

Dia's müssen allerdings genau und richtig belichtet sein, da hier nichts mehr, bzw. nur in engen Grenzen im Labor bei der Herstellung der Abzüge reguliert werden kann.

Für den normalen Urlaubsfotografen wird die Wahl wohl nach wie vor auf Negativfilme für Papierabzüge fallen.

Schwarz-Weiß-Filme spielen für den Fotografen im Urlaub keine Rolle mehr.

Zu den einzelnen **Fabrikaten** der Filme gibt es ganze Abhandlungen zur Farbwiedergabe, Bildschärfe etc. Diese sind vielleicht für Profifotografen von Interesse, die je nach Motiv und Ausleuchtung ihr Filmmaterial auswählen. Für den Hobby- und Urlaubsfotografen sind diese Unterschiede weitestgehendst uninteressant.

Praktische Hinweise

Da die Farbwiedergabe von Fabrikat zu Fabrikat ebenso schwankt wie die individuellen Ansichten der Betrachter darüber, welcher der Filme die Farben am "besten" und "richtigsten" wiedergibt, sollte jeder das Fabrikat, mit dem er zufrieden ist, in das Urlaubsgepäck packen.

Für die beginnenden Fotografen gilt ganz einfach, im Urlaub auf die großen Marken zu vertrauen. Ab und zu können dann auch einmal, bei nicht ganz so wichtigen Bildern andere Marken ausprobiert werden.

So findet man bald die für die eigenen Anspruche beste Marke.

Für das Urlaubsziel A,B,C-Inseln gilt zunächst als Standard, Filmmaterial mit einer **Lichtempfindlichkeit** von 100 ASA zu benutzen. Diese Filme haben eine sehr gute Schärfenwiedergabe und man kommt mit den vorherrschenden Lichtverhältnissen gut zurecht. Für Strandfotos kommen auch Filme mit einer niedrigeren Empfindlichkeit, etwa 50 ASA, in Frage. Sie besitzen eine noch besser Schärfenwiedergabe, aber im Schatten, in Häuserzeilen etc. reicht ihre Lichtempfindlichkeit schnell nicht mehr aus.

Zusätzlich zu dem Standardfilm von 100 ASA sollten in jedem Fall noch einige empfindlichere Filme, von 200 bis 400 ASA eingepackt werden, um während der in Äquatornähe sehr schnell nahenden Abendstunden noch Fotografieren zu können.

Selbstverständlich muß das Verfallsdatum der Filme beachtet werden, und die Filme sollten möglichst rasch nach der Belichtung (3-4 Wochen) entwickelt werden. Wer eine Urlaubsreise über Monate macht, sollte die Filme vor Ort entwickeln lassen, sonst können Qualitätsverluste entstehen.

Die Filme nicht zu lange der Hitze aussetzen und so gut es geht kühl lagern! Da die Filme in der Karibik sehr teuer sind, sollte man ausreichend Filmmaterial mitnehmen.

Bei der, nach Aussage der Gerätehersteller "völlig ungefährlichen" Durchleuchtung des Filmmaterials bei den Kontrollen am Flughafen, kann das Filmmaterial in entsprechend abgeschirmten Schutzbeuteln geschützt werden. Eine andere Möglichkeit ist, die Filme separat in einen Klarsichtbeutel zu packen und von Hand kontrollieren lassen.

Gute Fotos, wann wie und wo!
Niemand sollte sich an den Postkarten-Fotos messen, bei denen ein Fotograf viel Zeit investiert hat, um die optimalen Lichtverhältnisse auszukundschaften oder aber entsprechende Modelle plaziert und diese mit Spiegeln bestens ausgeleuchtet hat. Danach hat meist der Lithograph die Farbwiedergabe optimiert,

Praktische Hinweise

eventuelle Fehlstellen retuschiert und die Druckerei in einem aufwendigen Druckverfahren die Postkarten hergestellt.

Diesen Aufwand kann kein Urlauber bei den eigenen Fotos betreiben und er ist auch nicht notwendig, um gute Urlaubsfotos zu erhalten.

Die erste Regel lautet, auf jedem Wechselobjektiv einen UV-Filter verwenden, denn dieser sorgt durch die Ausfilterung des ultravioletten Anteils der Sonneneinstrahlung für eine bessere Farbwiedergabe.

Das Fotografieren zwischen 11.00 und 15.00 Uhr sollte zudem vermieden werden. Durch die dann vorherrschende starke Sonneneinstrahlung wirken die Farben auf den Fotos ausgelaugt, Licht und Schatten bilden starke Gegensätze. In den Morgen- und Nachmittagsstunden ist das Licht wesentlich "weicher" und liefert damit bessere Ergebnisse.

Als weitere Grundregel gilt "Sonne im Rücken, das Bild wird glücken". So einfach, wie diese Regel klingt, so wirkungsvoll ist sie, da das Belichtungsmeßsystem der Kamera auf diese "Beleuchtungsanordnung" geeicht ist. Wer genau das Gegenteil machen möchte, nämlich gegen das Licht fotografieren, muß die Belichtungsmessung austricksen.

Dies läßt sich nur bei aufwendiger gestalteten Kameras machen, und zwar in dem man manuell die Belichtungszeit vergrößert bzw. die Blende weiter öffnet. Bei neueren Kameras ist dies einfach per Knopfdruck über die Programmautomatik möglich.

Bei einfachen Kameras mit eingebautem Blitz sollte man beim Fotografieren gegen das Licht den Vordergund mit dem Blitz aufhellen. Der gleiche belichtungstechnische Fehler ergibt sich auf den ABC-Inseln beim Fotografieren von Menschen vor Gebäuden, am Strand, in Hauseingängen. Zumeist ist dann der Hintergrund hell, während die Gesichtszüge der Menschen durch einfallende Schatten oder die dunkle Hautfarbe nicht zu sehen sind. Hier muß genauso verfahren werden, wie bei Gegenlichtaufnahmen. Aber Vorsicht, es kommt aufgrund der zumeist mittenbetonten Messung der Kamera und des weniger intensiven Gegenlichts stark auf den Bildausschnitt an, wie weit die Belichtungszeit oder die Blende reguliert werden muß.

Zum Abschluß noch ein Hinweis zu den **Papierabzügen**. Da die Fotolabors nicht immer gleichbleibende Qualität liefern, sollte man auch andere Labors ausprobieren. Nur so kann man sichergehen, ob das unbefriedigende Ergebnis nur wegen schlampiger Arbeit im Labor entstand und man nicht unbegründet von seinen fotografischen Leistungen enttäuscht ist.

Praktische Hinweise

Straßenkarten

Auf Curaçao und Bonaire sind die Straßen recht gut ausgeschildert, auf Aruba wird man diese Ausschilderung häufiger missen.

Gute Straßenkarten gibt der Verlag *Berndtson & Berndtson* heraus. Leider sind sie nur in englischer Sprache erhältlich.
- *Berndtson & Berndtson*, Hauptstraße 1a, 82256 Fürstenfeldbruck. ☎ 0814/16280.
Straßenkarte Aruba (1:50 000)
Straßenkarte Bonaire (1: 60 000)
Straßenkarte Curaçao (1: 85 000)

Versicherungen

Da die meisten Krankenversicherungen nicht automatisch Auslandsaufenthalte mitversichern, ist eine zusätzliche Versicherung zu empfehlen. Man sollte sich genau über die Leistungen der Krankenkassen informieren, z.B. schließen nicht alle eine Rückflugversicherung ein, die im Krankheitsfall die Kosten für einen vorzeitigen Rückflug trägt. Auch ist es wichtig zu wissen, welche Belege die Krankenkasse benötigt, um Arztbesuche im Ausland oder dort verschriebene Medikamente zu ersetzen.

Je nach Wert des Gepäcks, z.B. bei einer teuren Kameraausrüstung, ist auch eine Reisegepäckversicherung zu empfehlen.

Einige Kreditkarten schließen solche Auslandsversicherungen mit ein, aber auch hier sollte man sich genau informieren, denn oft sind sie auf eine bestimmte Anzahl von Tagen im Jahr beschränkt und meistens muß das Flugticket mit dieser Scheckkarte bezahlt worden sein.

Hinweis: Bei Diebstahl muß man sich unbedingt von der örtlichen Polizei den Verlust schriftlich bestätigen lassen. Nur anhand dieses Belegs gleicht die Reiseversicherung den entstandenen auch wirklich Schaden aus.

GESUNDHEIT

Medizinische Vorsorge: Etwa acht bis zehn Wochen vor Reiseantritt sollte man an verschiedene medizinische Vorsorgemaßnahmen denken.

Es gibt keine **Impfvorschriften** für eine Reise auf die ABC-Inseln. Trotzdem rät das Gesundheitsamt allen Reisenden, sich neben den Standardimpfungen Kinderlähmung (Polio), Diphterie und Tetanus, auch gegen Hepatitis A zu schützen.

Malaria kommt weder auf Aruba, Bonaire noch auf Curaçao vor.

Da einige Impfungen nicht gleichzeitig vorgenommen werden dürfen, sollte man sich frühzeitig um einen Impftermin kümmern. Eine Hepatitis A-Impfung kann zwar kurzfristig vor dem Beginn

Praktische Hinweise

des Urlaubs durchgeführt werden, aber es handelt sich bei diesem Schutz nur um eine dreimonatige Immunisierung. Eine neuere Hepatitis A-Impfung, die über mehrere Jahre Schutz bietet, ist vor allem Reisenden zu empfehlen, die weitere Fernreisen planen. Diese Impfung muß allerdings etwa vier Wochen vor Abflug vorgenommen werden.

Bei unklaren Krankheitsbildern, bei denen der Hausarzt bei der Rückkehr keinen Rat weiß, wendet sich jeder am besten an das nächste tropenmedizinische Institut.

- *Tropeninstitut*, Im Neuenheimer Feld 324, 69120 Heidelberg, ☎ 06221/562905. Hier bekommt man die Adresse des dem Heimatort nächstliegenden tropenmedizinischen Institutes.

Die hygienischen Verhältnisse auf den ABC-Inseln haben niederländischen Standard. Trotzdem sind **Magenerkrankungen** ein häufigeres Leiden der Reisenden, da zur Klima-Umstellung die ungewohnte Nahrung kommt. Dies gibt sich jedoch meist von selbst, einfache Kohletabletten beschleunigen zudem den Prozeß.

Das **Leitungswasser** ist auf allen drei Inseln sehr sauber, da es Trinkwasser aus den Meerentsalzungsanlagen ist.

Klimaanlagen und Ventilatoren, so nützlich sie auch sind, verursachen oft **Erkältungen**. Man sollte sie daher auf keinen Fall während der Nacht in Betrieb lassen.

Aufgrund der hohen Temperaturen benötigt der Körper mehr Flüssigkeit als sonst. Zwei Liter Flüssigkeit am Tag sollten das absolute Minimum sein. Kreislaufprobleme sind oft ein Indiz für den **Flüssigkeitsmangel** des Körpers.

Auf Aruba, Bonaire und Curaçao ist die **Moskito**-Plage nicht so schlimm wie auf den Regenwaldinseln der Karibik. Zudem schützt lange Kleidung in den frühen Abendstunden, wenn es dämmert, vor den Plagegeistern. Denn diese sind vor allem abends und am frühen Morgen aktiv.

Reisende, die regelmäßig **Medikamente** einnehmen, sollten mit einem Arzt besprechen, welche Wirkung die Zeitverschiebung von fünf bzw. sechs Stunden auf den Organismus hat. Für Diabetiker und Herzkranke bleibt sie unter Umständen nicht ohne Probleme (siehe unten).

Durch die Zeitumstellung ändert sich auch die Einnahmezeit der **Antibabypille**. Bei einem Hinflug am Morgen (etwa 11.00 Uhr) und der bisherigen Einnahme am morgen wird empfohlen, die Pille am Abflugtag wie gewohnt morgens einzunehmen. Am nächsten Tag wird sie nach der Ankunft eingenommen und ab dem zweiten Tag wieder wie

Praktische Hinweise

gewohnt morgens. Bei einem Rückflug, etwa um 15.00 Uhr ist der gleiche Ablauf zu befolgen: Am Rückflugtag wie gewohnt morgens, am nächsten Tag dann nach der Ankunft in Europa und ab dem zweiten Tag wieder wie gewohnt morgens. Bei der gewohnten Einnahme am Abend und einem Abflug um 13.00 Uhr sollte die Pille bei der Abfahrt eingenommen werden, am nächsten Tag dann um 16.00 Uhr Ortszeit und ab den darauffolgenden Tagen wieder abends. Bei einem Rückflug um etwa 15.00 Uhr erfolgt Einnahme am Abend an Bord, und auch an den darauffolgenden Tagen wie gewohnt abends (Ortszeit). **In Zweifelsfällen immer den Arzt fragen!**

Reiseinformationen für **Herzkranke** sind bei der *Deutschen Herzstiftung*, Frankfurt, Tel. 069/610838 erhältlich.

Hinweise für Diabetiker

Insulinabhängige Diabetiker sollten schon vor der Reise gute Vorkehrungen treffen. So gilt für sie verstärkt die Empfehlung, **vor der Reise** einen ärztlichen Check-up, auch beim Zahnarzt, durchführen zu lassen. Auch die Impfungen sind für Diabetiker besonders wichtig, da sie besonders infektanfällig sind.

Empfehlenswert ist es, die gesamte **Diabetikerausrüstung** in doppelter Menge mitzunehmen, da im Ausland oft andere Insulinpräparate in anderen Konzentrationen angeboten werden. Die Diabetikerausrüstung sollte man in einer Isoliertasche im Handgepäck haben, da im Frachtraum des Flugzeuges die Temperaturschwankungen sehr hoch sind.

Pumpenträger sollten über die Aufladbarkeit ihres Gerätes im Reiseland informiert sein. Ein entsprechender Adapter gehört auch ins Reisegepäck.

Hilfreich für den Notfall ist der mehrsprachige Diabetikerausweis, den man immer bei sich tragen sollte.

In die Reiseapotheke gehören neben den aufgeführten Mitteln natürlich die Teststreifen zur Selbstkontrolle des Blutzuckerwertes und Ampullen mit hochprozentiger Glucoselösung als Notfallpräparat.

Ins Handgepäck gehören zudem schnell resorbierbare Kohlenhydrate und Traubenzucker. Außerdem sollte man sich mit Tabletten gegen Durchfall und Übelkeit ausrüsten (siehe oben).

Die **während des Fluges** eintretenden Wartezeiten sollte man einkalkulieren, da sich dadurch die Essenszeiten verschieben können. Durch die Zeitverschiebung ist zudem eine Umstellung der Spritzgewohnheit nötig. Am einfachsten läßt sich dies durch die an den Mahlzeiten orientierten Injektionen von schnell wirksamem Insulin bewältigen und im

Praktische Hinweise

Reiseland gewöhnt man sich schnell wieder an den alten Rhythmus.

Bei vielen Fluggesellschaften ist es möglich, Diabetikermenüs vor Flugantritt vorzubestellen.

Im Reiseland ist häufigeres Messen als zuhause notwendig, da der Blutzuckerspiegel im tropischen Klima höheren Schwankungen unterliegt.

Tritt Brechdurchfall auf, so sollte man das Insulin nicht ganz absetzen, sondern durch das Trinken von Limonaden mit Salz dem Körper wieder die erforderlichen Kohlenhydrate und Salze zuführen.

HILFE IN NOTFÄLLEN

Der *Notruf des ADAC* in München (☎ 0049/89/222222) kann eventuell weitere Ärzte in anderen Regionen vermitteln und Krankenrücktransporte organisieren.

Eine andere Möglichkeit besteht darin, mit Freunden zu Hause telefonisch, durch Telegramm, Telefax oder Telex Kontakt aufzunehmen. In Deutschland hat der *Därr- Expeditionsservice* einen hilfreichen Nottelex-Dienst eingerichtet, Telex Nr. 5215384 darr d. Er gibt im Notfall eine Nachricht an die gewünschte Person weiter. Wenn im Telex angegeben ist, wer die Kosten trägt, verschickt er auch Medikamente.

Die **Deutschen Botschaften** und Konsulate sind dazu verpflichtet, in Not geratenen deutschen Staatsangehörigen zu helfen. Dies bedeutet Hilfe in finanziellen Notlagen, d.h. Geld für die Rückreise muß gestellt werden. Dieser Betrag ist mit Zinsen zurückzuzahlen. Auch muß die Botschaft bei Unfall oder Festnahme einen Anwalt vermitteln.

Bei Unfall oder Diebstahl immer sofort die zuständige Polizei verständigen. Bei Diebstahl benötigt man eine Bestätigung der Polizei, wenn der Verlust bei der Versicherung geltend gemacht werden soll.

Praktische Hinweise

SICHERHEIT

Verhaltenstips

Die Menschen sind sehr freundlich und entgegenkommend und erwarten dasselbe auch von den Besuchern. Schon ein Lächeln und ein Gruß erleichtern viele Kontakte. Wer angebotene Hilfe ablehnt, sollte dies deutlich, aber freundlich tun. Ein klares "Nein" wird meist ohne weiteres akzeptiert.

Auf die Kleidung wird insofern Wert gelegt, als in der Kirche angemessene Kleidung - keine Shorts und engen T-Shirts - getragen werden sollte. In der Stadt und den Restaurants (mit Ausnahme einiger Strandrestaurants vor 18.00 Uhr) ist Strandbekleidung (Badeshorts, Bikini oder etwa Badeanzug) unangemessen.

Nicht üblich ist 'Oben Ohne' am Strand oder FKK, außer an Stränden, die in den *Ortsbeschreibungen* angegeben sind.

Die Einheimischen haben meist nichts gegen das Fotografieren. Trotzdem sollte man, um möglichen Ärger zu vermeiden, immer vor dem „Abdrücken" um Erlaubnis fragen.

Kriminalität

Die Menschen in der Karibik sind im allgemeinen sehr entgegenkommend und hilfsbereit. Doch sollte das nicht darüber hinwegtäuschen, daß es auch hier Gewalt und Kriminalität gibt.

Die Zahl der Überfälle auf Reisende und von Einbrüchen in Autos hat sich mit dem anwachsenden Tourismus gemehrt. Zur Panik besteht kein Grund, nur sollte man sich im Urlaub nach den gleichen Vorsichtsmaßnahmen verhalten wie zu Hause: Keine Wertsachen im Auto zurück lassen und es vermeiden, zuviel Geld mit sich zu tragen. Kreditkarten und Travellerschecks sind sicherer als Bargeld! Auch das offene Zeigen vieler Geldscheine sowie das auffällige Tragen großer Schmuckstücke kann zum Diebstahl motivieren.

Sollte wirklich etwas gestohlen werden, so ist es für die Erstattung durch die Reiseversicherung nötig, die Polizei einzuschalten. Nur anhand der Meldung bei der Polizei, die schriftlich bestätigen muß, was gestohlen wurde, kann der Verlust erstattet werden. (Siehe auch Kapitel *Praktische Hinweise-Versicherungen.*)

Alleinreisende Frauen müssen auf den Karibischen Inseln mit sehr direkter Anmache rechnen. Kurze und enge Kleidung wird von Männern als Aufforderung und Einverständnis der Frau gesehen. Trotzdem ist Alleinreisen auch für Frauen kein Problem, nur sollte frau abends nicht alleine unterwegs sein. (Siehe auch im

Praktische Hinweise

Kapitel *Praktische Hinweise-Allein als Frau*)

Bettler sind auf den Karibischen Inseln nicht oft anzutreffen, aber die Bettelei nimmt zu. Es handelt sich hierbei weniger um am Straßenrand bettelnde Menschen als vielmehr um Menschen, die vor allem in den Städten Passanten um "einen Dollar" bitten. Ob man einer solche Bitten nachgeht, bleibt jedem selbst überlassen.

Aber man sollte bedenken, daß die Erfahrung, von Touristen schnell und leicht Geld zu bekommen, viele Kinder und Jugendliche davon abhalten wird, eine richtige Arbeit zu lernen. Deshalb sollte man Ihnen auch für das Fotografiert werden kein Geld geben.

Natürlich soll hier nicht dagegen plädiert werden, die Bevölkerung finanziell am Tourismus teilhaben zu lassen. Weitaus sinnvoller und angebrachter ist es aber, dies durch Trinkgelder bei Kofferträgern, Wanderführern, Taxifahrern, Kellnern und Hotelbediensteten zu tun, denn deren Lohn ist im Hinblick auf das zu erwartende Trinkgeld oft nur sehr gering.

Aber bei diesen Trinkgeldern sollte man den Wert des Geldes im jeweiligen Land bedenken. Übertrieben hohe Trinkgelder wecken den Neid auf die reichen Urlauber, die an einem Tag mehr ausgeben, als ein Einheimischer in einem Monat verdient.

Aruba hat den Ruf, die sicherste Insel in der Karibik zu sein. Auch während des jährlichen überschäumenden Karnevals ist es noch nie zu einem Gewaltverbrechen gekommen. Doch auch hier ist der Ratschlag angebracht, sich nicht weniger vorsichtig als zu Hause zu verhalten.

UNTERKUNFT

Von Luxushotels bis zu billigen Appartements und Privatunterkünften ist auf den Inseln alles vertreten. Die Preise für die Übernachtung sind allgemein sehr hoch, bei Unterkünften um 30 US$ (2 Personen, eine Nacht) kann man nicht viel Komfort verlangen. Es handelt sich oft nur um kleine, einfache Zimmer mit Waschgelegenheit auf dem Flur. Die Touristenämter aller Inseln haben aktuelle Preislisten und übernehmen auch oft die telefonische Reservierung der Zimmer. Handeln ist bei den Unterkunftspreisen bei Privatpersonen manchmal möglich!

Im Kapitel *Insel- und Ortsbeschreibungen* werden überwiegend nur die besseren Hotels mit Preisangaben genannt, da die Privatunterkünfte zu häufig wechseln. Adressen und Preislisten

Praktische Hinweise

sind bei den Touristenämtern der Inseln erhältlich. Dort ist auch meist bekannt, ob die Unterkunft überhaupt empfehlenswert ist.

Während der Nebensaison bekommt man meist ohne Schwierigkeiten auch kurzfristig ein Zimmer in einem der Hotels oder Guesthouses. In der Hochsaison, besonders während des Karnevals, ist langfristige Planung unerläßlich. Hotelreservierungen sind über die Touristenbüros in Deutschland möglich.

Die großen Hotels haben in der Regel ein bis zwei **behindertengerechte Zimmer**. Auch die übrigen Anlagen sind in diesen Hotels behindertengerecht eingerichtet.

WICHTIGES FÜR UNTERWEGS

Zeitverschiebung

Die Zeit auf den Inseln liegt 5 Stunden hinter der Mitteleuropäischen Zeit (MEZ/Winterzeit) bzw. 6 Stunden hinter der Mitteleuropäischen Sommerzeit (MESZ). Gerade bei Telefonaten sollte man diesen Zeitunterschied nicht vergessen!

Telefon

Auf allen Inseln sind Ferngespräche von jeder öffentlichen Telefonzelle möglich. Mittlerweile sind auch Kartentelefone weit verbreitet. Münzapparate gibt es immer weniger, sogar an manchen Flughäfen wird man sie vergeblich suchen. In den Postämtern kann man dagegen noch mit Münzen telefonieren.

Trotzdem ist es ratsam, sich frühzeitig eine **Telefonkarte** für die nötigen Zimmerreservierungen oder auch die Gespräche nach Hause zu kaufen. Telefonkarten gibt es auf Aruba für 15 Afl (60 Einheiten) und 30 Afl (120 Einheiten) und auf Bonaire und Curaçao für 10 Naf (45 Einheiten), 25 Naf (115 Einheiten) und 50 Naf (240 Einheiten).

Die **Landesvorwahl** für Gespräche **von den Inseln** nach Deutschland lautet 0049, nach Österreich 0043, und in die Schweiz 0041. Bei den Gesprächen nach Europa muß man die 0 der folgenden Ortskennzahl weglassen!

Ein Gespräch von drei Minuten Dauer kostet durchschnittlich 15 US$.

Die **Landesvorwahl** für Aruba lautet **von Deutschland, Österreich und der Schweiz** 002978, für Bonaire 00599 7 und für Curaçao 00599 9.

Auf Curaçao kann man sich auch eine tragbares **Telefon mieten**. Die Telefongebühr beträgt bei diesen Geräten pro Impuls 0,25 NAf.

- *Rent A Fone*, Curaçao. ☎ 604444. Die Mietgebühr beträgt

Praktische Hinweise

pro Tag 25 Naf, pro Woche 100 Naf und pro Monat 350 Naf.
- *VIP Cellular Phones Rental*, Curaçao. ☎ 601134.

Post

Briefe und Karten benötigen von den ABC-Inseln nach Europa weniger als eine Woche. Nicht nur in der Post sondern auch in den Läden, welche Postkarten verkaufen, sind Briefmarken erhältlich. Da Bonaire und Curaçao im Verbund der Niederländischen Antillen sind, Aruba jedoch seinen Sonderstatus hat, sind auch die Postgebühren verschieden.

alter optischer Telegraf

Von Bonaire und Curaçao kostet eine Postkarte **nach Europa** (**mit Luftpost**) 100 Cent, ein Brief kostet für die ersten zehn Gramm 200 Cent und jede weiteren zehn Gramm 85 Cent. Bei Päckchen gibt es das gleiche System: die ersten zehn Gramm kosten 175 Cent, jede weiteren zehn Gramm 65 Cent.

Auf dem Seeweg dauert die Zustellung entsprechend länger, die Gebühren sind aber auch um einiges günstiger. Briefe nach Europa kosten bis 20 Gramm 110 Cent, bis 50 Gramm 190 Cent und bis 100 Gramm 260 Cent. Postkarten kosten 70 Cent und Päckchen bis 100 Gramm 110 Cent, bis 250 Gramm 210 Cent, bis 500 Gramm 370 Cent, bis 1000 Gramm 625 Cent und bis 2000 Gramm 870 Cent.

Zwischen den Inseln der Niederländischen Antillen kostet ein Brief (20 Gramm schwer) 75 Cent und Postkarten 50 Cent. Päckchen kosten für die ersten 250 Gramm 300 Cent und jede weiteren 50 Gramm 75 Cent. Die Tarife für Post auf dem Seeweg: Briefe kosten bis 20 Gramm 65 Cent, bis 50 Gramm 110 Cent und bis 100 Gramm 120 Cent. Postkarten kosten 45 Cent.

Von den Niederländischen Antillen nach Aruba kostet ein Brief (**mit Luftpost**) für die ersten 10 Gramm 110 Cent, jede weiteren 10 Gramm 35 Cent und Postkarten 65 Cent. Päckchen kosten für die ersten 10 Gramm 100 Cent und jede weiteren 10 Gramm 30 Cent.

Die Tarife für Post auf dem Seeweg entsprechen den oben angegebenen Tarifen nach Europa auf dem Seeweg.

Praktische Hinweise

Von **Aruba** kostet eine Postkarte **nach Europa** (mit Luftpost) 70 Cent, ein Brief kostet für die ersten zehn Gramm Gewicht 150 Cent und jede weiteren zehn Gramm 75 Cent. Bei Päckchen gibt es das gleiche System: die ersten zehn Gramm kosten 130 Cent, jede weiteren zehn Gramm 60 Cent.

Nach Bonaire und Curaçao kostet ein Brief (mit Luftpost) für die ersten 10 Gramm 65 Cent, jede weiteren 10 Gramm ebenfalls 65 Cent und Postkarten 50 Cent. Päckchen kosten für die ersten 10 Gramm 100 Cent und jede weiteren 10 Gramm 20 Cent.

(Es gelten die jeweiligen Inselwährungen.)

Auch mit privaten Zustelldiensten sowie dem Paketdienst EMS kann man auf den Inseln seine Pakete versenden. Mit UPS kostet ein Expressumschlag 35 US$, ein Expresspaket mit einem Gewicht von einem bis fünf Pounds ab 36 US$.

- *UPS-Aruba*, Italia Straat 3, Oranjestad, **Aruba**. ☎ 3-5683.
- *Bonimex International N.V.*, Den Tera Weg 5, Kralendijk, **Bonaire**. ☎ 78486.
- *Transvalcar Curaçao N.V.*, Chumaceiro Blvd. 7, Willemstad, **Curaçao**. ☎ 6565-24 und 6139-66.

Das **Hauptpostamt** auf Aruba liegt etwas abseits der Innenstadt am J.E. Irausquin Plein. Von der Caya Betico Croes führt die Hendrikstraat direkt zu dem Platz, auf dem linkerhand das Postgebäude steht. Im Gebäude befinden sich mehrere Fernsprechapparate.

- *Postkantoor Aruba*, J.E. Irausquin Plein, Oranjestad. ☎ 21900. Ö: 7.30-12.00 Uhr und 13.00-16.30 Uhr.

Das Hauptpostamt **Bonaire** liegt gegenüber dem Plaza Reina Wilhemina.

- *Postkantoor Bonaire*. ☎ 8508. Ö: 7.30-12.00 Uhr und 13.30-17.00 Uhr. Hier ist Annahme von EMS Paketen und es gibt einen Münz-Fernsprechapparat. Briefe kann man außerhalb der Öffnungszeiten einwerfen: ein Briefschlitz befindet sich links neben der Eingangstür.

Das Hauptpostamt von **Curaçao** befindet sich in Punda. Es ist ein mehrstöckiges Gebäude hinter dem Lokal Market und der Bushaltestelle.

- *Postkantoor Curaçao*, Willemstad. ☎ 376666. Ö: Montag bis Donnerstag von 7.30-17.00 Uhr, freitags 7.30-16.30. Die Postbank hat kürzere Öffnungszeiten: Montag bis Donnerstag 7.30-12.00 Uhr und 13.30-16.00, freitags schließt sie schon um 15.30 Uhr. Vor dem Eingang hängt ein Briefkasten. Im Gebäude befinden sich mehrere öffentliche Fernsprechapparate.

Öffnungszeiten

Die Banken sind auf **Curaçao** in der Regel montags bis freitags um

Praktische Hinweise

8.00-15.30 Uhr geöffnet. Am Flughafen hat die Bank an den Werktagen und samstags um 8.00-20.00 Uhr und sonntags um 9.00-16.00 Uhr geöffnet.

Die Geschäfte öffnen wochentags von 8.00-12.00 Uhr und 14.00-18.00 Uhr. Einige Geschäfte haben auch durchgehend und sonntags geöffnet, vor allem wenn Kreuzfahrtschiffe im Hafen anlegen.

Elektrizität und Wasserversorgung

Auf **Aruba** beträgt die Stromspannung 110 Volt mit 60 Zyklen (entspricht den us-amerikanischen Werten) und auf **Bonaire** und **Curaçao** 110-130 Volt mit 50 Zyklen. Adapter sind notwendig, werden allerdings nicht von allen Hotels angeboten. Daher empfiehlt sich die Mitnahme eines Adapter-Reisesets.

Für Akku-Ladegeräte ist die Stromspannung etwas schwach, man muß mit längeren Ladezeiten rechnen.

Die Wasserversorgung wird auf Aruba, Bonaire und Curaçao durch eine Entsalzungsanlage sichergestellt. Das Leitungswasser ist daher Trinkwasser und ohne Bedenken zu genießen. Auch das sehr schmackhafte Amstel-Bier wird mit diesem Wasser gebraut.

AKTIVITÄTEN

Die ABC-Inseln sind nicht nur wunderbare Reiseziele für Sonnenanbeter, sondern auch aktive Urlauber finden auf den Inseln zahlreiche Angebote. Die **vielen verschiedenen Sportmöglichkeiten** stehen an erster Stelle.

Aber auch **kulturelle Angebote** gibt es auf den Inseln, dies besonders zahlreich auf Curaçao und Aruba. Denn viele Hotels bieten abends abwechslungsreiche Programme, etwa Folklore-, Karneval-, Limbo- und Magicshows. Die Tanzshows werden meist mit Livemusik und in farbenprächtigen, aufwendigen Kostümen präsentiert. Wann in welchem Hotel welche Show stattfindet, kann man den aktuellen Touristenzeitungen entnehmen, die in Hotels und Restaurants ausliegen.

Inselrundfahrten. Durch den 'Zurück zur Natur'-Trend im Tourismus haben sich auf den Inseln lokale Reiseveranstalter auf Inselrundfahrten spezialisiert, die einen Einblick in die tropische Vegetation und Tierwelt geben. Die Tierwelt der Inseln wird vor allem durch die zahlreichen Vogelarten repräsentiert, denn neben den vielen Insektenarten und einigen Reptilien gibt es nur wenige kleine Säugetiere, die zudem sehr scheu sind. Vogel-

Praktische Hinweise

beobachter aber werden ein weites Betätigungsfeld finden.

Die nachfolgend aufgeführten Tourveranstalter fahren nur mit kleinen Gruppen (ca. 3-7 Personen) und sind sehr sachkundige Führer.

- *Ferdi Maduro*, Corvalou Jeep Tours, **Aruba**. ☎ 35742 und 30487 (außerhalb der Bürostunden). Ferdi Maduro unternimmt kundige und interessante Fahrten durch Aruba. Es sind verschiedene Schwerpunkte möglich, z.B. Archäologie, Geologie sowie Fauna und Flora der Insel. Die Touren mit dem Jeep erschließen Gegenden der Insel, die kein anderer Tourveranstalter zeigt.

Die Fahrten finden an Wochentagen von 9.00-14.30 Uhr statt und kosten 35 US$ pro Person. Für Kinder unter 11 Jahren in Begleitung beider Elternteile wird keine Gebühr erhoben. Die Fahrt zum Arikok National Park kostet 20 US$ pro Person und dauert von 16.00-18.45 Uhr.

Auch Wanderungen und Mountain-Bike-Ausflüge bietet Ferdi Maduro an (Mindestteilnahme: vier Personen).

- *Dornasol Tours*, Liesbeth van de Kar, Ficusweg 9, **Curaçao**. ☎ 682735. Frau van de Kar unternimmt Fahrten unterschiedlicher Themenschwerpunkte. So etwa zu den Plantagen, zum Christoffelpark, zu den Grotten, zu den Kirchen der Insel oder auch Stadttouren. Die Halbtagestouren kosten 25 US$ pro Person, Tagesausflüge 40 US$, sie schließen ein Picknick mit ein.

Rundfahrten zu den Sehenswürdigkeiten der Inseln bieten an:
- *DePalm Tours*, L.G. Smith Blvd. 142, P.O. Box 656, Oranjestad, **Aruba**. ☎ 24400 und 37643. Die Inselrundfahrt dauert 3,5 Stunden und kostet 20 US$. Die Jeep Tour kostet 55 US$. Eine ausgefallene Tour ist die „Bar Hopper Tour" in einem offenen, handbemalten Bus. Der Abend-Trip führt zu verschiedenen Kneipen der Insel und kostet 50 US$ inklusive Abendessen und einem Freigetränk in jeder Kneipe, die besichtigt wird.

De Palm Tours bietet auch Tagesausflüge nach Curaçao (200 US$) und Caracas (240 US$) an. Außerdem können bei dem Unternehmen auch zahlreiche Fahrten anderer Tourveranstalter gebucht werden.

- *Carnaval Island Tours*, Aruba. ☎ 75765 und 43498 (außerhalb der Bürostunden). Jeepsafaris im eigenen Jeep kosten 48 US$ inclusive BBQ und Getränke. Dauer: sechs Stunden. Kürzere Inseltouren kosten 23 und 29 US$ pro Person.

- *Kadushi Tours*, Aruba. ☎ 43500. Die Inseltour kostet 26 US$ und schließt Mittagessen und Getränke ein. Mit dem Jeep und BBQ sowie anschließendem Schnorcheln kostet der Ausflug 48

Praktische Hinweise

US$ pro Person, die halbtägige Inselbesichtigung 19 US$.
- *Aruba's Transfer Tour & Taxi C. A.*, Pos Abao 41. P.O. Box 723, Oranjestad, Aruba. ☎ 22116. Die Touren kosten 25 US$ pro Stunde, die Route kann von den Teilnehmern selbst bestimmt werden.
- *Bonaire Sightseeing Tours N.V.*, P.O. Box 115, Kralendijk, **Bonaire**. ☎ 8778. Die Fahrt in den Norden der Insel kostet 13 US$ pro Person, genau wie die Fahrt in den Süden. Für den Tagesausflug in den Washington Park und zur Slaagbaai wird 50 US$ pro Person verlangt, Eintritt eingeschlossen. Die Halbtagesfahrt dorthin kostet 30 US$.
- *Ayubi's Tours*, J.A. Abraham Blvd. 12, Bonaire. ☎ 5338. Die zweistündige Fahrt in den Norden kostet 12 US$ pro Person, ebenso die gleichlange Fahrt in den Süden der Insel. Ein Tagesausflug in den Washington Park, inklusive Mittagessen und Getränken kostet 45 US$ pro Person, die Halbtagesfahrt inklusive Getränke 25 US$.
- *Curven Tours & Sightseeing*, P.O. Box 2037, **Curaçao**. ☎ 379806. Die Stadttour kostet 12,50 US$ pro Person, die etwa 4,5 stündige Fahrt in den Westteil der Insel 20 US$.
- *Dutch Dream Adventure*. Curaçao. ☎ 653575 und 604007. Bietet Wanderungen durch den Christoffelpark an, 28 US$ pro Person und Mountainbike-Ausflüge, 32 US$.
- *Taber Tours inc.*, P.O. Box 3304, Curaçao. ☎ 376637. Die Fahrt in den Ostteil der Insel (Curaçao Museum, Willemstad, Curaçao-Likör-Destillerie u.a.) kostet 12,50 US$, Kinder die Hälfte. Auf der Fahrt in den Westteil werden die Höhlen von Boca Tabla besichtigt und ein Fischerdorf bei Westpunt. Die Fahrt kostet 15 US$, Kinder die Hälfte. Das Unternehmen bietet auch Tagesausflüge nach Aruba (180 US$) und Bonaire (160 US$) an.

Helikopter. Die Inseln in einem Flugzeug oder Helikopter aus der Luft zu betrachten, ist möglich bei folgenden Veranstaltern:
- *Happy Islander Helicopter*, Sasakiweg z/n, Eagle Beach, **Aruba**. ☎ 77667. Der 15-minütige Flug über die Strände Arubas kostet 45 US$, der Inselflug dauert etwa 30 min und kostet 90 US$ pro Person.
- *Dutch Dream Adventure*. **Curaçao**. ☎ 653575 und 604007. 43 US$ pro Person.

Reiten. Pferdeliebhaber müssen auch im Urlaub nicht aufs Reiten verzichten:
- *Rancho El Paso*, Washington 44, **Aruba**. ☎ 63310. Von 9.30, 11.00, 14.30 und 16.00 Uhr gehen die Ein-Stunden-Ritte ab. Der Ritt kostet 15 US$. Zweistündige Ausflüge kosten 30 US$ und

Praktische Hinweise

finden ab 9.30 und ab 16.00 Uhr statt.
- *Rancho Del Campo*, Sombre 22 E, Aruba. ☎ 20290. Es werden Ausflüge von 2,5 Stunden Dauer für 45 US$ angeboten. Die Ausritte beginnen um 9.30 und 15.30 Uhr.
- *Rancho Los Amigos*, Kralendijk, **Bonaire**. ☎ 8144 und 8941. Eine halbe Stunde Reiten kostet 7 US$ pro Person, eine Stunde kostet 13 US$. Kutschfahrten kosten 30 US$ für eine halbe Stunde und 40 US$ die volle Stunde.
 Wochentags von 8.00-12.00 Uhr und von 14.00-17.00 Uhr geöffnet.
- *Ashari's Ranch*, Alberto & Tica, **Curaçao**. ☎ 690315. Ausritte am Strand oder durchs Landesinnere sind möglich.
- *Bon Bini Beach Club*, Sonesta Beach Hotel, Curaçao. ☎ 337676. 1,5 Stunden Reiten kostet beim Bon Bini Beach Club 33 US$ pro Person.

Bowling. Eine Bowlinghalle mit sechs Bahnen findet sich jeweils bei:
- *Eagle Bowling Palace*, Pos Abou, **Aruba**. ☎ 35038. Ö: 10.00-2.00 Uhr. Das Spiel kostet von 10.00-15.00 Uhr pro Stunde 10 US$, in der Zeit danach 11,20 US$.
- *Curaçao Bowling Club*, Chuchubiweg 10, **Curaçao**. ☎ 379275. Auch Verleih von Schuhen.

Golf. Auf Curaçao und Aruba gibt es Golfplätze, auf denen auch Nicht-Mitglieder spielen dürfen.
- *Aruba Golf Course*, Golfweg, San Nicholaas, **Aruba**. ☎ 42006. Der 9-Loch-Golfplatz, an dem auch 18-Loch-Spiele möglich sind, liegt abseits, im Osten der Insel. Die Gebühr beträgt 7,50 US$ für ein 9-Loch-Spiel, 10 US$ bei 18-Loch.
- *Tierra del Sol*, Westpunt, Aruba. Der 18-Loch-Golfplatz ist erst Ende 1994 fertiggestellt.
- *Joe Mendez Adventure Golf*, L.G. Smith Blvd, Bubal, Aruba. ☎ 76625. Ö: 16.00-23.00 Uhr. Der **Minigolfplatz** ist von Wassergräben umgeben, auf denen mit gemieteten Booten gefahren werden kann.
 Ein 18-Loch-Spiel kostet 14 US$.
- *Curaçao Golf & Squash Club*, Wilhelminalaan, Emmastad, **Curaçao**. ☎ 73590. Die Gebühr für den 18-Loch Platz beträgt 15 US$. Für Touristen ist jeden Morgen 8.00 - 12.30 Uhr geöffnet.

Squash ist möglich bei:
- *Curaçao Golf & Squash Club*, Wilhelminalaan, Emmastad, **Curaçao**. ☎ 373590. Der Platz kostet 7 US$, Schläger kann man sich für 2 US$ pro Stück ausleihen. Ö: 8.00 - 18.00 Uhr.

Badminton bietet an:
- *Curaçao Badminton Club*, **Curacao**. ☎ 376763.

Praktische Hinweise

Tennisplätze gibt es bei allen größeren Hotels. Darüberhinaus kann man Tennisspielen bei:
- *Curaçaosche Sport Club (CSC)*, Chuchubiweg 10, Damacor, **Curaçao**. ☎ 379566.
- *Jeugdhuis De Tamarijn*, Mr. & Mrs. van Rosberg, Mahaaiweg, Curaçao. ☎ 375458.
- *Santa Catharina Sport Complex*, Santa Catharina, Curaçao. ☎ 677028.

Fußballfreunde (Soccer) wenden sich an:
- *F. C. Quick '60*, Mr. Leue, Blenchiweg 21, **Curaçao**. ☎ 376401.
- *S. V. Abrahamsz*, S. Girigori, Kaya Arana M17, Curaçao. ☎ 680988.

Wassersport. Die ungeschlagenen Spitzenreiter im Sport sind natürlich die Wassersportarten Tauchen, Surfen, Schwimmen, Schnorcheln, Wasserski und Segeln. Den meisten großen Hotelanlagen am Strand sind Tauch- und **Surfschulen** mit Verleih und Beratung angeschlossen. (Adressen von Tauchschulen siehe im Kapitel *Praktische Hinweise/Tauchen*.)
- *Red Sail Sports*, L.G. Smith Blvd. 83, P.O. Box 218, **Aruba**. ☎ 61603. Auch die Segel-Ausbildung ist hier möglich.
- *Pelican Watersports „Velasurf"*, Holiday Inn Beach Resort & Casino, Aruba. ☎ 63600. Verleih von Mistral und HiFly-Boards.
- *Jibe City*, Windsurfing Bonaire, Sorobon, P.O. Box 301, **Bonaire**. ☎ 5363 und 7363. 20 US$ pro Stunde, 25 US$ für zwei Stunden, 50 US$ den ganzen Tag und 225 US$ für eine Woche. Auch Verleih von **Ocean-Kajaks**, 10 US$ pro Stunde, ein 2-Personen Kajak kostet 5 US$ extra.
- *Sail Curaçao n.v.*, c/o Yachtclub Asiento, Brakkeput Mei Mei, Spanish Water, **Curaçao**. ☎ 676003. Der Surfunterricht kostet für den ersten Teil 54 US$, für beide Kurse 98 US$.
- *Top Watersports Curaçao*, am Strand des Seaquariums, Curaçao. ☎ 617343. Neben Windsurfen wird auch der Verleih von Wasserski und Wasserscooter angeboten.

Parasailing. In den Genuß von Parasailing kann man auf Aruba vor allem am Strand Palm Beach kommen.
Neben anderen bieten die Veranstalter *Aqua Exotic Parasail*, *Caribbean Parasail* und *Aruba Parasail* dort 15 min Parasailing für 40 US$ an. Der Aufstieg und die Landung erfolgen vom Boot aus.

Wasserscooter. Ganz wilde Fahrten auf dem Wasser sind mit den kleinen Wasserscootern und mit dem **„Banana-Boat"** möglich. Letzteres ist eine riesige Banane, auf der bis zu vier Personen Platz finden. Ein Motorboot zieht die

Praktische Hinweise

Fahrt mit dem Wasserscooter

Banane samt Besatzung über die Wellen.
- *Watapana Watersports*, Eagle Beach, **Aruba**. ☎ 73226. Speed Boats werden für 50 US$ pro halbe Stunde verliehen, für die gleiche Dauer auf dem wackeligen Banana Boat werden 15 US$ verlangt.
- *Sunshine Watersport*, Aruba. ☎ 33863. Ö: 8.00-17.00 Uhr. Speed Boats kosten 50 US$ pro halbe Stunde, die gleiche Dauer auf dem lustigen Banana Boat kostet 15 US$.
- *Goodlife Watersports*, **Bonaire**. ☎ 4588. Ö: Täglich 9.00-18.00 Uhr. Eine halbe Stunde auf dem Banana-Boat kostet 10 US$ pro Person, Minimum 3 Personen. Eine halbe Stunde Wasserski kostet 30 US$, eine Stunde Unterricht in Wasserski wird für 100 US$ angeboten.
- *Calypso Watersports*, Santa Cruz, **Curaçao**. ☎ 604371. Die Wasserscooter kosten 30-40 US$ für eine halbe Stunde Fahrt, 20 Minuten auf der Banane kosten 10 US$.
- *Curaçao Seascape*, Curaçao Caribbean Resort, Curaçao. ☎ 625905 und 626857. Eine Fahrt mit dem Banana Boat kostet 15 US$, bei mindestens 3 Personen. Wasserski kostet 45 US$ pro halber Stunde, Einführung ist inclusive.
- *Bon Bini Beach Club*, Sonesta Beach Hotel, Curaçao. ☎ 337676.

Praktische Hinweise

Jet Ski-Verleih, 38 US$ pro halbe Stunde.

Charter. Für Wasserratten mit einem etwas höheren Taschengeld vermieten zahlreiche Charterunternehmen große und kleine Boote, **Yachten**, **Segelboote** und **Katamarane.** Sie können jeweils mit und ohne Crew angeheuert werden.
- *Red Sail Sports*, **Aruba.** ☎ 24500. Es sind unter anderem Ausflüge mit dem Katamaran möglich.
- *Aruba's Pirate's Cruises*, Aruba. ☎ 24554. Die Ausfahrt kostet 25 US$. Der Preis schließt Freigetränke sowie eine Schnorchelausrüstung ein. Ein Segeltrip mit Mittagessen kostet 45 US$ pto Person und die romatische Abendessenfahrt 120 US$ pro Paar.
- *Sail Curaçao n.v.*, c/o Yachtclub Asiento, Brakkeput Mei Mei, Spanish Water, **Curaçao**. ☎ 676003. Segelbootfahrten kosten 14 US$ für eine Stunde, zwei Stunden 22 US$ und drei Stunden 33 US$.

Segelkurse kosten ab 28 US$ pro Person für den Einsteigerkurs, ab 70 US$ für zwei Halbtagekurse und ab 132 US$ für vier Halbtagekurse.

Tagesausflüge, **Mondscheinfahrten** und **Tanzfahrten** auf dem Boot können ebenfalls unternommen werden:

- *Tattoo*, **Aruba**. ☎ 28919 und 23513. Es werden verschiedene Ausfahrten unternommen, etwa Schnorchelausflüge am Tag (35 US$), eine Mondscheinfahrt (40 US$) und eine Tanzfahrt bis Mitternacht (40 US$). An Bord kosten alle Getränke nur einen US$.
- *DePalm Tours*, L.G. Smith Blvd. 142, P.O. Box 656, Oranjestad, Aruba. ☎ 24400 und 37643. Die verschiedenen Bootsfahrten, *„Sea Venture"* (Trimaran), *Party Cruise* und *Moonlight Cruise* kosten 22,50-25 US$ und dauern zwei bis drei Stunden.
- *Sea Witch Charters*, P.O. Box 348, **Bonaire**. Fax: 7741. Ein einwöchiger Segeltörn kostet 840 US$ pro Person, zwei Wochen kosten 1570 US$.
- *Samur*, Bonaire. ☎ 5433. Eine Fahrt mit der Dschunke kostet ab 25 US$. Die Fahrt nach Klein Bonaire mit eingeschlossenem B.B.Q. kostet 45 US$.
- *Sailing Adventure Woodwind*, Bonaire. ☎ 8285. Mit der Woodwind kostet die dreistündige Segelfahrt 22,50 US$, für den halben Tag 29 US$ und ein Ausflug mit B.B.Q. 40 US$.
- *Miss Ann*, Boattrips and Rentals, **Curaçao**. ☎ 671579 und 601367. Mit der Miss Ann und der Second Chance werden Fahrten nach Klein Curaçao, Sonnenuntergangs- und Mondscheinfahrten unternommen. Tauchen und Wasserski gehören ebenso zum Angebot des Veranstalters.

Praktische Hinweise

- *Insulinde*, Curaçao. ☎ 601340. Wochenend-Ausflüge nach Bonaire und an die Küste Venezuelas.
- *Vira Cocha*, Curaçao. ☎ 676003. Historisches, norwegisches Segelboot, mit dem Ausflüge zum Schnorcheln, Picknick etc. angeboten werden.
- *Miss Hilda Veronica*, Curaçao. ☎ 611257. Tagesausflüge nach Bonaire.

Tiefseefischen ermöglichen folgende Anbieter:
- *G String*, Captain John Visser, **Aruba**. ☎ 26101 und 29163 (außerhalb der Bürostunden). Die halbtägige Ausfahrt kostet 220 US$, ein ganzer Tag 400 US$.
- *Mar Indi & Dorothy*, Captain Roberto Tromp, Aruba. ☎ 23375 und 24400. Für den halben Tag verlangt Captain Tromp 190-220 US$ für 1-2 Personen, jede weitere Person kostet 10-20 US$ zusätzlich. Für den ganzen Tag Tiefseefischen wird das Doppelte berechnet.
- *Piscatur Charters*, Captain Chris Morkos, Kaya H.J. Pop 4, Kralendijk, **Bonaire**. ☎ 8774. Der halbe Tag kostet 175 US$ für 2 Personen, für bis zu 6 Personen 300 US$. Für den ganzen Tag wird 275 US$ bzw. 450 US$ berechnet. Jede zusätzliche Person kostet 20 US$.
- *Goodlife Watersports*, Bonaire. ☎ 4588. Ö: Täglich 9.00-18.00 Uhr. Ein halber Tag kostet 250 US$, der ganze Tag 500 US$.

- *Curaçao Mermaid*, Captain Bart Schoonen, **Curaçao**. ☎ 375416, 375198 und 601530.

U-Boot. Ausfahrten mit einem Unterseeboot, einem Glasbodenboot und ähnlichem sind möglich bei:
- *Atlantis Submarines*, Seaport Village Marina, Oranjestad, **Aruba**. ☎ 36090. Die zweistündige Fahrt kostet 70 US$, während der Nebensaison gibt es auch etwas preisgünstigere Angebote.
Körperbehinderte sollten sich vor der Reservierung mit dem Ticketbüro in Verbindung setzen.
- *Sea World Explorer*, Aruba. ☎ 79057. Der Sea World Explorer ist ein Semi-Unterseeboot, das heißt, die Passagiere befinden sich im Rumpf des Schiffes, und somit unter der Wasseroberfläche. Dies ermöglicht auch wasserscheuen Urlaubern durch die Bullaugen einen Einblick in die Unterwasserwelt Arubas.
- *Glass Bottom Boat Bonaire Dream*, Kaya Bongo 7, **Bonaire**. ☎ 8239 und 4514. Eine Fahrt von 1,5 Stunden Dauer kostet 15 US$, Kinder bis 12 Jahre die Hälfte.
Es ist möglich, das Glasbodenboot zu chartern. Der Tag kostet 200 US$, während der Nacht 270 US$. Das Boot hat eine Kapazität von 15 Personen.
- *Atlantis Submarines*, Seaquarium, **Curaçao**. ☎ 616666. Fahrten durchs Seaquarium.

Sporttauchen
(von Jörg F. Tröller)

Neben den Malediven und dem Roten Meer sind die Karibischen Inseln eines der Tauchparadiese dieser Erde mit einer unvergleichbaren Vielfalt der Unterwasserflora und -fauna. In dieser weitgehend noch intakten Unterwasserwelt finden sich eine Vielzahl von verschiedenen Korallen- und Schwammarten, in denen sich die unterschiedlichsten Riffbewohner tummeln.

Neben den natürlichen Wundern des 7. Kontinents gibt es für den geübten Taucher eine Vielzahl von betauchbaren Wracks mit zum Teil schönem Bewuchs und interessanten Bewohnern. (Siehe auch Kapitel *Landeskunde-Unterwasserwelt.*)

Ausrüstung: Eine A,B,C- Ausrüstung bestehend aus Schnorchel, Flossen und Maske ist für den weniger ambitionierten Taucher ausreichend und sollte im Reisegepäck nicht fehlen. Denn bereits mit dieser Grundausrüstung läßt sich das rege Treiben unter Wasser in einer Bucht bzw. Rifflagune gut beobachten.

Diese Möglichkeit, einen Einblick in die Unterwasserwelt zu gewinnen, sollten sich auch all diejenigen Besucher von Aruba, Bonaire und Curaçao keinesfalls entgehen lassen, die sich nicht dem Tauchsport verschrieben haben.

Zwar verleihen die Tauchbasen diese einfachen Ausrüstungsgegenstände zu geringen Preisen, die gängigen Größen für Flossen sind jedoch oft vergriffen und die Tauchermasken sind nicht unbedingt von ausreichender Qualität oder Passform. Daher sollte jeder, der nicht nur mal eben kurz den Kopf unter Wasser stecken will, seine eigene Ausrüstung mitbringen.

Dabei sollte man unbedingt auf eine vernünftige **Maske** mit einen guten, wasserdichten Sitz achten. Zur Überprüfung der Passgenauigkeit gibt es einen einfachen Test: die Maske wird ohne Halteband ans Gesicht gedrückt und dabei leicht durch die Nase geatmet. Eine passende Maske bleibt dann fest haften.

Für Brillenträger gibt es Masken mit optischen Gläsern der entsprechenden Stärke. Tauchsportgeschäfte bieten diese preiswerter an als Optiker. Dort sind zwar nur Gläserstärken im Abstand von 0,5 Dioptrin ab +/-1 aufwärts zu erhalten, aber für die relativ kurze Tauch- oder Schnorchelzeit ist dies völlig ausreichend.

Für eine gute Maske zahlt man 80.- bis 120.- DM, bei Brillenträgern kommen nochmal etwa 100.- DM für Gläser dazu. Gut bewährt haben sich Masken aus Silikon die einen besseren Tragekomfort haben. Zum Schutz der Masken vor mechanischen und chemischen Angriffen (Sonnenöl etc.)

Praktische Hinweise

wird zumeist eine Kunststoffbox mitgeliefert.

Absoluter Unsinn, ja gefährlich, sind alle Masken mit eingebautem **Schnorchel**. Der maximal 35 cm lange, separate Schnorchel sollte einen Innendurchmesser von etwa 2 cm haben. Modelle mit Ballventilen, Faltenschläuchen und scharfen Knickungen behindern die Atmung und sollten nicht verwendet werden.

Bei den **Flossen** sind solche mit mittellangem Blatt zu empfehlen. Sie sind leicht im Reisegepäck unterzubringen und ermöglichen bei geringem Kraftaufwand die beim Gerätetauchen und Schnorcheln notwendige Beweglichkeit. Modelle mit geschlossenem Fußteil schützen vor Verletzungen durch Korallen, scharfen Steinen und vor Seeigelstacheln.

Gerätetauchen: Wer beim Schnorcheln auf den Geschmack gekommen ist, kann problemlos auf das Preßlufttauchgerät umsteigen.

Auf allen Inseln befinden sich eine Vielzahl von Tauchbasen. Die dort tätigen Tauchlehrer gehören internationalen Tauchsportverbänden an und sind einem gewissen Standard hinsichtlich Ausbildung und Sicherheit verpflichtet.

Der ambitionierte Sporttaucher wird seine eigene Ausrüstung mitbringen, für den Anfänger oder reinen Urlaubstaucher bieten die Tauchbasen ausreichend Leihausrüstungen zu verhältnismäßig günstigen Leihgebühren an. Wichtig ist es, diese Ausrüstungsgegenstände selbst oder durch einen erfahrenen Tauchsportkameraden genau auf ihre Funktionsfähigkeit zu überprüfen. Die Tauchbasen überprüfen die Ausrüstungsgegenstände zwar selbst turnusmäßig, aber innerhalb der Hochsaison können kleinere Mängel schon mal übersehen werden. Diese sind zwar in den seltensten Fällen gefährlich, beeinträchtigen aber oft die Freude am Tauchgang.

Die beste Garantie für die eigene Sicherheit ist eine solide **Ausbildung**. Sie beginnt mit einer Tauchtauglichkeitsprüfung, die vor Beginn der Reise durchgeführt werden sollte. Dabei werden durch den Hausarzt oder einem entsprechenden Facharzt die für das Tauchen wichtigen Körperfunktionen überprüft (u.a. Herz/Kreislauf, Lungen, Gleichgewichtssinn, Nase, Ohren). Im übrigen ist der Tauchsport einer der wenigen sportlichen Aktivitäten, die auch im hohen Alter noch problemlos betrieben werden können.

Nach Vorlage der tauchärztlichen Bescheinigung kann in jeder Tauchbasis an einer Ausbildung teilgenommen werden. Hier empfiehlt sich natürlich eine deutschsprachige Tauchbasis, da

Praktische Hinweise

auch mit Englischkenntnissen schnell die sprachlichen Grenzen erreicht sind und an eine vernünftige Ausbildung nicht mehr zu denken ist.

Leider wird nach den unterschiedlichsten Systemen ausgebildet. Hier sollte man darauf achten, daß am Ende der Ausbildung ein international anerkannter Abschluß steht. Innerhalb der Ausbildung werden der praktische Umgang mit den Geräten, Verhalten sowie die wesentlichen theoretischen Grundlagen vermittelt.

Nach mehreren Tauchgängen (in der Regel neun) wird eine praktische und theoretische Prüfung durchgeführt. Besteht man sie (was sehr wahrscheinlich ist, da sich die Tauchlehrer sehr bemühen, jeden am Durchfallen zu hindern), erhält man eine Art Taucherpaß, mit dem man weltweit berechtigt ist, bei den angeschlossenen Tauchbasen an Tauchgängen teilzunehmen und Geräte auszuleihen.

Nicht nur zum eigenen Schutz sollte jeder eine solide Ausbildung durchlaufen. Schlecht ausgebildete Taucher, die wild durch die Gegend paddeln, gefährden andere Taucher und zerstören in Minuten Korallenstöcke, die in Jahrzehnten gewachsen sind. Zudem wird ein Tauchgang erst zu einem Erlebnis, wenn bestimmte Grundfertigkeiten (z.B. Austarieren, also schwereloses Schweben im Wasser) beherrscht werden und die Ausrüstung so vertraut ist, daß man mehr auf die Umgebung als auf sich selbst achten kann. Wer einigermaßen sicher und angstfrei taucht, verbraucht weniger Luft und kann mit dem begrenzten Luftvorrat länger unter Wasser bleiben.

Die **Kosten für die Kurse** liegen zwischen 500 und 600 DM incl. Ausrüstung, Schulungsmaterial und Tauchgänge. Einzelne Bootstauchgänge kosten zwischen 50 und 60 DM, ein Küstentauchgang kostet 15 bis 18 DM bei eigener Ausrüstung.

Tauchinteressierte sollten sich bei Buchung nach den preisgünstigeren "Tauchpaketen", mit 10 oder 20 Tauchgängen, erkundigen. In diesen Angeboten wird zumeist von einer eigenen Ausrüstung ausgegangen, enthalten ist die gefüllte Preßluftflasche, der Bleigurt und gegebenenfalls die Bootsfahrt zu den Tauchgründen (genau vergleichen!). Werden weitere Ausrüstungsgegenstände benötigt, so kosten diese eine zusätzliche Gebühr.

Vor dem ersten selbständigen Tauchgang ist auch für den erfahrensten Taucher ein **Kontrolltauchgang** in Begleitung des Tauchlehrers obligatorisch. Deco-Tauchgänge (Tauchgänge, bei denen bestimmte Zeiten und/oder Tiefen überschritten werden und bei denen ein Direktaufstieg zur Wasseroberfläche körperliche Schäden verursacht) und Tauch-

Praktische Hinweise

tiefen über 40 m sollten vermieden werden (tiefer ist sowieso meist nichts mehr zu sehen). Der Verzicht auf die Mitnahme von Harpunen etc. braucht sicher nicht extra erwähnt zu werden.

Dagegen ist es immer sinnvoll, eine **Unterwasserlampe** mitzunehmen. Die mit zunehmender Wassertiefe fortschreitende Ausfiltrierung des natürlichen Lichtes, führt zur Verdrängung der Farben und hüllt alles in ein tristes Blauviolett. Erst das künstliche Licht bringt die vorhandene Farbenpracht wieder zum Vorschein. Weiterhin ist eine Tarierweste (Rettungsweste) als unverzichtbarer Ausrüstungsgegenstand zu benutzen.

Ein wichtiges Utensil, das man sich schon zu Hause in einem Tauchshop für wenig Geld besorgen kann, ist ein ca. 2 m langer **Rettungsballon**, der im Notfall einfach aufgeblasen und am Oberschenkel festgebunden wird. Damit ist man im Notfall, oder falls man von der Strömung abgetrieben wurde, weithin sichtbar.

Die Tauchbasenleiter achten im eigenen Interesse auf die Sicherheit ihrer Kunden. Dennoch ist zunächst jeder für sich selbst verantwortlich und sollte auf die eigene Sicherheit und die seiner Tauchkameraden achten.

Die Wassertemperaturen sind ganzjährig bis in die maximalen Tauchtiefen angenehm, dennoch ist ein Neoprenanzug als **Kälteschutz** zu empfehlen. Bei Tauchgängen, die länger als eine halbe Stunde dauern, kühlt der Körper trotz der zunächst als angenehm warm empfundenen Wassertemperatur aus, was sehr schnell als äußerst unangenehm empfunden wird und die Freude an dem Tauchgang trübt.

Desweiteren schützt der Anzug vor Verletzungen durch Korallen. Besseren Schutz für sich selbst und die Unterwasserwelt erreicht man jedoch durch umsichtige Bewegungen. Handschuhe schützen ebenfalls vor solchen Verletzungen, führen jedoch auch zu weniger Zurückhaltung beim Anfassen von zerbrechlichen Korallenästen und der empfindlichen Lebewesen.

Gefahren in und unter Wasser: Unfallrisiko Nr. 1 ist die Panik und ihre Folgen. Dem wird durch eine gute Ausbildung vorgebeugt, bei der die wichtigsten Zwischenfälle (z.B. Vollaufen oder Verlust der Maske, Unterbrechung der Luftzufuhr) simuliert bzw. richtiges Verhalten in solchen Situationen geübt wird.

Grundsätzlich muß beim Aufstieg ausgeatmet werden, denn bei einem zu schnellen Aufstieg aus 10 m Wassertiefe mit angehaltenem Atem verdoppelt sich das Volumen der in der Lunge vorhandenen Luft, eine Verletzung der Lunge kann hier die Folge sein.

Praktische Hinweise

Ausfahrt zum nächsten Tauchgang

Praktische Hinweise

Wer gegen eine starke Strömung anschwimmt, kann ebenfalls Panik entwickeln, verbunden mit dem Risiko von völliger Erschöpfung oder Herzversagen. Dies kann auch beim Schnorcheln passieren. In solchen Fällen hilft nur der Versuch, seitlich aus der Strömung zu schwimmen; also niemals dagegen ankämpfen, wenn sie zu stark ist. Schlimmstenfalls kann man sich ein Stück treiben lassen, wobei die vorgeschriebene Rettungsweste bei Tauchern gerade in solchen Situationen wichtig ist.

Im übrigen sind die karibischen Gewässer was die Strömung betrifft, als weniger gefährlich einzustufen als beispielsweise die Malediven.

Sicherlich überschätzt wird die Gefahr durch Meerestiere wie Haie, Muränen oder giftige Fische. Letztere sehen oft schon so gefährlich aus, daß man kaum in Versuchung kommt, sie zu streicheln (z.B. Skorpionsfische). Bester Schutz ist, einfach möglichst nichts zu berühren.

Auch Muränen zeigen bei Annäherung unmißverständliche Drohgebärden und verhalten sich ansonsten eher ängstlich als aggressiv. Und Haiunfälle mit Tauchern sind entgegen aller Gerüchte äußerst selten, da diese Tiere sehr scheu sind.

Eine als gering einzustufende Gefahr für den Taucher kann von Barracudas ausgehen, hier gelten weniger Barracudagruppen sondern eher Einzelgänger als gefährlich.

Die größte Gefahr unter Wasser ist jedoch der Mensch. Er stellt nicht nur für die Korallenwelt eine Gefahr dar, auch die Tierearten werden durch ihn bedroht.

Den wenigsten Tauchern ist bewußt, daß sie z.B. beim "Streicheln" und Festhalten der Fische eine dünne Schleimschicht der Tiere, die sie vor Parasiten- und Pilzbefall schützen soll, verletzen oder sogar zerstören.

Auch der beliebte "Ritt " auf einer Schildkröte kann für diese tödlich ausgehen. Meist ist die Schildkröte, wenn man sie in geringer Tiefe antrifft, auf dem Weg zur Wasseroberfläche um Luft zu holen. Die Verfolgungen und Berührungen des Menschen zwingen sie jedoch zur Flucht in die Tiefe, wo sie, wenn ihr Luftvorrat erschöpft ist, erstickt.

Eine weitgehend unbeachtete **Gesundheitsgefahr für Taucher** entsteht in der Karibik wie in allen heißen Ländern durch den erhöhten Flüssigkeitsbedarf des Körpers, der oft nicht behoben wird. Durch den Flüssigkeitsmangel des Körpers verdickt sich das Blut, es fließt langsamer. Im gleichen Maße verlangsamt sich der Abtransport von Stickstoff aus den Geweben.

Dieser Stickstoff aber, der beim Abtauchen durch vermehrten

Praktische Hinweise

Außendruck in das Blut gelöst wurde, gast beim Auftauchen aus und macht bei zu langem Tauchen in der Tiefe die bekannten Dekostops nötig.

In diesen Auftauchpausen sollen die Stickstoffgase durch das Blut aus dem gesamten Körper transportiert werden (Ausscheidung durch die Lunge) und weitere Ausgasung kurz gestoppt werden, so daß sich keine Bläschen durch übermäßige Stickstoffausscheidung bilden können, was zu einem Dekounfall führen würde.

Der verlangsamte Abtransport des Stickstoffs durch das Blut ist in den Decompressions-Tabellen und den Tauchcomputern nicht vorgesehen, die Gefahr eines Decounfalls nicht mehr ausgeschlossen.

Bei Tauchern wird der Flüssigkeitsmangel verstärkt durch das Phänomen der Taucherdiurese (zu deutsch: Harndrang). Ein weiterer Punkt ist dabei die harntreibende Wirkung beliebter Getränke wie Kaffee, Tee und Alkohol!

Kommt dazu dann noch eine Seekrankheit mit den üblichen Symptomen des Erbrechens, Schweißausbruch und Durchfall, dann ist der Flüssigkeitsverlust nicht mehr kurzfristig auszugleichen!

Vermieden wird dieses Austrocknen des Körpers, indem man auf die beschriebenen harntreibenden Getränke verzichtet und häufig 'über den Durst' Mineralwasser trinkt. Auch sollten schweißtreibende Beschäftigungen vermieden werden.

Wichtige Warnzeichen für einen Flüssigkeitsmangel sind Verstopfung und geringer, dunkelgefärbter Urin.

Ein weiterer wichtiger Tip für einen Urlaub ohne körperliche Beschwerden ist die Behandlung oder besser 'Nichtbehandlung' der Ohren. Von vielen Tauchern werden alle möglichen Mittelchen und Tropfen zur Vorbeugung einer Ohrenentzündung empfohlen, aber wirklich hilfreich und einfach nachzuvollziehen sind nur die folgenden zwei Regeln:

1. Nach jedem Tauchgang müssen die Ohren sorgfältig getrocknet werden.

Unter der Dusche sollte man sie außerdem immer nochmal mit klarem Wasser kurz und gründlich ausspülen.

2. Jeder Eingriff in den Gehörgang, sei es mit dem Handtuchzipfel oder einem Wattestäbchen, ist absolut tabu!

Der Sand und die Salzkristalle, die sich unweigerlich nach wenigen Tagen im Gehörgang befinden, wirken dann durch eine vermeindliche Säuberungsaktion wie Schmirgelpapier und rauhen den Gehörgang zu einem idealen Nährboden für schmerzhafte und oft auch langwierige Entzündungen auf.

Praktische Hinweise

TAUCHGEBIETE UND TAUCHBASEN
(von Jörg F. Tröller)

Jede der ABC-Inseln hat herrliche Tauchgebiete, von denen einige nur durch Bootsfahrten erreicht werden können. Die meisten Tauchbasen verfügen über bequeme und schnelle Boote, womit dieses Problem leicht zu lösen ist. Manche Tauchziele werden allerdings aufgrund der Länge der Anfahrt von einzelnen Basen nicht oder nur selten angeboten. In den meisten Fällen ist eine Absprache der Tauchziele jedoch möglich.

Da die meisten Tauchbasen international, bzw. am amerikanischen Markt orientiert sind, ist es für den deutschen Taucher mit eigener Ausrüstung wichtig, sich vor dem Reiseantritt zu erkundigen, ob auf der Tauchbasis genügend Bügeladapter für den Anschluß des Lungenautomaten vorhanden sind.

Wer auf mehreren Inseln oder Tauchbasen tauchen möchte, der sollte seinen eigenen Adapter mitbringen, da nur ein Bruchteil der Tauchbasen auf den Inseln entsprechende Adapter besitzt.

Die Tauchbasen sind überwiegend PADI-Einrichtungen, welche aber auch CMAS bzw. deutsche Brevets anerkennen. Vor der endgültigen Buchung sollte man sich darüber eingehend bei dem Reiseveranstalter informieren.

Tauchplätze und Tauchbasen Arubas

Auf Aruba werden regelmäßig mehr als 20 Tauchziele von den einzelnen Tauchbasen angefahren. Sehr interessant ist die Vielzahl an Schiffswracks, welche in einer in der Karibik einzigartigen Konzentration vor Aruba liegen.

Tauchplätze
1. Wrack der "California" (10-15 m)
Das faszinierende Wrack liegt an der Nordküste Arubas in einer aufgrund der guten Lichtverhältnisse besonders für Unterwasserfotografen interessanten Tiefe.

Das Wrack ist umgeben von einer großen Korallenformation mit einer Vielzahl tropischer Fische.

Die "California" ging in die Geschichte ein, als sie die Notrufe der "Titanic" aufnahm und nicht darauf reagierte.

Der Tauchgang ist aufgrund der Strömungsverhältnisse und der oftmals rauhen See nur wirklich geübten Tauchern zu empfehlen.

2. "Arashi" (12 m)
Ein sehr schönes Riff für Beginner und Fortgeschrittene mit vielen Hirnkorallen und großen Fächerkorallen, umgeben von Papagei- und Engelfischen.

Praktische Hinweise

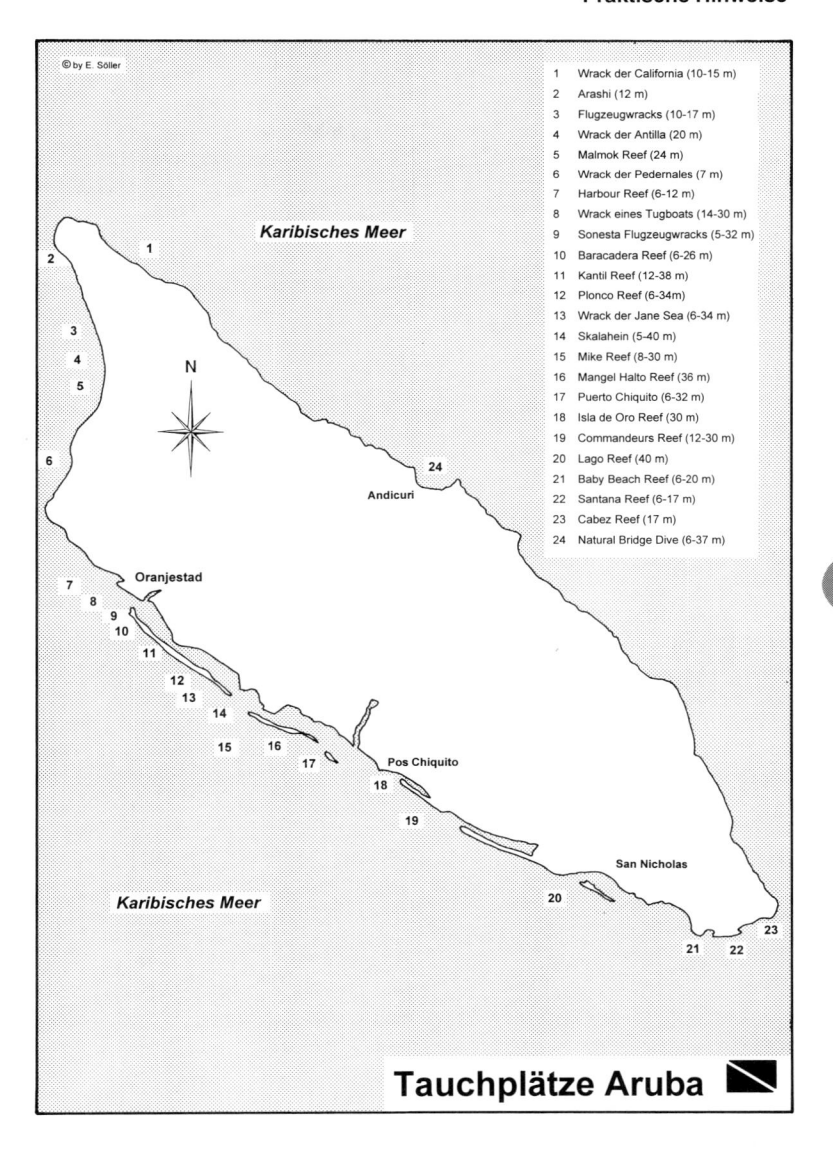

1. Wrack der California (10-15 m)
2. Arashi (12 m)
3. Flugzeugwracks (10-17 m)
4. Wrack der Antilla (20 m)
5. Malmok Reef (24 m)
6. Wrack der Pedernales (7 m)
7. Harbour Reef (6-12 m)
8. Wrack eines Tugboats (14-30 m)
9. Sonesta Flugzeugwracks (5-32 m)
10. Baracadera Reef (6-26 m)
11. Kantil Reef (12-38 m)
12. Plonco Reef (6-34m)
13. Wrack der Jane Sea (6-34 m)
14. Skalahein (5-40 m)
15. Mike Reef (8-30 m)
16. Mangel Halto Reef (36 m)
17. Puerto Chiquito (6-32 m)
18. Isla de Oro Reef (30 m)
19. Commandeurs Reef (12-30 m)
20. Lago Reef (40 m)
21. Baby Beach Reef (6-20 m)
22. Santana Reef (6-17 m)
23. Cabez Reef (17 m)
24. Natural Bridge Dive (6-37 m)

Tauchplätze Aruba

Praktische Hinweise

3. "Flugzeugwracks" (10-17 m)
Zwei wegen Drogenschmuggels beschlagnahmte und als touristische Attraktion versenkte Flugzeuge. Die zweimotorige "Beechcraft" und die "Lockheed Lodestar" sind umgeben von Korallenformationen und von einer Vielzahl tropischer Fische besiedelt.

4. Wrack der "Antilla" (20 m)
Der seinerzeit nagelneue deutsche Frachter wird örtlich auch als "Geisterschiff" bezeichnet. Er wurde zu Ende des zweiten Weltkriegs, 1945, von der Besatzung versenkt. Das größte Wrack der Karibik (135 m lang) eignet sich hervorragend zur Ergründung der einzelnen Schiffsabteilungen. Umgeben von großen Schwämmen und Korallenformationen wurde das Wrack von Langusten und unzähligen tropischen Fischen besiedelt.

Sollte jemand nur Zeit für einen Tauchgang auf Aruba haben, das ist er.

5. "Malmok Reef" (24 m)
Das Riff ist bekannt für seine großen Langustenkolonien und für die Vielzahl von Rochen, die dort auf die UW-Fotografen warten. Große rote, orange und grüne Schwämme sind hier überall zu finden.

6. Wrack der "Pedernales" (7 m)
Ein Tauchparadies für Beginner mit einem großen Wrackteil zwischen Korallenformationen. Man kann noch Teile der Kabinen, Waschräume und ähnlichem, sowie vereinzelt auch Teile des Pipeline-Systems des einstigen Öltankers erkennen.

Der Tanker wurde im zweiten Weltkrieg durch die deutsche Kriegsmarine torpediert. Die U.S.-Marine schnitt das Wrack in drei Teile, ließ den durch die Torpedierung zerstörten Mittelteil zurück und fügte die verbleibenden Teile in den Vereinigten Staaten zusammen. Das nun sehr viel kleinere Schiff nahm neben anderen Einsätzen auch an der Landung der Alliierten in der Normandie teil.

Rund um die Wrackteile findet man eine erstaunliche Vielzahl von Zackenbarschen und Kaiserfischen.

7. "Harbour Reef" (6-12 m)
Das Harbour Reef bietet Geröllabhänge mit einer üppigen Pflanzenwelt und eine Vielzahl von Weichkorallen. Große Hirnkorallen, orange, schwarze und blaue Schwämme umgeben die Findlinge und machen diesen Tauchgang zu einem Erlebnis für Beginner.

8. Wrack eines "Tugboats" (14-30 m)
Vorbei an prächtigen Formationen von Hirn- und Fächerkorallen kommt man geradewegs zu dem alten Lotsenboot, wo grüne Muränen die Taucher erwarten. Gelegentlich sind Adler- und Stachelrochen an diesem Tauchplatz anzutreffen.

Praktische Hinweise

9. "Sonesta Flugzeugwracks" (5-32 m)
Die versenkten Flugzeuge, eine *Convair 400* auf circa 14-20 m Tiefe und eine *Beech 18* auf circa 5 m Tiefe, liegen inmitten von Weichkorallen auf einem hangigen Riff, das bis in eine Tiefe von etwa 32 m abfällt.

10. "Baracadera Reef" (6-26 m)
Sandboden mit vielen Hirnkorallen und großen verschiedenartigen Fächerkorallen, welche sich mit der See bewegen und den Tauchern scheinbar zuwinken.

11. "Kantil Reef" (12-38 m)
Nach einem faszinierenden Herabsinken erreicht man große Findlinge sowie Hirn- und Fächerkorallen. Dazwischen findet sich ein unglaubliches Gewimmel maritimen Lebens, so etwa Gelbschwanzschnapper, die Muränen, Zackenbarsche, Adlerrochen und mit Glück Mantas.

12. "Plonco Reef" (6-34m)
Wohnsitz der grünen Muräne! Große grüne Muränen sowie Langusten bevölkern das Riff und große Korallenformationen prägen das Bild der Unterwasserlandschaft.

13. Wrack der "Jane Sea" (6-34 m)
Die "Jane Sea" ein rund 80 m langer Zementfrachter ruht auf den Korallenformationen des "Plonco Reef". Beide Tauchgänge lassen sich gut zu einem Zweiflaschentauchgang kombinieren.

Tauchboot auf Aruba

Praktische Hinweise

14. "Skalahein" (5-40 m)
Sehr schöne Korallenformationen fallen schräg ab bis in große Tiefe, wo häufig große Barrakudas stehen. Das Riff ist sehr gut für Trifttauchgänge geeignet und ab und zu sind dort Mantas anzutreffen.

15. "Mike Reef" (8-30 m)
Vorbei an eindrucksvollen Korallen und Schwärmen von Regenbogenmakrelen gelangt man zu einem Aufenthaltsort großer Barrakudas. Dort finden sich Hirnkorallen sowie Weich- und Fächerkorallen.

16. "Mangel Halto Reef" (36 m)
Ein schräg abfallendes Riff mit einer unzähligen Kombination von Korallen. Hirnkorallen, Tiefseefächerkorallen, den Seeanemonen, Schwämme und alle Arten des maritimen Lebens von Kraken bis zu Seepferdchen und ganze Schulen von Gelbschwanzschnappern sind hier zu finden.

17. "Puerto Chiquito" (6-32 m)
Eine eindrucksvolle Schönheit bietet sich an diesem Tauchplatz unter dem Meeresspiegel. Große Korallenburgen, die von einheimischen Tauchern oft "Stadt der Schnapper" genannt wird und eine große Anzahl von Hirn-, Säulen- und Fingerkorallen finden sich hier.

Manchmal können Mantas sowie Schildkröten beobachtet werden.

Der Einstieg zu dem schönen Tauchplatz Puerto Chiquito ist auch leicht mit dem Auto zu erreichen.

18. "Isla de Oro Reef" (30 m)
Der Platz bietet in etwa die gleichen Sehenswürdigkeiten wie "Mangel Halto". Große Schulen von Schnappern sind zu beobachten.

19. "Commandeurs Reef" (12-30 m)
Schräg in die Tiefe abfallendes Riff mit Formationen von beeindruckenden Korallen. Die ganze Fülle des maritimen Lebens mit Schnappern, Grunzern und Kaiserfischen bietet sich dem Taucher, während Regenbogenmakrelen und Barrakudas die Umgebung überwachend patrouillieren.

20. "Lago Reef" (40 m)
Der tiefste Tauchgang mit eindrucksvollen Korallenformationen, Tiefseegorgonien, Schwämmen, Seeanemonen und unzähligen Arten von teilweise großen Fischen und anderen Meeresbewohnern.

21. "Baby Beach Reef" (6-20 m)
Eine einzigartige Möglichkeit für einen Küstentauchgang. Eine große Formation von Elchhornkorallen in Kombination mit Fächerkorallen macht das langsam abfallende Riff zu einem perfekten Platz für Krabben, Kraken und Langusten.

"Baby Beach" läßt sich leicht mit dem Auto errreichen.

22. "Santana Reef" (6-17 m)
Tausende und abertausende Elchhorn- und Hirschhornkorallen

Praktische Hinweise

bilden das Riff und machen es zu einer idealen Wohnstätte für Milliarden von Meeresbewohnern.

Das Riff bietet die gleichen Bedingungen wie "Baby Beach", es ist ebenfalls mit dem Auto erreichbar, der Einstieg ist jedoch ein wenig rauh.

23. "Cabez Reef" (17 m)

Wegen der rauhen See und starker Strömung nur für erfahrene Taucher geeignet. Das Riff bietet einen einzigartigen Küstenzugang bei dem man Auge in Auge mit großen Schulen von Barrakudas, Bernstein- und Regenbogenmakrelen abtaucht. Das noch relativ unberührte Riff ist zudem bekannt für seine Stachelrochen und die Vielzahl tropischer Fische.

24. "Natural Bridge Dive" (6-37 m)

Der aufgrund der rauhen See ebenfalls nur für erfahrene Taucher geeignete Tauchgang ist gekennzeichnet von riesigen Findingen, unglaublichen Formationen von Hirnkorallen und im Überfluß vorhandenen Feuerkorallen. Daneben gibt es eine Vielzahl von Weichkorallen, Schwarzen Korallen sowie zahlreichen großen Schwämmen.

Tauchbasen

- *S.E.A. Scuba*, L.G. Smith Boulevard, Oranjestad, Aruba. ☎ 34877. Der Open-Water-Tauchkurs kostet 375 US$, ein Tauchgang 35 US$. Bei Baby-Beach befindet sich ebenfalls eine Basis von S.E.A. Scuba, hier können Schnorchel-Ausrüstungen geliehen werden.

- *Red Sail Sports*, L.G. Smith Blvd. 83, P.O. Box 218, Aruba. ☎ 61603. Ein Tauchkurs mit Zertifikat kostet 325 US$, ein Bootstauchgang 30 US$.

- *Pelican Watersports*, Aruba. ☎ 24739 und 31228. Einführungskurs 60 US$, der Kurs mit PADI-Zertifikat 300 US$. Ein Bootstauchgang kostet 29 US$, eine Bootsfahrt mit zwei Tauchgängen 45 US$.

- *Aruba Pro Dive*, Aruba. ☎ 25520. Ein Tauchgang kostet 35 US$, vier Tauchgänge ab 96 US$.

- *Mermaid Sport Divers*, Irausquin Blvd. 55-A, Aruba. ☎ 35546. Ö: 9.00-17.30 Uhr. Ein Bootstauchgang kostet 35 US$, vier Tauchgänge 100 US$. Tauchkurs mit Zertifikat 250 US$.

Tauchplätze und Tauchbasen Bonaires

Bonaire, "The Divers Paradise", ist die Insel, die den Reisenden in erster Linie mit ihrer Unterwasserwelt lockt. Vor allem Individualisten gehören zu den Stammgästen.

Bis auf die Tauchstellen, die um "Klein Bonaire" liegen und einige wenige Plätze rund um Bonaire, sind die meisten der über 80 Tauchplätze mit dem Auto zu erreichen und damit "unabhängig", ohne Begleitung einer Tauchbasis, zu betauchen.

Praktische Hinweise

Die gesamte Küste Bonaires und Klein Bonaires ist bis in eine Tiefe von 60 m zum Schutzgebiet erklärt. Dies geschah zusammen mit der Gründung des **Bonaire Marine Park** im Jahr 1979.

Für die Taucher hat dies folgende, eigentlich selbstverständliche „Einschränkungen" zur Folge: Es dürfen keine Fische, Korallen, Schwämme, Muscheln etc. mitgenommen werden, das Zerstören der Korallen ist verboten, Abfall darf nicht ins Meer geworfen werden, das Ankerwerfen ist ebenfalls verboten. An allen Tauchplätzen befinden sich Bojen, an denen die Boote festgemacht werden können.

Ergebnis dieser richtungsweisenden Politik ist ein Schutzgebiet, in dem mit Ausnahme von zwei Gebieten, überall getaucht werden kann.

Die gesperrten Gebiete sind die Bereiche von Karpata bis zum Gotomeer (ab Tauchplatz 7 in nördlicher Richtung) und von Playa Frans (Tauchplatz 6 "Nukove") bis Boca Slagbaai (Tauchplatz 5).

Sämtliche Tauchplätze sind an Land mit gelb bemalten Steinen gekennzeichnet, auf denen oft auch der Name des Tauchplatzes angegeben ist.

Der Einstieg von Land ist an vielen Tauchplätzen jedoch sehr rauh und es bedarf einiger Übung, hinein und später wieder hinaus zu kommen.

Hinweis: Für das Tauchen im Bonaire Marine Park müssen alle Taucher als einmalige Jahresgebühr 10 US$ bei einer Tauchbasis bezahlen. Als Beleg erhält man eine Marke, die an der Tarierweste anzubringen ist.

Da die Beschreibung aller Tauchplätze den Rahmen des Tauchkapitels sprengen würde, werden nachfolgend nur die interessantesten Tauchplätze kurz beschrieben.

Tauchplätze
1. "Boca Bartol"
2. "Playa Benge" (4-40 m)
Über ein mit Elchhorn-, Feuerkorallen und Schwämmen bewachsenes Rinnensystem taucht man hinab zu Überhängen und Nischen, die oft Ruheplatz für Ammenhaie sind. Am Riffhang gibt es Hirnkorallen, vielfarbige Schwämme und in größerer Tiefe Peitschenkorallen und große Gorgonien. Zackenbarsche, Tarpone und Hochseefische sind hier zu finden.
3. "Playa Funchi"
4. "Bise Morto"
5. "Boca Slagbaai" (5-40 m)
In dieser Bucht ankerte Hans Hass während seiner ersten "Xarifa-Expedition".

Hier finden sich große Felder von Elchhornkorallen mit vielfarbigen Schwämmen. Außerdem gibt es mit vielen verschiedenfarbigen Korallenarten be-

Praktische Hinweise

1	Boca Bartol
2	Playa Benge (4-40 m)
3	Playa Funchi
4	Bise Morto
5	Boca Slagbaai (5-40 m)
6	Nukove
7	Karpata
8	La Dania's Leap (5-42 m)
9	Rappel
10	Bloodlet
11	Ol' Blue (9-45 m)
12	Country Garden
13	Bon Bini Na Cas
14	1 000 Steps
15	Webers Joy/Witches Hut
16	Jeff Davis Memorial
17	Oil Slick Leap (3-35 m)

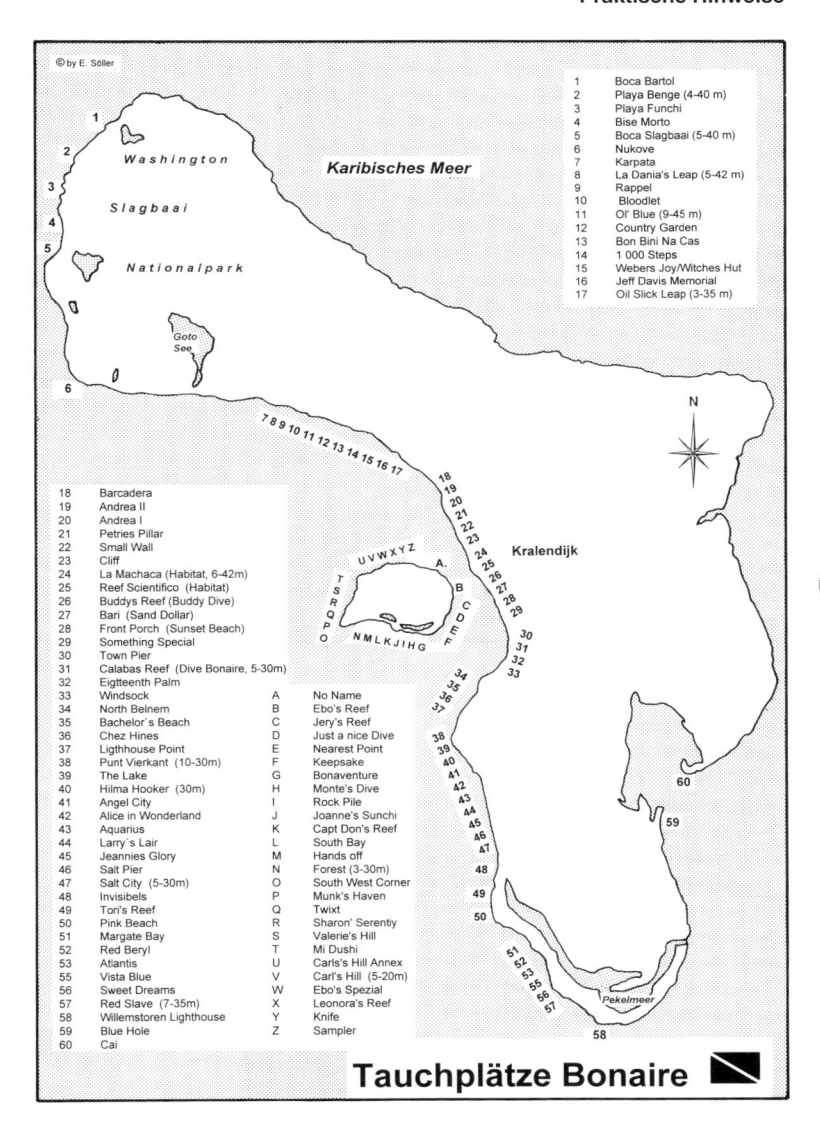

18	Barcadera
19	Andrea II
20	Andrea I
21	Petries Pillar
22	Small Wall
23	Cliff
24	La Machaca (Habitat, 6-42m)
25	Reef Scientifico (Habitat)
26	Buddys Reef (Buddy Dive)
27	Bari (Sand Dollar)
28	Front Porch (Sunset Beach)
29	Something Special
30	Town Pier
31	Calabas Reef (Dive Bonaire, 5-30m)
32	Eigtteenth Palm
33	Windsock
34	North Belnem
35	Bachelor`s Beach
36	Chez Hines
37	Ligthhouse Point
38	Punt Vierkant (10-30m)
39	The Lake
40	Hilma Hooker (30m)
41	Angel City
42	Alice in Wonderland
43	Aquarius
44	Larry`s Lair
45	Jeannies Glory
46	Salt Pier
47	Salt City (5-30m)
48	Invisibels
49	Tori's Reef
50	Pink Beach
51	Margate Bay
52	Red Beryl
53	Atlantis
55	Vista Blue
56	Sweet Dreams
57	Red Slave (7-35m)
58	Willemstoren Lighthouse
59	Blue Hole
60	Cai

A	No Name
B	Ebo's Reef
C	Jery's Reef
D	Just a nice Dive
E	Nearest Point
F	Keepsake
G	Bonaventure
H	Monte's Dive
I	Rock Pile
J	Joanne's Sunchi
K	Capt Don's Reef
L	South Bay
M	Hands off
N	Forest (3-30m)
O	South West Corner
P	Munk's Haven
Q	Twixt
R	Sharon' Serentiy
S	Valerie's Hill
T	Mi Dushi
U	Carls's Hill Annex
V	Carl's Hill (5-20m)
W	Ebo's Spezial
X	Leonora's Reef
Y	Knife
Z	Sampler

Tauchplätze Bonaire

Praktische Hinweise

deckte Felsformationen mit Überhängen, unter denen oft schlafende Ammenhaie zu finden sind. Unter den Fischen ist eine Vielzahl von Barschen, Schnappern, Lippfischen, Tarponen, Barracudas, Stachelrochen und auch einige grüne Muränen.

6. "Nukove"
7. "Karpata"
8. "La Dania's Leap" (5-42 m)
Hier finden sich alle erdenklichen Rifformen mit Fingerschwämmen, Hirschhornkorallen und Gorgonien, über die man zu einer Steilwand kommt. Diese Wand ist sehr schön bewachsen mit bunten Schwämmen, Peitschenkorallen und Gorgonien. In den Vorsprüngen und Grotten kann man schlafende Ammenhaie antreffen.

9. "Rappel"
10. "Bloodlet"
11. "Ol' Blue" (9-45 m)
Das steil abfallende Riff ist an der Kante mit gelben Fingerkorallen und Gorgonien bewachsen. Es findet sich die ganze Palette der tropischen Unterwasserwelt und neben Makrelen und Schnappern auch Engels- und Kaiserfische.

12. "Country Garden"
13. "Bon Bini Na Cas"
14. "1 000 Steps"
15. "Webers Joy" (auch "Witches Hut" genannt)
16. "Jeff Davis Memorial"
17. "Oil Slick Leap" (3-35 m)
Der weniger tiefe, felsige Bereich ist mit Feuerkorallen, rosa und violetten Schwämmen sowie kleinen Gorgonien bewachsen. Der steile Riffabfall ist ebenfalls schön bewachsen und es finden sich häufig Engelsfische, Barracudas und beeindruckende Schnapperschwärme.

18. "Barcadera"
19. "Andrea II"
20. "Andrea I"
21. "Petries Pillar"
22. "Small Wall"
23. "Cliff"
24. "La Machaca" (Habitat, 6-42 m)
Die direkt vor "Captain Don's Habitat" liegende Tauchstelle bietet nahezu die gesamte Flora und Fauna von Bonaires Unterwasserwelt. In einer Tiefe von etwa 42 m liegt das Wrack des rund 12 m langen Segelschiffs "Hesper", das allerdings noch wenig Bewuchs aufweist. Häufig sind Tarpone, Barracudas und Schwärme von Makrelen anzutreffen.

25. "Reef Scientifico" (Habitat)
26. "Buddys Reef" (Buddy Dive)
27. "Bari" (Sand Dollar)
28. "Front Porch" (Sunset Beach)
29. "Something Special"
30. "Town Pier"
31. "Calabas Reef" (Dive Bonaire, 5-30 m)
Das vor dem "Flamingo Beach Hotel" liegende "Calabas Reef" gehört zu den meistbetauchten Riffen Bonaires. Die Fische sind aufgrund des häufigen Anfütterns sehr zutraulich. Trotz der vielen Taucher zeigt das Riff einen

Praktische Hinweise

üppigen Bewuchs mit Schwämmen und Korallen und verfügt über ein kleines Wrack. Hier sind oft Scorpionsfische und Spitzschwanz-Schlangenaale anzutreffen.

Aufgrund der bequemen Einstiege ist das "Calabas Reef" bestens für Nachttauchgänge geeignet.

32. "Eightteenth Palm"
33. "Windsock"
34. "North Belnem"
35. "Bachelor's Beach"
36. "Chez Hines"
37. "Lighthouse Point"
38. "Punt Vierkant" (10-30m)

"Punt Vierkant" liegt etwa 250 m nördlich von "The Lake" und ist diesem Tauchplatz sehr ähnlich. Über mit Gorgonienflächen durchsetzte, flache Hirschhornkorallenfelder taucht man dem Riffabfall folgend hinab. Neben einer Vielzahl von tropischen Fischen sind Röhrenaale und Stachelrochen anzutreffen. Im unteren Riffbereich wachsen viele farbenprächtige Schwämme und Fächergorgonien.

39. "The Lake"
40. "Hilma Hooker" (30 m)

Die "Hilma Hooker" ist ein 100 m langer, 1951 in Holland gebauter Frachter. Nach dem Versagen der Rudermaschine trieb er auf Kralendijk zu. Nach auftauchenden Unstimmigkeiten in den Schiffspapieren wurden bei einer anschließenden Durchsuchung geschmuggelte Drogen entdeckt. Das Schiff wurde daraufhin als Attraktion für Taucher versenkt.

Das Schiff ist völlig intakt, mit einem mittlerweile sehenswerten Bewuchs, einer Vielzahl interessanter Bewohner und läßt sich leicht betauchen.

41. "Angel City"
42. "Alice in Wonderland"
43. "Aquarius"
44. "Larry's Lair"
45. "Jeannies Glory"
46. "Salt Pier"
47. "Salt City" (5-30 m)

"Salt City" bietet neben einer faszinierenden Unterwasserlandschaft mit Elchhornkorallenfeldern und einem mit großen Gorgonien bewachsenen Riffabfall einen überwältigenden Artenreichtum tropischer Fische. Daneben gibt es Röhrenaale und Spitzschwanz-Schlangenaale.

48. "Invisibles"
49. "Tori's Reef"
50. "Pink Beach"
51. "Margate Bay"
52. "Red Beryl"
53. "Atlantis"
55. "Vista Blue"
56. "Sweet Dreams"
57. "Red Slave" (7-35m)

Zwischen Hirn-, Elchhorn- und Steinkorallen taucht man hinab zu den Überresten der "HMS Barham", die 1829 gesunken ist. Hier finden sich verstreut zwischen den sich wiegenden Gorgonien alte Anker, Kanonen und Ballaststeine. Im tieferen Bereich kann man Schwarze Korallen und

Praktische Hinweise

Schwämme bewundern. Dazwischen Fischschwärme, Stachelrochen, Schildkröten, Tarpune und Hochseefische.
58. "Willemstoren Lighthouse"
59. "Blue Hole"
60. „Cai"

Tauchplätze Klein Bonaire
A. "No Name"
B. "Ebo's Reef"
C. "Jery's Reef"
D. "Just a nice Dive"
E. "Nearest Point"
F. "Keepsake"
G. "Bonaventure"
H. "Monte's Dive"
I. "Rock Pile"
J. "Joanne's Sunchi"
K. "Capt Don's Reef"
L. "South Bay"
M. "Hands off"
N. "Forest" (3-30 m)

Wälder aus Schwarzen Korallen haben diesem Platz seinen Namen gegeben. Das Riff ist mit Schluchten durchzogen und weist mehrere Felssäulen und Grotten auf.

Es ist teilweise sehr schön bewachsen und aufgrund der vorherrschenden Strömung trifft man hier auf Wahoos, Tarpone, Schildkröten und Hochseefische.
O. "South West Corner"
P. "Munk's Haven"
Q. "Twixt"
R. "Sharon's Serenity"
S. "Valerie's Hill"
T. "Mi Dushi"
U. "Carl's Hill Annex"

V. "Carl's Hill" (5-20 m)
"Carls Hill" zählt insbesondere durch seine Vielzahl von Korallen und Schwämmen in unterschiedlichster Färbung zu den schönsten Tauchplätzen Bonaires. Neben dieser Hauptattraktion bietet er natürlich auch die ganze Vielfalt der tropischen Fischwelt.
W. "Ebo's Spezial"
X. "Leonora's Reef"
Y. "Knife"
Z. "Sampler"

Tauchbasen
- *Dive Bonaire*, Divi Flamingo Beach Hotel, J.A. Abraham Blvd., Bonaire. ☎ 8285. Ein Boottauchgang kostet 38,50 US$, sechs Tage Non-Limit Tauchen mit 11 Bootstauchgängen und einem Nacht-Bootstauchgang kostet 330 US$.
- *Captain Don's Habitat*, Bonaire. ☎ 8290. Ein Tauchtag mit zwei Bootsfahrten kostet 55 US$, ein begleiteter Tauchgang 33 US$. Eine Woche Non-Limit-Tauchen 84 US$, Tauchkurs von zwei Tagen mit drei Tauchgängen 100 US$, Tauchkurs mit Zertifikat 300 US$.
- *The Dive-Inn*, Kaya C. Hellmund 27, Bonaire. ☎ 8761. Ein Tauchtag mit zwei Bootsfahrten kostet 55 US$. Sechs Tage Non-Limit-Tauchen 90 US$, Sechs Tage Non-Limit-Tauchen mit 6 Bootsfahrten 163,50 US$, Tauchkurs von sechs Tagen mit sechs Tauchgängen 320 US$.

Praktische Hinweise

- *Sand Dollar Dive & Photo*, Kaya Gobernador N. Debrot 79, Bonaire. ☎ 8738. Sechs Tage Non-Limit-Tauchen 90 US$, Sechs Tage Non-Limit-Tauchen mit 6 Bootsfahrten 175 US$, Tauchkurs 180 US$.

Tauchplätze und Tauchbasen Curaçaos

Auf Curaçao sind mehr als 40 Tauchplätze ausgewiesen, die in ihrer Schönheit den Tauchplätzen Arubas und Bonaires in nichts nachstehen. Der 1983 eingerichtete **Curaçao Unterwasserpark** beginnt am Princess Beach Hotel und endet bei Oostpunt.

Nachfolgend werden die ausgewiesenen Tauchplätze aufgelistet und einige der schönsten näher beschrieben.

Tauchplätze
1. "Wata Mula"
2. "Alice in Wonderland"
3. "Sweet Alise"
4. "Jeremi"
5. "Lagoon"
6. "Mushroom Forest"

An dem langsam abfallenden Riff finden sich neben der üblichen tropischen Unterwasserwelt riesige Pilzkorallen, die eine herrliche Kulisse für den Unterwasserfotografen bieten.

7. "Mike's Mystery Spot"
8. "Rediho City"
9. "Sponge Forest"

Eingebettet zwischen Korallenformationen stehen große, nur in der Karibik vorkommende Becherschwämme mit einem Durchmesser von bis zu 1,50 m und einer Höhe von 1 bis 2 m. Dazwischen Schnapper, Doktor-, und Kaiserfische.

10. **"Black Coral Gardens"**

Ein steil abfallendes mit Schwarzen Korallen bewachsenes Riff, an dem neben der bunten Vielzahl der Kleinfische Seeschildkröten, Barracudas, Stachelrochen und seltene Mantas zu beobachten sind.

11. **"Hell's Corner"**

Das mit Gorgonien, Säulenkorallen und Schwarzen Korallen bewachsene Riff fällt steil ab und bietet Unterschlupf für Langusten und Muränen. Häufig sind auch Barracudas anzutreffen.

12. **"Mako's Mountains"**
13. **"The Airplane"**
14. **"Lost Anchor"**
15. **"San Juan"**
16. **"Mike's Place"**

Neben der "üblichen" Unterwasserwelt finden sich hier riesige Schwämme, die als "Doppelbett" bezeichnet werden und mehr als 100 Jahre alt sein sollen.

Diese wirklich einzigartigen Schwämme sind bei vielen Unterwasserfotografen eine beliebte Fotokulisse.

17. **"Long Beach"**
18. **"Lower House"**
19. **"The Valley"**
20. **"St. Marie"**
21. **"Light Tower"**
22. **"Vaersenbaai"**

Praktische Hinweise

23. "Blauwbaai"
Das vom Strand aus zu erreichende Riff beginnt in einer Tiefe von etwa 9 m und fällt steil ab. Neben der Vielzahl an Papagei-, Doktorfischen und Schnappern taucht man vorbei an Plattenkorallen, Schwarzen Korallen und bunten Schwämmen.

24. "Airplane"
An diesem Tauchplatz finden sich die Überreste eines Wasserflugzeuges. In der gesamten Umgebung findet sich noch zum Teil scharfe Munition. Daß man diese nicht berühren oder mitnehmen sollte, versteht sich von selbst.

25. "Superior Producer"
Das nicht weit vor der Küste, völlig überwachsene, in einer Tiefe von rund 30 m liegende Schiffswrack ist vom Strand aus leicht zu erreichen. Das Wrack liegt parallel zum Riff und eignet sich gut für Anfänger.

26. "Oswaldo's Drop Off"
27. "Car Pile"
"Car Pile" ist ein künstliches, aus versenkten Autowracks, Booten und Pontons gebildetetes Riff. Es läßt sich vom Strand des Princess Beach Hotels leicht erreichen. Der Schrott ist zum Großteil schon völlig überwachsen und man hat zum Teil sehr schöne Fotokulissen. Hier sind häufig Scorpionsfische, Flundern, Kaiserfische und Barracudas anzutreffen.

28. "S.S. Oranje Nassau"
Vor dem Seaquarium liegen die Reste des Wracks der 1906 aufgelaufenen "S.S. Oranje Nassau". Teile der Dampfkessel ragen noch aus dem Wasser und die mit Elchgeweihkorallen bewachsenen Spannten sind noch zu erkennen. Der Tauchplatz ist nur wenige Meter tief und eignet sich sehr gut für die Unterwasserfotografie.

29. "Wandering Buoy"
30. "Babor Kibra"
31. "Boca di Sorsaka"
32. "Jan Thiel"
33. "Piedra Di Sombre"
Der Tauchplatz mit einem sehr schönen Steilabfall bietet Wälder aus Elchgeweih-, Hirschhorn-, Fächerkorallen und Federgorgonien. Daneben sieht man die unterschiedlichsten und farbenprächtigsten tropischen Kleinfische.

34. "Kabes Baranka"
35. "Lost Anchor"
36. "Towboat"
In einer Tiefe von etwa 7 m liegt das Wrack eines kleinen, vor vielen Jahren gestrandeten Schleppers. Er ist völlig überwachsen und von einer großen Zahl tropischer Fische bewohnt. Das Wrack bietet sich sehr schön für Anhänger der Unterwasserfotografie als Kulisse an und ist wunderbar geeignet für einen Nachttauchgang.

37. "Kabaye"
38. "Punt'i Piku"
In der Nähe von "Spanisch Water" gelegen taucht man über eine Sandplatte, welche mit Gorgonien, Hirschhorn-, Feuer-, Säulen-

Praktische Hinweise

Tauchplätze Curaçao

Karibisches Meer

Karibisches Meer

1 Wata Mula
2 Alice in Wonderland
3 Sweet Alise
4 Jeremi
5 Lagoon
6 Mushroom Forest
7 Mike's Mystery Spot
8 Redino City
9 Sponge Forest
10 Black Coral Gardens
11 Hell's Corner
12 Mako's Mountains
13 The Airplane
14 Lost Anchor
15 San Juan
16 Mike's Place
17 Long Beach
18 Lower House
19 The Valley

20 St. Marie
21 Light Tower
22 Vaersenbaai
23 Blauwbaai
24 Airplane
25 Superior Producer
26 Oswaldo's Drop Off
27 Car Pile
28 S.S. Oranje Nassau
29 Wandering Buoy
30 Babor Kibra
31 Boca di Sorsaka
32 Jan Thiel
33 Piedra Di Sombre
34 Kabes Baranka
35 Lost Anchor
36 Towboat
37 Kabaye
38 Punt'i Piku
39 New Port
40 Pint'i Sanchi
41 Baranka'i Karanito
42 Gullaw
43 Piedra Pretu
44 Basora

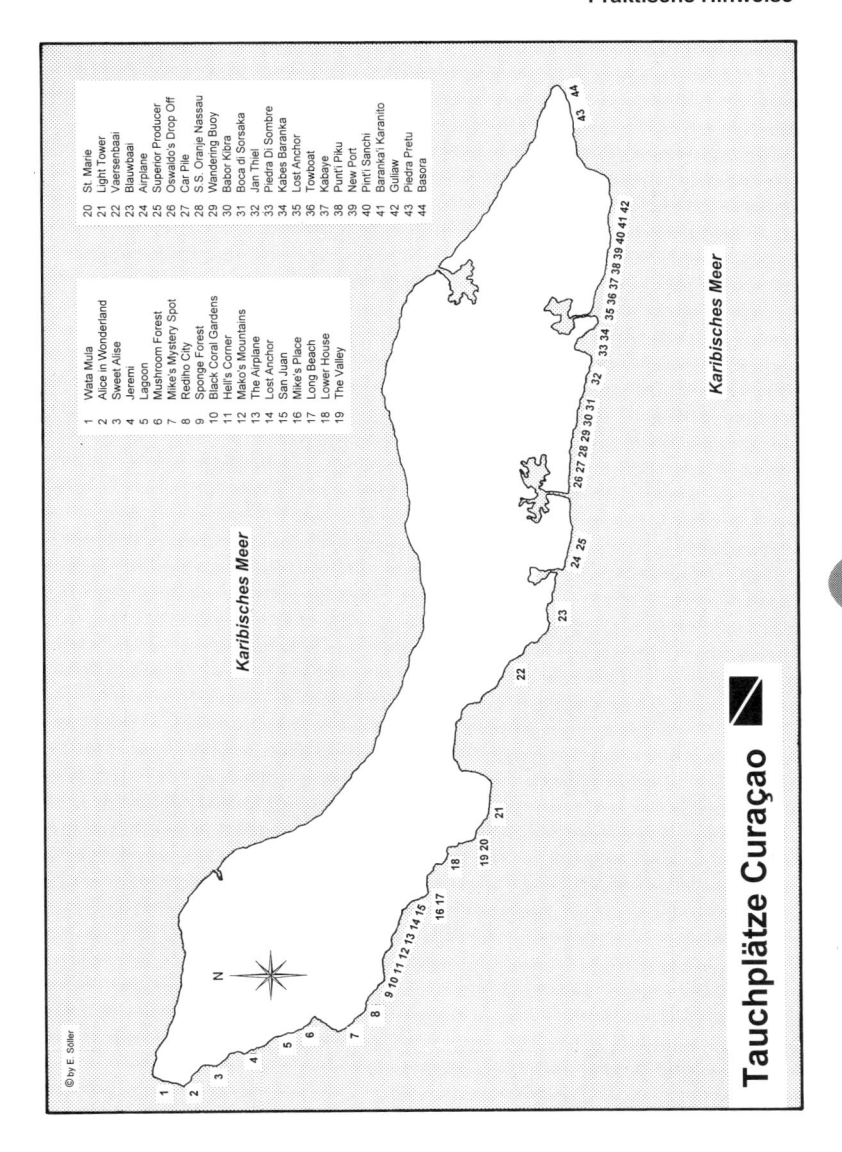

© by E. Söller

Praktische Hinweise

und Elchhornkorallen bedeckt ist, einen steil abfallenden Riffabhang ab.
39. "New Port"
40. "Pint'i Sanchi"
41. "Baranka'i Karanito"
42. "Guliaw"
43. "Piedra Pretu"
44. "Basora"

Tauchbasen
- *Princess Divers*, Princess Beach Hotel, Curaçao. ☎ 658991, Fax: 655756. Die Tauchbasis liegt direkt an einem schönen Hausriff mit Autowracks auf 30 m. Der Einweisungstauchgang kostet 55 US$, der PADI Open Water Kurs (5 Tage) 300 US$, ein Bootstauchgang 33 US$, drei Tage Non-limit 33 US$.
- *ISB Dive Center*, Holiday Beach Hotel, Curaçao. ☎ 604859. DWIA Basic Diver Tauchkurs 390 DM, DWIA Open Water Diver Tauchkurs 390 DM, 3 Tage Non-limit-Tauchen 120 DM. Bei ISB handelt es sich um eine deutsche Tauchschule.
- *Limestone Apartments & Diving*, Spanish Water, Curaçao. ☎ 673007. Tauchkurs 275 US$, Einweisungstauchgang 50 US$, Tauchgänge mit Begleiter je 30 US$
- *Bon Bini Divers Den*, Sonesta Beach Hotel, Curaçao. ☎ 337676. Ein Einweisungstauchgang kostet 55 US$, der Open Water Kurs kostet 385 US$ und ein einzelner Tauchgang kostet 35 US$.

- *The Dive Inn*, Porto Paseo Hotel, Otrobanda, Curaçao. ☎ 602396 und 627878. Der Einweisungstauchgang kostet 55 US$, ein Open Water Kurs kostet 220 US$ und Tauchgänge mit einem Begleiter je 20 US$. Keine Adapter.
- *Curaçao Seascape*, Curaçao Caribbean Resort, Curaçao. ☎ 625905 und 626857. Der Einweisungstauchgang kostet 45 US$, ein PADI oder PDIC Open Water Kurs 336 US$ und ein einfacher Tauchgang 34 US$.
- *Coral Cliff Diving*, Santa Martha Bay, Curaçao. ☎ 642822. Ein Bootstauchgang kostet 27 US$, eine Woche Non-Limit mit vier Bootstauchgängen kostet 170 US$. Der PADI-Tauchkurs wird für 330 US$ angeboten.

Die kleine Tauchbasis *Coral Cliff Diving* liegt im ruhigen Westteil Curaçaos an der Santa Martha Bay. Die Besitzerin, Marlies Feyts, spricht Deutsch.
- *Dolphin Divers*, Las Palmas Hotel, Piscaderabaai, Curaçao. ☎ 628180. Deutsche Tauchbasis mit CMAS und PADI Ausbildung. Tauchkurse ab 250 US$, ein begleiteter Tauchgang kostet 30 US$.
- *The Ultimate Divestore*, P.O. Box 553, Curaçao. ☎ 368301 und 379487. Der Einweisungstauchgang kostet 45 US$, ein PADI Open Water Kurs kostet 260 US$ und einzelne Tauchgänge mit Begleiter kosten je 25 US$.

Praktische Hinweise

AN- UND WEITERREISE

Anreise

Anreise mit dem Flugzeug: Vor der Reise in die Karibik steht die Suche nach einem günstigen Flug auf die gewünschte Insel. Die Reisedauer sollte zu diesem Zeitpunkt schon feststehen, wenn man nicht ein teureres, für ein ganzes Jahr gültiges Ticket erstehen will. Je nach Fluggesellschaft sind nämlich unterschiedliche Mindest- und Höchst-Aufenthaltsdauern vorgeschrieben.

Alle drei Inseln können direkt von Europa angeflogen werden, jedoch nicht in der gleichen Häufigkeit. Die Flugstrecke von über 8 000 km dauert etwa 9-10 Stunden, allerdings ist dies nur die Flugdauer vom Flughafen Amsterdam.

Die besten **Verbindungen** sind immer noch die Flüge mit KLM. Sie gehen von Amsterdam aus, aber gegen einen unerheblichen Aufpreis sind Verbindungsflüge von allen andere großen Flughäfen dorthin möglich. Einmal wöchentlich fliegt KLM direkt nach Aruba, einmal wöchentlich nach Zwischenlandung in Caracas nach Bonaire und dreimal in der Woche geht es nach Curaçao.

Direktflüge von Deutschland gibt es zur Zeit noch nicht.

Ticketkauf: Es lohnt sich, beim Ticketkauf in mehreren Reisebüros nachzufragen, denn oft verfügen manche Büros über einen Posten besonders günstiger Tickets.

Selbst zur Nebensaison sind die Flüge in die Karibik schnell ausgebucht. Wenn man mit dem An- und Abreisetermin recht unflexibel ist, sollte man sich also schon mindestens drei Monate vor Abflug um eine Reservierung kümmern. Bei einem kullanten Reisebüro ist eine Reservierung bis etwa zwei Wochen vor Abflug möglich. Erst dann muß man eine verbindliche Buchung vornehmen.

Die **Preise** für die Tickets liegen laut den offiziellen Angaben bei etwa 2 150-2 600 DM mit KLM. Der Preis ist abhängig von dem Flugtermin. Die Reisebüros verfügen aber alle über große Kontingente der günstigeren Graumarkttickets, die bis zu 1 000 DM weniger kosten.

Wer das 25. Lebensjahr noch nicht vollendet hat, kann das Tikket zum günstigeren *Jugendtarif* bekommen. Auf diese Weise spart man zusätzlich etwa 150 DM.

Wer bei dem Aufenthalt mehrere Inseln besuchen möchte, kann auch von den sogenannten *Gabelflügen* profitieren. Der Rückflug muß bei diesen Flugscheinen nicht vom Einreiseflughafen ausgehen. Bei geschickter Reiseplanung kann man durch diese Tikkets innerkaribische Flüge, und

Praktische Hinweise

somit Geld und Zeit, sparen. Für solche Tickets, die bei fast allen Veranstaltern möglich sind, wird kein Aufpreis berechnet.

Ein wichtiges Kriterium ist auch die maximale Aufenthaltsdauer, die mit dem Ticket möglich ist. Je nach Flug kann das 35 Tage, 3-6 Monate oder ein Jahr sein. Je länger ein Ticket gültig ist, desto teurer ist es meist.

Einen hilfreichen Überblick über die billigsten Flugangebote und auch Pauschalreisen geben neben vielen anderen die Reisezeitschriften *Reise & Preise*, *Fliegen & Sparen*, *Karibik* und *Holiday*.

Ein weiterer Tip: Die normalen Tickets werden direkt am Flughafen zu einem höheren Preis als im Reisebüro verkauft!

Adressen von Fluggesellschaften: Auskunft über Flüge und Fluggesellschaften sind am *Flughafen Frankfurt* unter ☎ 069/690-30511 zu erhalten.

- *AA (American Airlines)*, Wiesenhüttenplatz 26, 60329 Frankfurt a.M., BRD, ☎ 069/230591.
- *Air Canada International*, Kleiner Hirschgraben 10-12, 60311 Frankfurt a.M., BRD, ☎ 069/294044.
- *Air France*, Kaiserstr. 19-21, 60311 Frankfurt a.M., BRD, ☎ 069/230501.
- *Air France*, 1 Square Max Hymans, 75741 Paris Cedex 15, FF, ☎ 2734141.
- *Air France*, Kärtnerstr. 49, 1010 Wien, A, ☎ 0222/526652 und 526654.
- *Air France*, Rue du Mont Blanc 3, 1201 Genf, CH, ☎ 022/310400.
- *British Airways (British Airways)*, Düsseldorfer Str. 1-7, 60329 Frankfurt a.M., BRD, ☎ 069/250121.
- *BWIA (British West Indies Airlines)*, Walter Kolb Straße 9-11, 60594 Frankfurt a.M., BRD, ☎ 069/628025.
- *KLM Royal Dutch Airlines*, Schillerstr. 2, 60319 Frankfurt a.M., BRD.
- *Lufthansa*, Von-Gablenz-Straße 2-6, 50679 Köln-Deutz, BRD, ☎ 0221/8261.
- *Pan Am*, Am Hauptbahnhof 12, 60329 Frankfurt a.M., BRD, ☎ 069/25650.

Die Stadtbüros sind aus dem Telefonbuch ersichtlich. Dort kann man auch die Flugpläne erhalten und sich über die aktuellen Sondertarife erkundigen.

Billigflüge & Pauschalangebote: Auch für Individualreisende können **Pauschalangebote** manchmal interessant werden. Denn wenn die von den Reiseveranstaltern angebotenen Pauschalreisen nur wenig über dem normalen Flugpreis liegen, oder im günstigsten Fall, diesen sogar noch unterschreiten, bekommt man neben einem günstigen Flug sogar noch preisgünstige Übernachtungen dazu.

Praktische Hinweise

Wer nicht im Hotel übernachten, oder zwischendurch mal einen mehrtägigen Ausflug unternehmen will, kann die gebuchten Übernachtungen verfallen lassen und das Hotel nur als Standort benutzen.

Oft kommen solche Angebote allerdings nicht vor, da gerade für die ABC-Inseln fast nur Luxushotels im Angebot sind. Aber während der Nebensaison und vor allem als *Last Minute-Angebot* oder in den *Restplatz-Börsen* (siehe unten) kann man zwei bis drei Wochen vor Abflug schon mal Glück haben.

Auch hier gilt: Preisvergleich lohnt sich.
- *Air Charter Market (acm)*, Lessingstr. 7-9, Postfach 2149, 61440 Oberursel.
- *Tjaereborg*, Reyerhütte 51, 41065 Mönchengladbach, ☎ 02161/403-1.
- *ITS* (International Tourist Services, Veranstalter für Kaufhof, Hertie, ADAC, Prinser Reisen, Glücks Reisen). Direktinformationen erhält man über ☎ 02203/42211.
- *Jet Reisen GmbH*, Kaiserstr. 64d, 60329 Frankfurt, ☎ 069/2681235.
- *Touristik Union International (TUI)*, Postfach 5949, Karl-Wichert-Allee 23, 30625 Hannover, ☎ 0511/567-0.
- *Jahn Reisen GmbH*, Ehrenheimerstraße 61, München, ☎ 089/57901.
- *Hetzel Reisen GmbH*, Kranstraße 8, Postfach 311355, 70499 Stuttgart, ☎ 0711/8351.
- *Teddy's Reisen*, Stuttgart, ☎ 0711/7353826.

Wer nahe an einer Grenze wohnt, sollte sich auch nach Flugpreisen aus dem Nachbarland erkundigen. Manchmal kann man auch dabei einiges sparen.

Über Billigflugbüros können oft noch günstigere Alternativen gefunden werden. Es lohnt sich, sich bei einer Restplatzbörse bzw. einem Billigflugbüro zu erkundigen.

Empfehlenswerte **Billigflugbüros** sind
- *Travel Overland*, 80799 München, Barenstr. 73, ☎ 089/272760 oder Theresienstraße 66, 80333 München, ☎ 089/280850 oder Auf den Häfen 9-10, 28203 Bremen, ☎ 0421/75047.
- *Explorer*, Hüttenstr. 17, 40215 Düsseldorf, ☎ 0221/994902.
- *Fly Out Reiseladen*, Triftstr. 45, Berlin, ☎ 030/4535061.

Eine kostenlose Auflistung zahlreicher günstiger Flüge ist zudem bei dem Unternehmen *Walther-Weltreisen Udo Schwark* in Bonn erhältlich.

Gegen die Einsendung eines großen, frankierten Rückumschlags und der Angabe des gewünschten Reiseziels wird die aktuelle Preisliste zugesandt. Bei *Walther-Weltreisen Udo Schwark* können diese Flüge dann auch gebucht werden.

Praktische Hinweise

- *Walther-Weltreisen U. Schwark*, Hirschberger Straße 30, 53119 Bonn.

Einen Überblick über die Reisebüros im deutschsprachigen Raum, die regelmäßig Billigflüge in alle Welt anbieten, gibt die
- *Deutsche Zentrale für Globetrotter e.V. (DZG e.V.)*, c/o H. M. Buer, Birkenweg 19, 24558 Henstedt-Ulzburg. Sie gibt ein 32-seitiges "Info-Heft" heraus, das über 200 Billigflug-Büros, Informationen für behinderte Reisende, Ausrüstungsläden, Organisationen zum Thema "Reisen & Dritte Welt", Literaturempfehlungen, sowie alles Wichtige über die DZG (einschließlich ihrer Treffen und Dienstleistungen) und einen Aufnahmeantrag enthält.

Das "Info-Heft" ist erhältlich gegen Einsendung eines freigemachten, selbstadressierten DIN-A-5-Rückumschlages und zusätzlich fünf DM in Briefmarken. Anforderungen aus dem Ausland werden gegen Rückumschlag und drei Internationale Antwortscheine, die es auf jedem Postamt gibt, bearbeitet.

Wenn man die Reise kurzfristig planen kann, sind die sogenannten **Restplatzbörsen** die richtige Adresse. Meistens sind die Preise heruntergesetzt, und manchmal kann man noch am gleichen oder am nächsten Tag fliegen. Der beste Termin zur Nachfrage ist zwei bis drei Wochen vor dem Abflug. Allerdings sollte man sich trotzdem frühzeitig um die Impfungen kümmern! Hier einige Adressen bzw. Telefon-Nummern von Restplatz-Anbietern:
- *Extra-Tour-Service-Büro*, Ansagedienst, ☎ 0621/25773.
- *Individual Tours Reisen GmbH*, Schellingstraße 69, 80799 München, ☎ 089/288329.
- *Standby Tours*, Kirchnerstraße 6-8, 60311 Frankfurt, ☎ 069/281271.
- *Paco-Reisen (Club der Kurzentschlossenen)*, Hastedter Heerstraße 54, 28207 Bremen, ☎ 0421/444146.
- *Hartmann-Reisen*, Last Minute Service, 40210 Düsseldorf, ☎ 0211/4216436, Buchungen oder automatischer Ansagedienst am Düsseldorfer Flughafen: ☎ 0211/4216431.
- *LTU-Counter*, Terminal 1, Flughafen Düsseldorf, ☎ 0211/379082.
- *Schalter 468* am Frankfurter Flughafen: Restplätze für den gleichen Tag zu reduzierten Preisen.
- *NUR-Touristic*, Hochhaus am Baseler Platz, 60329 Frankfurt, ☎ 069/26901: Restplätze des Neckermann-Angebotes.
- *Last Minute Tours*, Ansagedienst in Hamburg, ☎ 040/5081140; Ansagedienst in Köln, ☎ 0221/505075; Ansagedienst in München, ☎ 089/553103 und 596107.
- *l'tur*, ☎ 0221/19706 und 0221/19701. Es handelt sich um

Praktische Hinweise

einen Ansagedienst, über den Reiseveranstalter ihre Restplätze frühestens drei Tage vor Abflug feilbieten. Über Band vom Düsseldorfer Flughafen erfährt man die Buchungsstellen. Es sind die selben Angebote, die auch von den Reisebüros als Last-Minute Angebote genannt werden.

Ebenso sollte man aber auch auf die vielen Anzeigen in den **Reisebeilagen** der überregionalen Tageszeitungen (z.B. *Süddeutsche*, *Welt*, *FAZ*, *Frankfurter Rundschau*), in den großen Wochenzeitschriften (*Zeit*, *Stern*) und in den alternativen Stadtmagazinen sowie in der *TAZ* achten.

Günstige Angebote werden auch oft in den Schaufenstern der Reisebüros angeschlagen oder finden sich dort im Prospektregal. Man sollte jedoch nicht sofort im erstbesten Laden buchen, denn gerade die Preise für Billigflüge schwanken beträchtlich. Wer gut vergleicht, kann hier viel sparen.

Anfahrt zum Flughafen: Für den, der nicht schon gestreßt am Flughafen eintreffen möchte, bietet die Deutsche Bahn die preisgünstigen **Rail & Fly-Tickets** an. Diese sind allerdings nur in Verbindung mit einem Flugticket (Linien- oder Charterflug) zu erwerben und gültig. Gegen einen Intercity-Zuschlag von sechs DM pro Person kann man mit Intercity-Zügen anreisen, die im Stundentakt zwischen allen größeren Städten der Bundesrepublik verkehren. Für eine Entfernung bis zu 250 km kostet ein Ticket in der 2. Klasse für die erste Person 99 DM, für jede weitere 50 DM. Ab 251 km kostet eine Fahrkarte 140 DM, jede weitere Person 70 DM. Kinder zahlen in beiden Fällen zehn DM.

Reisende mit einem Charterflugticket haben die Möglichkeit, **kostenlos** das Nahverkehrsnetz der Bahnen zu benutzen. Ein entsprechender Vermerk sollte von dem Reisebüro vorgenommen sein. Über 20 Airlines haben zudem Sondertarife mit der Deutschen Bahn abgeschlossen. Die Preise liegen etwa 30 bis 35 % unter dem offiziellen Bahntarif.

Wenn mehrere Personen gemeinsam fahren, sollten sie sich bei der Deutschen Bahn über mögliche Vergünstigungen, Gruppenreisen, Kinderermäßigung etc. erkundigen. Wer in Flughafennähe wohnt und mit einer Charterfluggesellschaft fliegt, kann den öffentlichen Nahverkehr benutzen. Die Flugtickets gelten im Nahverkehrsbereich der Flughäfen auch als Fahrkarte für Busse und Bahnen. In einigen Städten gibt es Pendelbusse zum Flughafen. Die Flughafenverwaltung gibt Auskunft, ob und wann die Busse fahren.

Relativ günstig sind die Flughafenzubringer einiger Charterfluggesellschaften.

Praktische Hinweise

Zum Beispiel bringt die Condor ihre Passagiere bis zu einer Entfernung von 35 Kilometern gegen eine Gebühr von acht DM zum Flughafen. Auskunft erhält man auch unter der Rufnummer 0607/939521.

Einen zusätzlichen Service für ihre Fluggäste bietet die Fluggesellschaft LTU in Frankfurt/Main an. Fluggäste, deren Flug zwischen fünf und sieben Uhr morgens startet, können schon am Abend vor dem Abflug ihr Reisegepäck von 19 Uhr an aufgeben.

Charterfluggesellschaften bieten Sondertarife für Mietwagen zwischen Wohnung und Flughafen an. Die Mietdauer ist auf vier Stunden begrenzt und kostet etwa 90 DM.

Neben dem Service der Fluggesellschaften bieten örtliche "Drive & Fly"- Unternehmen ihre Dienste an, die teilweise sogar etwas kostengünstiger sind.

Für die Anreise zu einem europäischen Flughafen, z. B. nach Amsterdam, werden Zubringerflüge angeboten. Als Alternative bleibt natürlich auch hier die Anreise mit der Bahn.

Anreise mit dem Schiff: Es ist nicht mehr so einfach und auch nicht billig, mit **Frachtschiffen** in die Karibik zu reisen.

Auskünfte über Möglichkeiten erteilen folgende Frachtschiffreise-Agenturen:

- *Internationale Frachtschiffreisen*, Friedrich-Storck-Weg 18a, 42107 Wuppertal. ☎ 0202/452379. Es werden vor allem Rundreisen von 35-45 Tagen ab 5 000 DM angeboten.

Kai der Kreuzfahrtschiffe auf Aruba

- *Frachtschiffreisen*, M. Zeller, Reihenstraße 5, Inning.

Die bei vielen Rucksackreisenden beliebte Möglichkeit, sich die Überfahrt durch Arbeiten auf dem Schiff zu verdienen, bietet heute leider keine Reederei mehr an.

Die Inseln Aruba und Curaçao liegen auf der Route vieler **Kreuzfahrtschiffe**, die über-

Praktische Hinweise

wiegend von Miami aus Richtung Südamerika fahren. Sie legen meist nur für einen Tagesausflug am Hafen an.

Von Aruba aus beginnen zahlreiche Kreuzfahrten.

Rückflug

Den Rückflug sollte man sich frühstens 72 Stunden, aber spätestens einen Tag vor Abflug bestätigen lassen. Dazu genügt ein Anruf bei der entsprechenden Fluggesellschaft. Auch die Reisebüros sind in der Regel gerne dabei behilflich.

Telefonnummern der Fluggesellschaften auf den Inseln:

Aruba
- *Air Aruba.* ☎ 31892 und 39040.
- *ALM.* ☎ 38080.
- *American Airlines.* ☎ 22700.
- *KLM.* ☎ 23546 und 23547.
- *Viasa.* ☎ 37098 und 36526.

Bonaire
- *Air Aruba.* ☎ 8300 ext. 222 und 7880.
- *ALM/KLM.* ☎8300 ext. 220 und 221, außerhalb der Bürostunden ☎ 8500.
- *Avensa.* ☎ 8361.

Curaçao
- *Air Aruba.* ☎ 683777 und 683659.
- *ALM.* ☎ 613033.
- *American Airlines.* ☎ 687008.
- *KLM.* ☎ 652747.
- *BWIA.* ☎ 687835 und 613033.
- *Lufthansa.* ☎ 656799.
- *TAP Air Portugal.* ☎ 686241.
- *United Airlines.* ☎ 613033 und 695533.

In Curaçao kann man die Flüge von ALM, KLM und BWIA auch im Büro der ALM rückbestätigen lassen.
- *ALM*, Gomezplein, Punda. ☎ 613033. Ö: Montag bis Donnerstag von 8.00 bis 11.45 Uhr und von 13.30 bis 17.15 Uhr, freitags am Nachmittag bis 16.45 Uhr.

Beim Einchecken wird an allen Flughäfen eine **Flughafengebühr** erhoben. Also etwas Geld für den Rückflug zurückbehalten. Wenn man in einem Land zwischenlanden muß, sich dort aber weniger als 24 Stunden aufhält, wird dort keine zusätzliche Flughafengebühr erhoben.

In Bonaire und Curaçao beträgt die Gebühr für internationale Flüge (inclusive nach Aruba) 10 US$ (18 Naf) pro Person, für Flüge innerhalb der Niederländischen Antillen 5,65 US$ (10 Naf). Die Gebühr beträgt in Aruba für alle Flüge 12,50 US$ (22 Afl).

Zum Einchecken sollte man sich spätestens eine Stunde vor Abflug im Flughafen einfinden.

Je nach Fluggesellschaft entstehen bei Übergepäck hohe Kosten. Wenn vorauszusehen ist, daß das Limit überschritten wird, sollte man sich bei der jeweiligen Fluggesellschaft nach den zu erwartenden Gebühren erkundigen.

Praktische Hinweise

Möglicherweise ist auch die Beförderung als Postpaket günstiger.

Die Bus- und Taxiverbindungen zum Flughafen sind im Inselteil beschrieben.

Hinweis: Die Einreisebestimmungen in die Bundesrepublik Deutschland siehe im Kapitel *Praktische Hinweise-Ein- und Ausreisebestimmungen.*

Nachbarländer

Zur **Weiterreise nach Nordamerika** bieten sich Aruba und Curaçao als Ausgangspunkt an. Die ALM fliegt täglich nach Miami und New York, ebenfalls täglich fliegen AA und UA Richtung Miami. Einmal wöchentlich fliegt UA von Bonaire nach Miami.

Nach **Südamerika** gelangt man von allen Inseln recht einfach. KLM, ALM und VIASA fliegen täglich nach Caracas in Venezuela.

Fähren

Früher gab es auch einen Fährdienst von Venezuela nach Aruba und Curaçao, er mußte aber wegen dem schlechten Zustand der Fähren eingestellt werden.

VERBINDUNGEN ZWISCHEN DEN INSELN

Innerkaribische Flüge: Bei den Flugzeugen, die zwischen den Inseln pendeln, handelt es sich meist nur um kleine Maschinen mit Platz für 14-20 Passagiere.

Die nötigen Reservierungen nehmen die Reisebüros und die Vertretungen der Fluglinien vor, die auch die Flugtickets verkaufen. Einen Tag vor dem Abflug sollte man sich die Buchung bestätigen lassen, was allerdings nicht notwendig ist, wenn das Ticket erst ein bis zwei Tage vor Abflug gekauft wurde.

Auch kurzfristige Buchungen sind meist ohne Schwierigkeiten möglich, denn viele Flüge sind nicht ausgebucht. Frühzeitig belegt sind sie allerdings, wenn am Zielort große Feste stattfinden, die viele Besucher von den anderen Inseln anlocken.

Die verschiedenen **Airpaß-Angebote** (Sammeltickets von mehreren Flügen zum Sondertarif) sind auf den ersten Blick sehr günstig, doch sollte man genau durchrechnen, ob sie sich für die eigene Urlaubsplanung wirklich lohnen.

BWIA bietet den *Intra Caribbean Fare*, das ist ein 30 Tage lang gültiges Flugticket zum unbegrenzten Gebrauch (allerdings nur mit je einem Stop pro Insel) zwischen Antigua, Barbados, Curaçao, Jamaica, Puerto Rico, St. Kitts, St. Maarten, St. Lucia, Trinidad und Tobago. Die Bedingungen schreiben den Besitz eines Transatlantiktickets

Praktische Hinweise

vor und es müssen die einzelnen Strecken fest gebucht werden. Eine Reisewegänderung ist gegen eine Gebühr von 36 DM möglich.

Der Pferdefuß bei diesen Tikkets ist neben der festen Buchung in Europa die kurze Geltungsdauer, denn drei Inseln oder mehr in nur 21 bis 30 Tagen zu besuchen, lohnt sich meist nicht. Interessant können diese Pässe werden, wenn man wirklich lange, und damit teure Strecken, überbrücken will (z.B. Antigua-Curaçao etc.). Nichtgenutzte Flüge werden bei diesen Airpässen nicht zurückerstattet.

Auf den meisten innerkaribischen Flügen ist eine **Zwischenlandung mit längerem Aufenthalt** erlaubt. Das ermöglicht oft günstigeres Inselhopping als mit mehreren Einzeltickets. Die Buchung muß außerdem nicht fest vorgenommen werden, es reicht meist, die feste Flugreservierung einen Tag vor Abflug vorzunehmen.

Da auf den kleinen Flughäfen oft das Verladen des Gepäcks beobachtet werden kann, sollte man selbst ein wenig darauf achten, was mit dem eigenen Gepäck passiert. Das erspart viel Zeit und Ärger.

Auch beim Ticketkauf heißt es aufgepaßt: Nur wenn im Flugschein unter *Status* ein *OK* eingetragen wurde, hat man einen sicheren Platz im Flieger. *RQ* bedeutet dagegen *On Request*. Es handelt sich dann um einen Stand-by-Flug, man kann also nur mitfliegen, wenn im Flugzeug noch ein Platz frei ist. Beim Beachten dieser wenigen Punkte bereitet das Fliegen keine größeren Schwierigkeiten.

Die **Flugdauer** zwischen den einzelnen Inseln beträgt nur etwa 20 Minuten. Länger dauert der Flug zwischen Aruba und Bonaire, etwa 40 Minuten.

Im folgenden einige **Tarife** zur Orientierung, natürlich unterliegen gerade solche Preisangaben den saisonalen Schwankungen und ändern sich schnell.

Einfacher Flug:
Aruba-Curaçao	85,- DM
Aruba-Bonaire	105,- DM
Curaçao-Bonaire	55,- DM

Hin- und Rückflug:
Aruba-Curaçao	165,- DM
Aruba-Bonaire	205,- DM
Curaçao-Bonaire	110,- DM

Bei einer Aufenthaltsdauer von mindestens 2 Tagen und maximal 3 Wochen werden bei den Hin- und Rückflügen oft günstigere **Sondertarife** angeboten, Auskünfte geben die Reisebüros.

Beim Abflug werden auf allen Flughäfen außerdem noch **Flughafengebühren** erhoben. Bei Flügen innerhalb eines Staatsgebietes, d.h. zwischen den Inseln Bonaire und Curaçao, sind diese Gebühren niedriger.

Praktische Hinweise

In Aruba wird als Gebühr 12,50 US$ verlangt, in Bonaire und Curaçao für Flüge innerhalb der Niederländischen Antillen (also auch jeweils nach Curaçao oder Bonaire) 5,75 US$ und für internationale Flüge (z.b. Aruba) 10 US$.

Deshalb sollte man nicht vergessen, für den Abflug noch etwas Geld in der richtigen Währung oder aber US$ bereitzuhalten. Wenn man sich weniger als 24 Stunden auf einer Insel aufhält, z.b. bei einer Zwischenlandung mit längerem Aufenthalt, wird keine zusätzliche Flughafengebühr erhoben.

Einige örtliche Reiseveranstalter bieten auch ein- und mehrtägige **Ausflüge** auf die Nachbarinseln an. Beispielsweise kosten Tagestouren von Curaçao nach Aruba ca. 145-200 US$, nach Bonaire ca. 125-150 US$ pro Person. Meist sind im Preis Mittagessen etc. enthalten. (Adressen der örtlichen Reiseveranstalter siehe im Kapitel *Praktische Hinweise - Anreise*.)

VERBINDUNGEN AUF DEN INSELN

Bus: Das gebräuchlichste Fortbewegungsmittel auf den Inseln ist der Bus. Auf allen Inseln gibt es kleine Privatbusse, auf Aruba und Curaçao auch Linienbusse mit festem Fahrplan und Haltestellen.

Generell sollte man sich vor Fahrtantritt mit einem kleinen Privatbus über den Preis der Fahrt informieren, denn von Touristen wird oft ein etwas höherer Fahrpreis als sonst üblich verlangt.

Auch kann plötzlich aus dem sonst als Bus deklarierten Fahrzeug ein sehr viel teureres Taxi werden. Dies sollte besser vor Fahrtantritt geklärt werden, damit es später nicht zu bösen Überraschungen kommt.

Die kleinen Busse sind auf allen Inseln mit den Buchstaben BUS auf dem Nummernschild gekennzeichnet.

Taxis: Sehr viel teurer sind die Taxis. Auf den Inseln sind sie an den Buchstaben TX auf dem Nummernschild zu erkennen, sowie an dem Taxischild auf dem Dach. Die meisten Taxis verfügen über keinen Zähler, aber für bestimmte Strecken gibt es feste Fahrpreise.

Die Preise gelten für maximal vier Fahrgäste in der Zeit von 6.00 bis 23.00 Uhr. Ein fünfter Fahrgast kostet 25 % des Fahrpreises zusätzlich.

Auch für Nacht-Fahrten zwischen 23.00 und 6.00 Uhr wird üblicherweise ein Zuschlag von 25 % verlangt.

Es ist ratsam, den Fahrpreis sowie die Währung vor Antritt der Fahrt abzusprechen, damit es später nicht zu Mißverständnissen kommt.

Praktische Hinweise

Die in diesem Buch angegeben Fahrpreise für Bus und Taxi können als Grundlage zum Aushandeln der Preise dienen. Die Preise können sich allerdings schnell ändern, über aktuelle Preislisten verfügen meist die Touristeninformationen der Inseln. Eine Preisliste für die Insel Curaçao hängt in der Flughafenhalle in Curaçao über dem Gepäckband aus.

Auch für längere Ausflüge kann man Taxis mieten. Die erste Stunde mit maximal vier Personen kostet 15-20 US$, jede weitere Viertelstunde 5 US$.

Trinkgeld ist nicht notwendig, aber natürlich bei allen Taxifahrern gern gesehen.

Mietwagen: Wer plant, sich im Urlaub ein Auto zu mieten, sollte im Besitz einer Scheckkarte und eines Internationalen Führerscheins sein. Die Scheckkarte ist zwar keine Voraussetzung, aber sie erleichtert die Sache ungemein. Durch den Besitz einer Scheckkarte muß keine hohe Kaution hinterlegt werden, es reicht dann nämlich aus, der Autovermietung eine Blankoüberweisung zu unterschreiben.

Pro Tag kostet ein Auto ab 70 DM, für das Benzin muß man noch mit bis zu 30 DM pro Tag rechnen. Außerdem wird meist noch eine Versicherung für etwa 18 DM pro Tag fällig. Wer mit der Kreditkarte bezahlt, sollte sich schon zu Hause erkundigen, welche Versicherungen beim Bezahlen mit der Karte in Kraft treten. Oft ist dann die Zusatzversicherung beim Automieten gar nicht notwendig.

Die Autos werden tageweise (24 Stunden) vermietet, bei längerer Mietdauer wird meist ein Rabatt gewährt.

Trampen: Trampen ist für die Menschen auf den Inseln üblich. Auch für Reisende bietet sich diese Alternative, aber Vorsicht ist natürlich immer geboten, egal ob man selbst trampt oder aber Anhalter mitnimmt.

Aruba

Auf Aruba fahren sowohl die großen, gelben **Busse** von *Arubus*, als auch kleine, private Minibusse. Bei den Bussen von Arubus wird beim Einsteigen beim Fahrer bezahlt. Der Fahrpreis beträgt für jede Strecke 1,75 Afl (1 US$), wenn man ein Rückfahrticket für die Strecke kauft, ist der Preis günstiger. Die Privatbusse verlangen zwei Afl pro Strecke, aber sie fahren die Passagiere auch direkt vors Hotel.

Busfahrplan: Die Haltestelle in Oranjestad liegt zwischen dem Sonesta Hotel und Fort Willem III Toren. Nachfolgend werden die wichtigsten Haltestellen angegeben, die Strecken werden hin und zurück befahren. Die Busse

Praktische Hinweise

fahren überwiegend von 5.00 Uhr bis Mitternacht.

Linie 1: **San Nicolas-Oranjestad-Malmok:** San Nicolas, Savaneta, Oranjestad, Krankenhaus, Malmok. Stündlich von Oranjestad Richtung Norden von 5.40-23.40 Uhr und Richtung San Nicolas von 6.20-0.20 Uhr.

Linie 2: **San Nicolas-Oranjestad-Palm Beach:** San Nicolas, Savaneta, Santa Cruz, Oranjestad, Krankenhaus, Palm Beach, Alhambra Bazaar. Stündlich von Oranjestad Richtung Norden von 6.00-20.00 Uhr und Richtung San Nicolas von 7.40-19.40 Uhr, zu späteren Zeiten unregelmäßiger.

Die Busse der Linien 1 und 2 fahren auch sonntags, allerdings nur alle zwei Stunden.

Oranjestad-San Nicholas: Oranjestad, Santa Cruz, San Nicolas. Stündlich von Oranjestad von 6.07-19.07 Uhr und von San Nicholas stündlich zurück von 5.50-19.50 Uhr.

Oranjestad-Palm Beach (High-Rise-Hotels): Oranjestad, Noord, Palm Beach. Stündlich von Oranjestad von 6.30-18.30 Uhr und um 20.45 sowie 21.45 Uhr.

Oranjestad-Santa Cruz: Oranjestad, Paradera, Ayo, Santa Cruz. Alle drei Stunden von Oranjestad von 6.30-18.30 Uhr und alle drei Stunden von Santa Cruz ab 8.00-17.00 Uhr.

Taxi-Fahrpreise
Vom Flughafen nach:
Oranjestad	8 US$
San Nicholas	15 US$
Santa Cruz	9 US$
Bushiri Beach Resort	4 US$
Low Rise Hotels	5 US$
High Rise Hotels	7 US$

Von den Low Rise Hotels nach:
Oranjestad	5 US$
San Nicholas	17 US$
Santa Cruz	11 US$
Bushiri Beach Resort	4 US$
High Rise Hotels	5 US$

Von den High Rise Hotels nach:
Oranjestad	7 US$
San Nicholas	18 US$
Santa Cruz	13 US$
Bushiri Beach Resort	5 US$

Vom Bushiri Beach Resort nach:
San Nicholas	17 US$
Santa Cruz	11 US$

Innerhalb des Stadtbereichs von Oranjestad sowie innerhalb des Bereichs der Low Rise Hotels und der High Rise Hotels kostet eine Fahrt 3 US$.

Mietwagen:
- *General Rent a Car*, Gasparito 5, **Aruba**. ☎ 60505. Auto: ab 40 US$, Jeep: ab 60 US$, eine Woche 300 US$. Ö: 8.00-23.00 Uhr.

Praktische Hinweise

- *Sunshine Car Rental*, Sasakiweg (hinter Pizza Hut), Pos Abao 32K, Aruba. ☎ 33863. Auto: 45 US$, eine Woche 200 US$. Jeep: 60 US$, eine Woche 300 US$.
- *Caribbean Car Rental*, Aloestraat 5, Ponton, Aruba. ☎ 29118. Auto: 40-45 US$, Jeep: 55 US$, eine Woche 300 US$, Minibus: 65 US$, eine Woche 390 US$. Auch Limousinen werden vermietet, Preise auf Anfrage.
- *Airways Rent a Car*, Sabana Blanco 35, Oranjestad, Aruba. ☎ 21845. Ö: Montag bis Freitag 8.00-12.00 Uhr und 13.00-17.00 Uhr, am Wochenende von 9.00-14.00 Uhr. Weitere Niederlassungen: Flughafen, ☎ 29112 (Ö: täglich 7.30-23.00 Uhr) und Amsterdam Manor Beach Resort, ☎ 71492. Auto: ab 40 US$, eine Woche 250 US$. Bus: Für bis zu acht Passagiere: 75 US$, bis zu 12 Passagiere: 80 US$.
- *Topless Rent a Car*, Aruba. ☎ 60460 und 75236. Auto: ab 55 US$, Jeep: ab 60 US$.

Fahrrad, Mofa, und Motorrollerverleih:
- *Pablito's Bikes Rental*, L.G. Smith Boulevard, Aruba. ☎ 75010 und 78655. Außerhalb der Öffnungszeiten: ☎ 30623. Mountain Bikes und BMX-Räder für eine Stunde: 3 US$, halber Tag von morgens bis 17.00 Uhr: 8 US$, ganzer Tag: 12 US$. Für eine Woche: 45 US$. Ö: 9.00-17.30 Uhr.
- *George's Cycles & Scooters*. L.G. Smith Boulevard 136, Aruba. ☎ 25975 und 31235. Motorroller: 27-29 US$, Motorräder: 32-49 US$, Versicherung: 8 US$ täglich.
- *Nelson Motorcycle Rental*, Gasparito 10, Aruba. ☎ 66801. Mopeds: 10 US$, Motorroller: ab 15 US$, Motorräder: ab 35 US$. Ö: 9.00-17.00 Uhr.

Bonaire

Auf Bonaire gibt es nur private **Kleinbusse** mit Platz für 10-16 Personen. Sie fahren ohne festen Fahrplan von morgens um 5.00-6.00 Uhr bis 17.00-19.00 Uhr.

Von der Haltestelle in Kralendijk fahren die Busse, sobald sie vollbesetzt sind, ihre Zielorte an. Das Zu- und Aussteigen ist überall an der Route möglich.

Der relativ geringe Fahrpreis, der immer in der Inselwährung angegeben ist, wird dem Fahrer beim Aussteigen oder schon während der Fahrt gezahlt. Es ist gut, etwas Kleingeld bereitzuhalten, Scheine können oft nicht gewechselt werden.

Taxi-Fahrpreise

Vom Flughafen nach:

Kralendijk	6 US$
Flamingo Beach Hotel	4,60 US$
Captain Don's Habitat	10 US$
Sunset Beach Hotel	10 US$
Jachthafen	10 US$
Lac Bay Resort	14 US$
Niki Nobo	8 US$

Praktische Hinweise

Port Salina	8,50 US$
Playa Grandi	23,50 US$
Punt Vierkant	7 US$
Ricon	17 US$

Von Kralendijk nach:
Flamingo Beach Hotel	4 US$
Captain Don's Habitat	6 US$
Sunset Beach Hotel	5 US$
Lac Bay Resort	16 US$
Ricon	14 US$

Mietwagen:
- *Avis Car Rental*, J.A. Abraham Blvd. 4, Kralendijk, **Bonaire**. ☎ 8033. Auto: ab 37 US$, eine Woche ab 222 US$.
- *Camel Car Rental*, Kaya Betico Croes 28, Kralendijk, Bonaire. ☎ 5120. Auto: 30-35 US$, eine Woche ab 180 US$, Jeep: 40 US$.
- *Dollar Car Rental*, Kaya Grandi 86, Kralendijk, Bonaire. ☎ 8888. Auto: 28-40 US$, eine Woche ab 168 US$, Jeep: 40 US$.
- *Ab Car Rental*, Flamingo Airport, Bonaire. ☎ 8980. Auto: 33-42 US$, eine Woche ab 198 US$, Jeep: 37 US$, Bus: 29-45 US$.
- *Budget Car Rental*, Kaya L.D. Gerharts, Kralendijk, Bonaire. ☎ 8300. Auto: 29-45 US$, eine Woche ab 174 US$, Jeep: 50 US$.

Fahrrad, Mofa, und Motorrollerverleih:
- *Caribbean Touring Scooters*, Waterfront (bei Fort Oranje), Kralendijk, Bonaire. ☎ 6877. Scooter: 15-20 US$ für einen halben Tag, 25-35 US$ für den ganzen Tag, 150-200 US$ für eine Woche.
- *Avanti Rentals*, Kaya Herman J. Pop 2, Kralendijk, Bonaire. ☎ 5661. Scooter: 29 US$ am Tag, 174 US$ für eine Woche.

Curaçao

Auf Curaçao gibt es ebenfalls kleine Privatbusse und die großen öffentlichen **Busse**. Der Fahrpreis für die kleinen Busse liegt etwas höher als bei den großen. Das liegt daran, daß die großen Busse an die offiziellen Haltestellen gebunden sind, die kleinen Busse aber auch mal einen kleinen Umweg fahren, wenn das Hotel etc. etwas abseits der Route liegt. Nur für die großen Busse gilt daher der Fahrplan. Dieser Fahrplan ist an den Bushaltestellen Punda und Otrobanda ausgehängt.

Bei den großen Bussen gibt es einen Komfortunterschied: die gelb/schwarzen Busse sind alte, unklimatisierte Busse, nur die neuen blau/roten Busse sind mit Klimaanlage ausgestattet. Einige der Privatbusse fahren auch nach 24.00 Uhr. Dann erhöht sich der Fahrpreis um einen Naf.

Busfahrplan: Die Busse Richtung Osten fahren von der Haltestelle in Punda ab, die Busse Richtung Westen von der Haltestelle in Otrobanda. Im folgenden soweit verallgemeinerbar die Abfahrts-

Praktische Hinweise

zeiten und Preise der Busse sowie die wichtigsten Haltestellen.

Punda-Hato (Internationaler Flughafen): Curaçao Likör Destillerie, Landhuis Brievengat, Golf Club, Flughafen. Stündlich von 6.15 Uhr bis 23.15 Uhr, 1 Naf (0,56 US$).

Punda-Dominguito & Caracas Bay: Octagon Bolivar Museum, Avila Beach Hotel, Princess Beach Hotel, Lion's Dive Hotel, Bon Bini Seaside Resort, Curaçao Seaquarium, Jan Thiel Beach Club, Caracas Bay Beach & Fishermen's Wharf, Fort Beekenburg. Alle zwei Stunden von 7.35 Uhr bis 22.35 Uhr, 1 Naf (0,56 US$).

Otrobanda-Schottegat Bay „Ring"-Punda: Octagon Bolivar Museum, Avila Beach Hotel, Curaçao Likör Destillerie (Landhuis Chobolobo), Promenade Shopping Center, Trupial Inn Hotel, Bloempot Shopping Center, Post, Curaçao Golf & Squash Club, Jüdischer Friedhof Beth Haïm, Curaçao Museum, Collon Shopping Center. Alle zwei Stunden von 7.20 Uhr bis 23.30 Uhr, ein Naf (0,56 US$).

Otrobanda-Hato: Curaçao Museum, Colon Shopping Center, Holiday Beach Hotel, Flughafen. Stündlich von 6.35-22.35 Uhr, 1 Naf (0,56 US$).

Otrobanda-Lagun/Knip: Universität, Landhuis Jan Kok, Landhuis Knip, Knip Beach, Santa Cruz Beach, Jeremi Beach, Lagun Beach, Bahia Beach. Alle zwei Stunden, 1,50 Naf (1 US$).

Otrobanda-Westpunt: Universität, Landhuis Daniel, Landhuis Ascension, Christoffel Park, Boca Tabla, Westpunt Beach. Alle zwei Stunden, nach 14.00 Uhr alle zweieinviertel Stunden, 1,50 Naf (1 US$).

Taxi-Fahrpreise
Vom Flughafen nach:
Punda	13 US$
Otrobanda	12 US$
Hotel Sonesta	6 US$
Curaçao Caribbean	12 US$
Holiday Beach	12 US$
Las Palmas	12 US$
Van der Valk Plaza Hotel	13 US$
Avila Beach Hotel	13 US$
Trupial Inn Hotel	13 US$
Princess Beach Hotel	15 US$
Lion's Dive Hotel	16 US$
Coral Cliff Resort	25 US$
Kadushi Cliff Resort	35 US$

Von Punda nach:
Caracas Bay	12 US$

Mietwagen:
- *Pro Rent-A-Car*, Winston Churchillweg 25, **Curaçao**. ☎ 691489 und im 24-Stundendienst 602782 und 602946. Autos kosten zwischen 37 und 41 US$, Jeeps 37 US$.

Praktische Hinweise

- *Visa Rent-A-Car*, Prof. Kernkampweg, Curaçao. ☎ 378871 und 378873. Autos werden für 48-75 US$ vermietet, Jeeps kosten 58 US$.
- *Star Rent-A-Car*, Pastoorblommerdeweg z/n, Curaçao. ☎ 62744. Autos werden für 36-45 US$ angeboten, Bus für 10 Personen 57 US$.
- *Holiday Rent-A-Car*, Curaçao. ☎ 603297. Autos werden für 36-46 US$ vermietet.

Fahrrad, Mofa, und Motorrollerverleih:
- *Easy Going*, Curaçao. ☎ 602621. Scooter: 22 US$ am Tag, Mopets: 15,50 US$, Fahrräder: 12,50 US$, Motorräder: 35 US$.

Hinweis: Da sich gerade Fahrpläne schnell ändern, müssen die Angaben als Richtwerte verstanden werden. Aktuelle Angaben können die Hotels und Touristeninformation geben.

Impressionen der ABC-Inseln

Kralendijk Bay (Bonaire)

Windsurfen in Lac Bay (Bonaire)

Impressionen der ABC-Inseln

Karel's Bar (Bonaire)

Impressionen der ABC-Inseln

Kinder auf Bonaire

Fischmarkt auf Aruba

Impressionen der ABC-Inseln

Sonnenuntergang auf Bonaire

Cocktailangebot

Insel- und Ortsbeschreibungen

Insel- und Ortsbeschreibungen

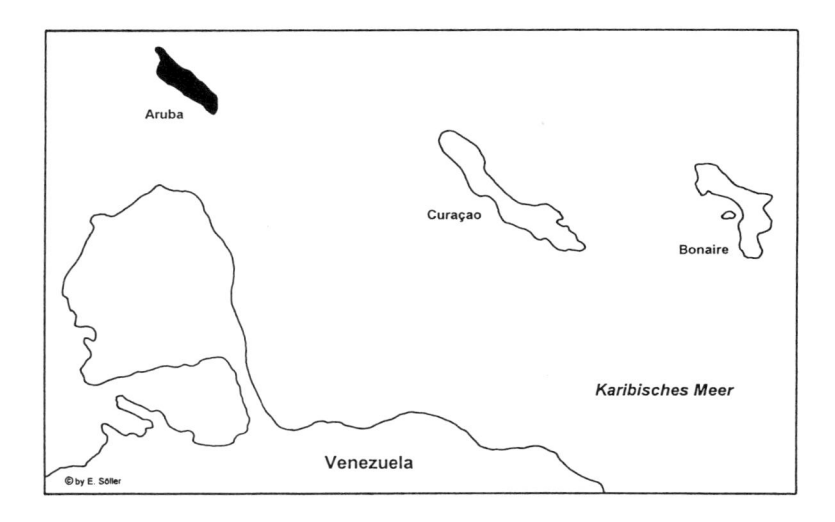

ARUBA

Fläche: 193 km²
Einwohner: 70 000
Hauptstadt: Oranjestad

Die kleinste der ABC-Inseln ist Aruba. Aber mit ihren über 70 000 Einwohnern hat sie die höchste Bevölkerungsdichte der Inseln.

Die überwiegend hellhäutige Bevölkerung der Insel gilt nicht ohne Grund als die freundlichste in der Karibik. Gerade in den ländlichen Regionen finden die Menschen immer Zeit für ein kurzes Gespräch und geben gerne hilfreiche Auskunft. Diese Eigenschaft der Menschen zeigt sich auch daran, daß Aruba eine sehr sichere Insel ist. Es fällt kaum Wach- und Sicherheitspersonal auf, wie auf Curaçao, Diebstähle kommen nur selten vor.

Die moderne Hauptstadt **Oranjestad** ist ein Einkaufszentrum mit einem internationalen Warenangebot, das keine Wünsche offenläßt. Historische Gebäude sind lediglich vereinzelt zu finden, sehr sehenswert ist das Fort Zoutman mit dem beeindruckenden Turm Willem III Toren. Farbenprächtig gibt sich der Jachthafen an der

Insel- und Ortsbeschreibungen

Paardenbaai, dort ist auch der Obst- und Gemüsemarkt zu finden.

Die herrlich langen Sandstrände sind Arubas Markenzeichen. Die schönsten Strände liegen im Bereich der **nördlichen Westküste und Noord**. Es ist daher nicht verwunderlich, daß auch beinahe sämtliche Hotels der Insel in diesem Gebiet angesiedelt sind. An dem Eagle Beach liegen die sogenannten Low-Rise-Hotels, weiter im Norden reihen sich an dem schönen Palm Beach die überwiegend kostspieligeren High-Rise-Hotels. Vor allem dort findet das abwechslungsreiche Nachtleben Arubas statt und es gibt eine Vielzahl von Casinos.

Weitere Sehenswürdigkeiten bietet die **Nordküste**. Bei einer Inselrundfahrt von drei bis vier Stunden können die meisten davon besichtigt werden. Das bekannteste Naturphänomen ist die Naturbrücke. Andere interessante Naturschauspiele sind großartige Felsenformationen und natürlich die eindrucksvolle Kakteenlandschaften.

Richtung **Osten und San Nicholas**, der zweitgrößten Stadt der Insel, geht die Fahrt entlang schöner Strände und landschaftlich reizvoller Küstenabschnitte. In San Nicolas ist seit dem Anfang dieses Jahrhunderts die Ölraffinerie angesiedelt. Nach dem Tourismus stellt sie den größten Industriezweig der Insel dar.

Zeugen der ereignisreichen Vergangenheit sind in diesem Teil der Insel neben anderen die Ruinen alter Goldschmelzereien. Sie erinnern an die Zeit der Goldfunde in Aruba.

Ganz im Osten führt der Weg vorbei an zahlreichen Höhlen, die besichtigt werden können. Gut erhaltene Indianerzeichnungen zeugen hier und an vielen anderen Stellen auf der Insel von den früheren Ureinwohnern.

Die unberührte Natur Arubas ist im Nationalpark Arikok zu sehen, der im Landesinnere errichtet wurde.

1 **Low-Rise-Hotels &** *Alhambra Shopping Bazaar & Casino*
2 **High-Rise-Hotels**
3 **Alte Goldminen**
4 **Casibari-Rock-Formation**
5 **Ayo-Rock-Formation**
6 **Barashi-Goldschmelzerei**
7 **Ölraffinerie**
8 **Colorado Point Leuchtturm**
9 *Charlie's Bar & Restaurant*
10 **Tunnel of Love & Huliba Höhle**
11 **Quadirikiri Höhle**
12 **Fontein Höhlen**
13 **Cunucu Arikok**
14 **Masiduri Cunucu Haus**
15 **Masiduri Experimental Garten**

Aruba

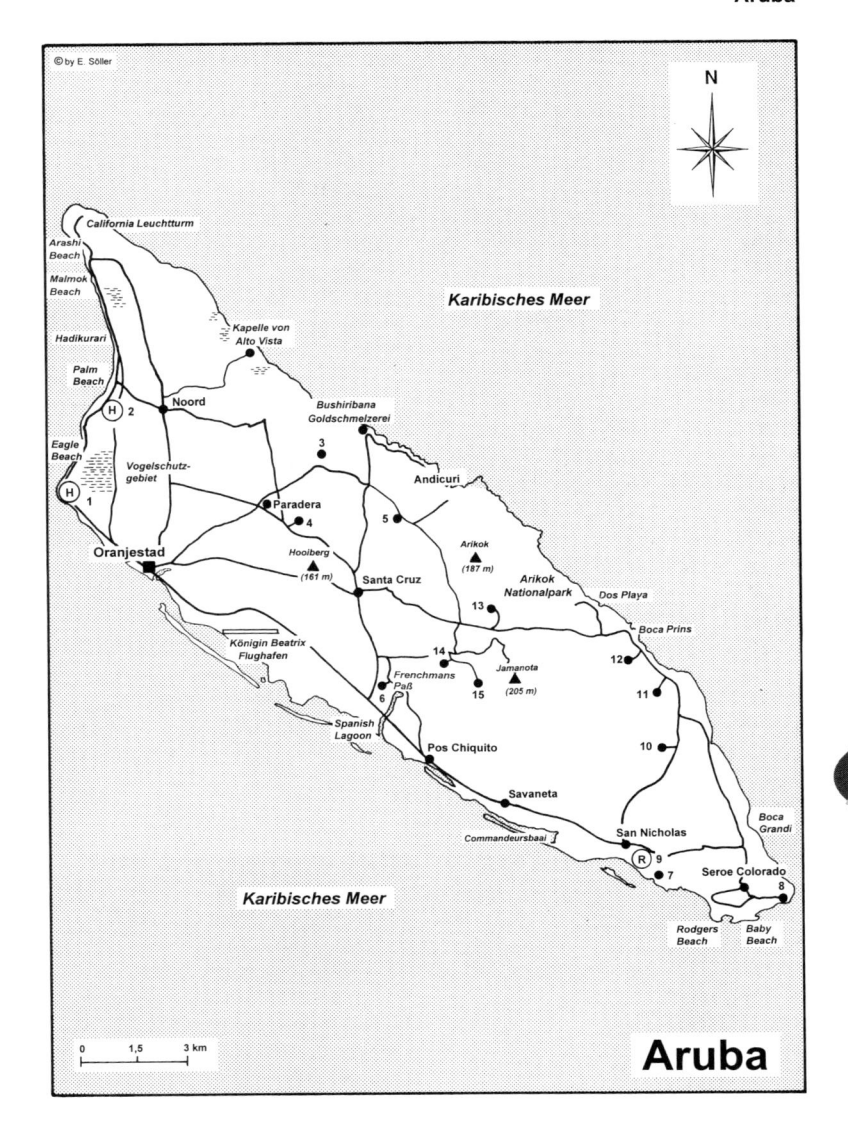

Insel- und Ortsbeschreibungen

ORANJESTAD

Geschichte: Oranjestad entstand im 17. Jh. an der Paardenbaai, als deren Bedeutung als Ein- und Ausfuhrhafen zunahm. Wie der Name schon andeutet, wurden vor allem Pferde, zu dieser Zeit das Hauptexportgut Arubas, hier verschifft. (Siehe auch oben in Kapitel *Landeskunde-Geschichte & Staat*.)

Zur Sicherung des Hafens wurde Fort Zoutman erbaut, in dessen Schutz sich schließlich immer mehr Menschen ansiedelten. Etwa 25 Jahre nach der Fertigstellung lebte die Hälfte der Inselbevölkerung in der Nähe des Forts. Erst 1824 erhielt diese Siedlung nach dem niederländischen Königshaus Oranien den Namen Oranjestad.

Museen: Die wenigen Museen in Oranjestad sind sehr interessant und sehenswert. Neben den Museen im unten dargestellten Rundgang gibt es noch die beiden folgenden.

In der Nähe des Polizeireviers befindet sich das kleine **Münzmuseum.**

- *Numismatic Museum*, Zuidstraat 7. ☎ 28831. Ö: Wochentags von 7.30-12.00 Uhr und 13.00-16.30 Uhr. Hier werden mehr als 30 000 verschiedene Münzen und Geldscheine aus über 100 Ländern ausgestellt.

Ein kleines **Muschelmuseum** ist die private, sehenswerte De Man's Shell Collection.
- *De Man's Shell Collection*, Morgenster 18. ☎ 24246. Nach vorheriger telefonischer Vereinbarung ist eine Besichtigung möglich.

Rundgang: Ein empfehlenswerter Rundgang beginnt am Platz **Placa Daniel Leo**, dem Zentrum Oranjestads. Zur Meerseite dominieren die hohen Gebäude des Sonesta Hotels. Die Fassaden der andere umliegenden Bauten sind in einem niederländisch-karibischen Stil renoviert, wirken aber sehr künstlich und unecht.

Hier, wie in den angrenzenden Straßen im Stadtzentrum, gibt es zahlreiche exclusive Restaurants, Cafés und eine Menge kleine Snackbars.

1 Restaurant *Boonoonoonoos*
2 **Historical Museum & Fort Zoutman**
3 **Bushaltestelle von Oranjestad**
4 **Harbour Town Shopping Center**
5 **Touristen-Informationsbüro**
6 *Sonesta Hotel & Casino*
7 **Markt**
8 **Plaza Daniel Leo**
9 **Restaurant** *Coco Plum*
10 **Hotel** *Sonesta Suites & Casino*
11 **Königin Wilhelmina Park**
12 **Archeological Museum**
13 **Protestantische Kirche**

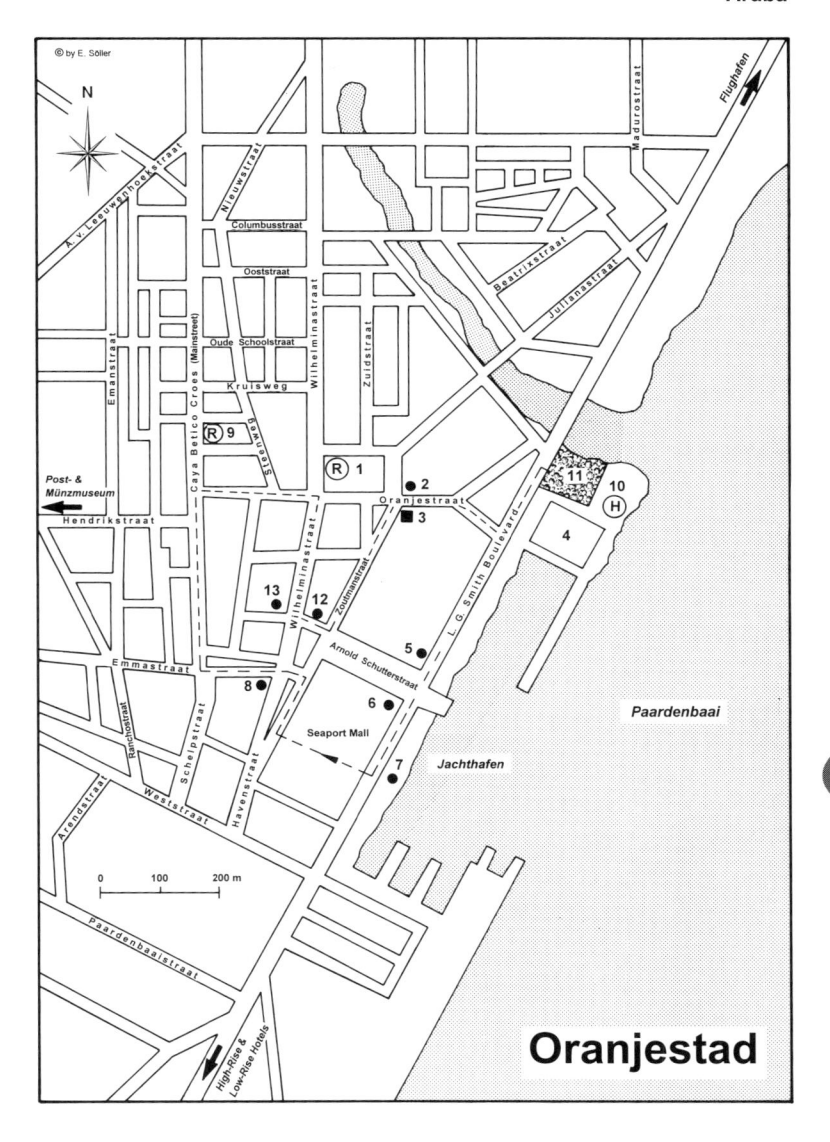

Aruba

Oranjestad

Insel- und Ortsbeschreibungen

Direkt am Platz beginnt die Haupteinkaufsstraße **Caya Betico Croes (Mainstreet)**. Hier reiht sich ein Geschäft an das andere, es werden Waren aus aller Welt angeboten. Von Kleidung über Elektroartikel, Parfüm und Schmuck bis hin zu Keramiken und Andenken bleibt kein Wunsch offen. Diese Geschäfte sind meist etwas preisgünstiger als die Läden in den modernen Einkaufsgalerien.

Schon nach kurzer Zeit läßt sich feststellen, daß das moderne Oranjestad nur wenige gut erhaltene alte Bauwerke vorzuweisen hat. Die wenigen Überreste kolonialer Bauten findet man in der **Wilhelminastraat**. Sie entstanden vorwiegend um 1870 und später.

Wilhelminastraat ist eine Parallelstraße zur Caya Betico Croes und über eine der vielen Seitenstraßen, die nach rechts abgehen, zu erreichen.

Am Ende der Wilhelminastraat (Richtung Stadtzentrum) steht rechterhand die **protestantische Kirche**. Sie fällt durch die typisch arubanische Architektur auf. Erbaut wurde das relativ niedrige Gebäude mit seinem im Vergleich dazu sehr hohen Kirchturm 1846. Dort befindet sich auch ein kleines **Bibelmuseum**. Ö: Wochentags von 10.00-12.00 Uhr.

Der Weg führt weiter nach links zur beinahe parallel verlaufenden **Zoutmanstraat**. Sie führt vorbei am **Archeological Museum**, dem ersten Gebäude auf der linken Seite. Die interessante Ausstellung informiert über die Geschichte der Ureinwohner Arubas und zeigt verschiedene Funde von Ausgrabungen auf der Insel, vor allem alte Tonscherben und Schmuckstücke. Sie stammen meist aus der Nähe von Santa Cruz.

Die Ausstellung wird durch Schautafeln, Zeichnungen mit Darstellungen zum Leben der Indianer und Erläuterungen ergänzt.

- *Archeological Museum*, Zoutmanstraat 1. ☎ 28979. Ö: Wochentags von 8.00-12.00 Uhr und 13.30-16.30 Uhr. Der Eintritt ist frei.

Der Rundweg setzt sich entlang der Zoutmanstraat, vorbei an der **Bushaltestelle von Oranjestad,** zum Fort Zoutman fort.

Die Geschichte Arubas nach der Besiedlung durch die Spanier und Niederländer wird im **Historical Museum (Museo Arubano)** dargestellt. Es ist im **Fort Zoutman** untergebracht. Auch wird die Aloeverarbeitung mittels alter Fotos und einem alten Aloe-Kessel illustriert.

- *Historical Museum (Museo Arubano)*, Fort Zoutman. ☎ 26099. Ö: Wochentags von 9.00-12.00 Uhr und 13.00-16.00 Uhr und samstags von 9.00-12.00 Uhr. Eintritt: 1 Afl (0,60 US$).

Das Fort wurde 1796 zum Schutz der Insel und des Hafens

vor Piratenüberfällen erbaut, denn der florierende Pferdehandel hatte vermehrt feindliche Piraten angelockt.

Von Fort Zoutman ergab sich eine für die Verteidigung notwendige, gute Sicht über das Meer, ausgerüstet war es mit vier Kanonen.

Der damalige Gouverneur *Lauffeur* benannte das Fort nach dem Admiral *Johan Arnold Zoutman*. Dieser hatte durch seine Erfolge im vierten niederländisch-britischen Krieg die Bewunderung des Gouverneurs geweckt.

1816 wurde die Regierung ins Fortgebäude verlegt, wo sie bis 1911 blieb. Der Turm **Willem III Toren** kam erst 1868 zum Gebäude hinzu. Er trug die erste öffentliche Uhr Arubas und diente außerdem als Leuchtturm. Da das Licht des Leuchtturmes am Geburtstag von König Willem III zum ersten Mal entzündet wurde, wurde der Turm nach ihm benannt.

Auch als Gefängis diente das Gebäude einige Zeit. Die alten Zellen sind an der rechten Seite im Innenhof zu sehen.

1974 wurde das Fort renoviert, die Renovierung des Turms folgte erst zwischen 1980 und '83 und mußte aufgrund seiner starken Baufälligkeit von Spezialisten durchgeführt werden.

Richtung Meer gelangt man vom Fort an den stark befahrenen

Obst- und Gemüsemarkt von Oranjestad

Insel- und Ortsbeschreibungen

L.G. Smith Boulevard. Auf der gegenüberliegenden Seite befindet sich der kleine **Königin Wilhelmina Park** mit dem Denkmal von Königin Wilhelmina, der vormaligen niederländischen Königin, nach der der Park benannt wurde.

Die großen Gebäude auf der anderen Straßenseite sind das **Parlamentsgebäude** und das in einem kleinen Haus untergebrachte **Touristen-Informationsbüro**.

Auf der zum Meer gewandten Seite des L.G. Smith Boulevard steht das Hotel Sonesta Suites & Casino und direkt daneben die Einkaufszeile des **Harbour Town Shopping Center**, auch genannt **Seaport Market Place**. Entlang der hübschen Promenade am Jachthafen der **Paardenbaai** erreicht man den **Markt**.

Neben Obst und Gemüse werden hier auch Souvenirs angeboten.

An der Meereinfahrt zum **Jachthafen**, auf der gegenüberliegenden Seite des Marktes, bieten venezuelanische Fischer ihre Ware feil.

Der Rundgang durch Oranjestad endet mit dem Durchqueren einer weiteren Einkaufsgalerie, der **Seaport Mall**. Sie liegt schräg gegenüber dem Markt und führt direkt zum Ausgangspunkt zurück. Einen zusätzlichen Abstecher ist der alte **Kalkofen** aus dem Jahr 1892 wert. Er steht in der **Ranchostraat** und ist vom Platz Placa Daniel Leo Richtung Norden entlang der **Emmastraat** zu erreichen. Ranchostraat ist die dritte Abzweigung nach links.

Zur Kalkherstellung wurden Kalksteinbrocken drei Tage lang in offenem Holzfeuer getrocknet. Dieser Brandkalk wurde mit Wasser und Sand als weiße Tünche benutzt und vermischt mit Lehm für Mauersteine verwendet.

Unterkunft: In Oranjestad selbst gibt es nur wenige Unterkunftsmöglichkeiten.

- ***Sonesta Hotel, Beach Club & Casino***, L.G. Smith Boulevard 82, Oranjestad. ☎ 36000, Fax: 34389. DZ: 180 US$, in der Nebensaison 115 US$. Ausstattung: 302 Zimmer, Restaurant, Casino, Pool, Souvenirshop. Das Hotel liegt zentral in Oranjestad. Mit dem Hotelboot ist die Privatinsel des Hotels, ***Sonesta Island***, mit Strand, Bar, Wassersportangeboten und Fitnessraum in 10 Minuten zu erreichen. Die Hotel-Insel Sonesta Island liegt direkt in der Einflugschneise zum internationalen Flughafen, weshalb häufiger am Tag mit störendem Fluglärm zu rechnen ist.

- ***Sonesta Suites & Casino,*** L.G. Smith Boulevard 9, Oranjestad. ☎ 35600, Fax: 25317. DZ: 180 US$, während der Nebensaison 125 US$. Ausstattung: 240 Zimmer, Restaurant, Casino, Pool, Strand, Wassersportangebote, Souvenirshop, Kitchenette, Kabelfernsehen.

- ***Best Western Talk of the Town Resort,*** L.G. Smith Boulevard 2, Oranjestad. ☎ 23380 und 20327, Fax: 32446. DZ: 120 US$, während der Nebensaison

Aruba

90 US$. Ausstattung: 63 Zimmer, Restaurant, Pool, Strand, Wassersportangebote, Kitchenette. Der Strand mit Strandbar und Wassersportbasis liegt auf der anderen Straßenseite. Vor allem europäische Gäste.

- *Aulga's Place*, Seroe Blanco 31. ☎ 22717. DZ 30 US$. Aulga's Place, ein gemütliches Gästehaus, das auch als ganzes Haus gemietet werden kann, ist die preisgünstigste Unterkunft auf Aruba. Gemeinsame Küche und Aufenthaltsraum für alle Zimmer, einige Zimmer haben eine eigene Toilette und Dusche. Kein Zimmerservice. Etwa 15 min zu Fuß vom Zentrum Oranjestads entfernt.

Essen: Im Stadtzentrum findet man neben einfachen Snackbars auch zahlreiche exclusive Restaurants.

- *Chez Mathilde*, Havenstraat 23. ☎ 34968. Ö: 12.00-14.30 Uhr und 18.00-23.00 Uhr. Exclusive französische Küche.
- *Okura Dynasty Sushi Bar & Restaurant*, Havenstraat 25. ☎ 21349, Fax 26476. Ö: 12.00-14.30 Uhr und 18.00-23.00 Uhr, sonntags geschlossen. Japanische Spezialitäten.
- *Driftwood*, Klipstraat 12. ☎ 32515. Ö: 17.00 Uhr bis Mitternacht. Günstiges chinesisches Essen.
- *Le Petit Café*, Emmastraat 1. ☎ 26577. Ö: 11.00-23.00 Uhr, Sonntagabends geschlossen.
- *Jocasa Restaurant*, Domincanessestraat 10. ☎ 39077. Ö: 18.00-23.00 Uhr, montags geschlossen. Preiswerte Fisch- und Grillgerichte.
- *The Oldtimer Café*, Caya Betico Croes 42. ☎ 32622. Ö: 8.30-21.00 Uhr, sonntags geschlossen Amerikanische und niederländische Küche und Snacks ab 5 US$.
- *Coco Plum*, Caya Betico Croes 100. ☎ 31176. Ö: 19.00-23.00 Uhr, sonntags geschlossen. Typisch arubanische Küche ab 10 US$, Fischspezialitäten.
- *Boonoonoonoos*, Wilhelminastraat 18 A. ☎ 31888. Ö: 11.30-22.30 Uhr. Französische und karibische Spezialitäten. Zu empfehlen ist besonders die karibische Platte 'Carib Combo'. Sie bietet eine Kostprobe von zahlreichen karibischen Gerichten und wird ab zwei Personen serviert.
- *Grill-o-Rama*, Fergusonstraat 51. ☎ 27737. Ö: 11.00-23.00 Uhr. Preisgünstige Grillgerichte.
- *Oriental Restaurant*, Zoutmanstraat 5. ☎ 21008. Ö: 11.30-22.00 Uhr. Preisgünstige chinesische und internationale Gerichte.
- *The Grill House*, Zoutmanstraat 31. ☎ 31611. Ö: 12.00-15.00 Uhr und 18.30-23.00 Uhr, montags geschlossen. Steaks und Fischgerichte.
- *Surfside Restaurant*, L.G. Smith Blvd. ☎ 23380. Ö: 10.00-20.00 Uhr. Günstige Grillgerichte.
- *Bali Seafood Palace*, L.G. Smith Boulevard 11. ☎ 20680. Ö: 12.00-15.00 Uhr und 18.00-22.30 Uhr. Chinesische und indonesische Gerichte mittags ab 6 US$, am Abend ab 12 US$.
- *Coco Tree eet Café*, Seaport Market Place. ☎ 36565. Ö: 8.30-1.00, sonntags von 18.00-1.00 Uhr. Snacks ab 6 US$.
- *Villa Germania*, Seaport Market Place. ☎ 36161. Ö: 8.00-22.00 Uhr. In der Villa Germania werden deutsche Spezialitäten serviert, ab 11 US$.

Insel- und Ortsbeschreibungen

- *Portofino Ice Cream Parlor*, Seaport Mall. ☎ 37316. Ö: 9.00-18.00 Uhr, sonntags und an Feiertagen geschlossen. Große Auswahl an Eiscreme.
- *Talk of the Town Restaurant*, Talk of the Town Resort, L.G. Smith Blvd. 2. ☎ 23380. Ö: 17.30-23.00 Uhr, montags geschlossen. Internationale Küche. Nach dem Restaurant wurde später das dazugehörige Hotel der Hotelgruppe „Best Western" benannt.
- *Moonlight Grill*, Talk of the Town Resort, L.G. Smith Blvd. 2. ☎ 23380. Ö: 6.00-2.00 Uhr. Internationale und arubanische Küche, Snacks.

Nachtclubs und Bars:
- *Blue Wave*, L.G. Smith Blvd., Oranjestad. ☎ 38856.
- *The Wine Cellar/Penthouse*, Klipstraat 2. ☎ 24543.

Weitere Informationen
Jeden Dienstag findet von 18.30-20.30 Uhr ein **Bon Bini Festival** im Fort Zoutman statt. (Das Museum ist um diese Zeit geschlossen.) „Bon Bini" ist der Willkommensgruß in der arubanischen Umgangssprache Papiamento und als solcher wird das Festival verstanden.

Neben einer musikalischen Einstimmung auf die Insel mit Informationen und allerhand Wissenswertem werden folkloristische Darbietungen gezeigt. An Ständen werden Souvenirs und arubanische Gerichte angeboten.

- *Bon Bini Festival*, Fort Zoutman. ☎ 22185. Eintritt: 2 Afl (1,15 US$) für Erwachsene, Kinder die Hälfte.

Es gibt einige interessante **Kunstgalerien** in Oranjestad:
- *Artishock Art Gallery-Framework*, Seroe Blanco 67 C. ☎ 33217.
- *Picasso Art Gallery*, Caya G. F. Croes 2 A. ☎ 33042. Ö: 9.00-12.00 Uhr und 14.00-18.00 Uhr, sonntags geschlossen.

Handgetöpferte Waren und andere **Souvenirs** zum Preis von 3,50-25 US$ gibt es bei
- *Creative Hands*, Socotoro Laan 5, Oranjestad. ☎ 35665. Ö: Wochentags von 8.00-12.00 Uhr und 14.00-18.00 Uhr, samstags von 8.00-13.00 Uhr.

Englische, spanische und niederländische Literatur verleiht die **Öffentliche Bücherei**.
- *Public Library*, Madurostraat 13. ☎ 21580. Ö: Wochentags von 9.00-12.00 Uhr und von 13.30-20.00 Uhr, dabei dienstags nur bis 17.00 Uhr geöffnet und donnerstags nur nachmittags bis 17.00 Uhr geöffnet.

Das örtliche **Touristenbüro** gibt hilfreich Auskunft, außerdem sind zahlreiche Broschüren erhältlich:
- *Aruba Tourism Authority*, P.O. Box 1019, L.G. Smith Boulevard 172, Oranjestad, Aruba. ☎ 23777, Fax 34702. Ö: Wochentags von 7.30-12.00 Uhr und 13.00-16.30 Uhr geöffnet.

Aruba

NÖRDLICHE WESTKÜSTE UND NOORD

An der nördlichen Westküste Arubas finden sich die schönsten Strände, wie etwa der insgesamt 12 km lange Eagle Beach/Palm Beach. Kein Wunder, daß sich entlang der Westküste ein Hotel an das andere reiht. Die erste von Oranjestad zu erreichende große Hotelansammlung vereint die sogenannten Low-Rise-Hotels, ein kurzes Stück weiter liegen die High-Rise-Hotels. Bei ihnen sind die meisten der zahlreichen Casinos zu finden.

Das nördlichste Ende der Westküste signalisiert der California Leuchtturm. Eine mögliche Rundfahrt führt weiter zum Ort Noord und der Kapelle von Alto Vista.

Nördliche Westküste

Einen direkten Weg von Oranjestad zum Leuchtturm stellt der **L.G. Smith Boulevard** dar. Interessanter ist allerdings der etwas längere Weg über den zeitweise parallelverlaufenden **J.E. Irausquin Boulevard** entlang der Küste. Er zweigt am Ortsausgang Oranjestads hinter dem Industriegebiet zu den Hotelanlagen ab. Dort ist linkerhand das Hotel **Bushiri Beach** am gleichnamigen Strand und rechterhand ein Einkaufszentrum zu finden. Links passiert man zunächst die Hotelkomplexe der **Low-Rise-Hotels**. Die beiden einzigen **Casinos** bei diesen Hotels sind das *Alhambra Casino* im **Alhambra Shopping Bazaar** sowie das *Royal Cabana Casino* beim *La Cabana All Suite Beach Resort*.

Die Hotels liegen an den Stränden **Druif Beach** und **Manchebo Beach**, dem sich der weltbekannte **Eagle Beach** anschließt. Zusammen mit dem Palm Beach, der ohne Unterbrechung in den Eagle Beach übergeht, hat dieser weite, weiße Sandstrand eine Länge von 12 km.

Die Strände sind nur in der Nähe von Hotels palmenbewachsen, denn aufgrund der niedrigen Niederschlagsmenge können die Bäume ohne die tägliche künstliche Bewässerung nicht wachsen.

Hinweis: Alle Strände sind frei zugänglich, es gibt keine Privatstrände auf Aruba. Die am Strand stehenden sanitären Anlagen der Hotels können ebenfalls von allen Strandbesuchern genutzt werden.

An dem Eagle Beach verläuft die Straße zwischen dem Strand und den Hotels. Nach dem Hotelkomplex passiert man eine Querstraße Richtung Landesinnere, die eine Verbindung zum parallelen L.G. Smith Boulevard darstellt. An der Kreuzung dieser Querstraße zum L.G. Smith Boulevard liegt an der rechten Seite ein kleiner

Insel- und Ortsbeschreibungen

Minigolfplatz. (Weitere Informationen siehe Kapitel *Praktische Hinweise-Aktivitäten*.)

Ganz in der Nähe ist das letzte erhaltene Landhuis von Aruba zu sehen. Es befindet sich bei Bubali 119. Das **Landhuis Quinta del Carmen** wurde 1899 gebaut und nach der jüngsten Tochter des Gutsbesitzers benannt.

Die Straße verläuft weiter entlang der Küsten. Rechterhand breitet sich eine Sumpflandschaft aus, die als **Vogelschutzgebiet (Bubali Bird Sanctuary)** deklariert ist. Besonders am Morgen und in den Abendstunden können viele Vögel beobachtet werden. Überall am Rande des Gebiets kann man parken und es über die Spazierwege erkunden.

Nach etwa 1,5 km sind die merhstöckigen **High-Rise-Hotels** erreicht. Direkt am Beginn führt erneut eine Querstraße auf den parallel verlaufenden L.G. Smith Boulevard.

An dieser Querstraße fällt ein Gebäude besonders auf: Die rote **Windmühle Olde Molen**. Sie ist die einzige Windmühle auf den ABC-Inseln. Sie wurde 1804 in den Niederlanden erbaut und 1960 auf die Insel gebracht. Zunächst beherbergte sie einen Nachtclub, mittlerweile ist in ihr ein Restaurant mit Bar in typisch niederländischem Stil eingerichtet, das zu einem kleinen Hotelresort gehört.

Windmühle „Olde Molen"

In beinahe jedem der High-Rise-Hotels gibt es ein **Casino**. Sie sind auch für Nicht-Hotelgäste offen, Eintritt wird nicht verlangt.

Die nächste Querstraße ins Landesinnere stellt eine Verbindung zur Ortschaft Noord dar.

Die Rundfahrt führt weiter entlang der Küstenstraße, die hinter dem Komplex der High-Rise-Hotels wieder mit dem L.G. Smith Bld. zusammentrifft. Der nächste Strand, **Hadikurari**, zeichnet sich durch sein flaches Wasser und seinen feinen Sand als Familienstrand aus. Auf der gegenüberliegenden Straßenseite befinden sich kleinere Appartments, die bei Windsurfern sehr gefragt sind.

An dem **Malmok Beach** gibt es viele Windsurfbasen und jeden Juni werden am Strand Windsurfwettbewerbe veranstaltet. Teilnehmer aus bis zu 20 Länder gehen dabei jährlich an den Start.

Der obere Teil vom Malmok Beach ist ein ausgezeichnetes Schnorchelgebiet, besonders empfehlenswert ist das Gebiet bei der Höhle **Boca Catalina**. Es ist Ziel vieler Schnorchelausfahrten der örtlichen Veranstalter.

In etwa 200 m Entfernung vom Strand ragen die Reste des deutschen Frachters *Antilla* aus dem Wasser. Er wurde Ende des Zweiten Weltkrieges von der deutschen Besatzung versenkt und liegt auf 20 m Tiefe.

Der Strand ist mit dem Bus von Oranjestad und den Hotels leicht zu erreichen. Die Fahrtdauer beträgt etwa 40 min.

Sehr schön ist der nördlichste Strand Arubas, **Arashi Beach**. Das Wasser ist sehr ruhig und bietet sich für Familien mit Kleinkindern an. Während der Osterzeit verbringen viele Einheimische die Nächte am Strand und feiern. Der Strand liegt unterhalb des California-Leuchtturms und verfügt über Parkplätze und schattige Picknickplätze. Von der Haltestelle am Malmok Beach führt ein 10 minütiger Fußweg zum Strand Arashi Beach.

Direkt hinter dem Arashi Beach wird die Straße etwas schlechter. In der kargen und rauhen Landschaft ragen vereinzelt Kakteen, Aloepflanzen und niedrigwachsende Büsche zwischen den Felsen hervor.

In einer Schleife verläuft der Weg zum **California Leuchtturm**. Er ist ein sehr schöner, weißer Turm, der sich weithin sichtbar am nordwestlichsten Punkt der Insel, dem sogenannten **California Point**, erhebt.

Hinweis: Er ist immer in Betrieb, aber für Touristen nicht geöffnet.

Nördlich des Turms führt schmaler ein Weg zu den **California-Dünen**. Am nördlichsten Punkt, bevor man die Dünen erreicht, fallen einige Felsen auf, die aus dem Wasser herausragen. Sie sind im Gegensatz zu den anderen Klippen nicht aus Korallen sondern aus Lava gebildet. Dies weist auf die vorzeitlichen vulkanischen Aktivitäten hin.

Der Weg zu den Dünen ist eine Sackgasse, an ihrem Ende kann leicht mit dem Auto gewendet werden.

Vorsicht: Die Dünen sind nicht befahrbar, die Fahrzeuge können leicht im Sand einsinken.

Unterhalb der Westseite des California Leuchtturmes liegt **Pirate's Castle**. Es sind die Ruinen einer alten Goldschmelzerei von 1825.

Insel- und Ortsbeschreibungen

Zurück in den Süden geht es an der Abzweigung beim Malmok Strand nach links. Diese Straße verläuft im Landesinneren parallel zur Küstenstraße. Sie führt bis zum Ort Noord und von dort direkt zurück nach Oranjestad.

Ein kurzes Stück weiter ist das große Gelände des Golfplatzes *Tierra Del Sol* zu sehen. Hier ist der Bau einer Ferienanlage geplant.

Einen Abstecher lohnt der Besuch der **Kapelle von Alto Vista**. Der ausgeschilderte Weg dorthin führt kurz vor Noord nach links ab. Die schmalere Straße zieht sich durch eine leicht hügelige Landschaft mit hohem Bewuchs. Nach kurzer Fahrt beginnen im Abstand von etwa 50 Metern insgesamt 13 weiße Kreuze den Weg der Prozession zur Kapelle von Alto Vista zu markieren. Die Alto Vista-Prozession findet zwei bis dreimal im Jahr von Noord und manchmal sogar von Oranjestad aus statt. Sie beginnt meist schon um 2.00 Uhr, so daß der Gottesdienst an der Kapelle bei Sonnenaufgang stattfinden kann.

Die Kapelle selbst ist sehr klein, die Gottesdienste finden überwiegend im Freien, auf dem Platz vor der Kapelle statt.

1750 wurde sie von dem spanischen Missionar *Domingo Antonio Silvestre* auf dem gut 70 m hohen Kalksteinhügel

Kapelle Alto Vista

Aruba

erbaut. Das damalige Bauwerk wurde in einfachster Bauweise errichtet. Bis 1816 diente es als Gotteshaus, dann verließen die Bewohner Alto Vista, da eine tödliche Seuche ausgebrochen war. Erst 1952 wurde das Kirchlein neu errichtet. In seinem Innern ist noch heute das spanische Kruzifix zu sehen, das schon in der ersten Kirche gestanden hatte.

Unterkunft: An der nördlichen Westküste liegen die meisten Hotels. Sie werden (auch auf der Ausschilderung) in Low- und High-Rise-Hotels unterteilt. Die Auflistung nennt die Hotels in der Reihenfolge, wie man sie bei der Fahrt in den Norden passiert.

Low Rise Hotels

- *Bushiri Beach Resort*, L.G. Smith Blvd. 35. ☎ 25216, Fax: 26789. DZ: 145 US$, während der Nebensaison 110 US$, jeweils alles inklusive und pro Person. Ausstattung: 150 Zimmer, Restaurant, Pool, Strand, Tennisplatz, Wassersportangebote.
- *Tamarijn Aruba Beach Resort*, J.E. Irausquin Blvd. 41, Punta Brabo Beach. ☎ 24150 und 23300, Fax: 34002. DZ: 185 US$, alles inklusive. Ausstattung: Restaurant, Pool, Strand, Tennisplatz, Wassersportangebote.
- *Casa Del Mar*, J.E. Irausquin Blvd. 51-53, Punta Brabo Beach. ☎ 23000, Fax: 26557. DZ: 200 US$, während der Nebensaison 135 US$. Ausstattung: 107 Zimmer, Restaurant, Pool, Strand, Tennisplatz, Wassersportangebote, Souvenirshop, Babysitter.
- *Aruba Beach Club Resort*, J.E. Irausquin Blvd. 51-53, Punta Brabo Beach. ☎ 23000 und 27000, Fax: 26557. DZ: 190 US$, während der Nebensaison 120 US$. Ausstattung: 131 Zimmer, Restaurant, Pool, Strand, Tennisplatz, Wassersportangebote, Souvenirshop, Babysitter.
- *Best Western Manchebo Beach Resort*, J.E. Irausquin Blvd. 55. Manchebo Beach. ☎ 23444, Fax: 33667. DZ: 170 US$, während der Nebensaison 110 US$. Ausstattung: 71 Zimmer, Restaurant, Pool, Strand, Wassersportangebote, Kabelfernsehen. Vor allem europäische Gäste.
- *Best Western Bucuti Beach Resort*, J.E. Irausquin. 55, Eagle Beach. ☎ 31100 und 36141, Fax: 25272. DZ: 190 US$, während der Nebensaison 120 US$. Ausstattung: 63 Zimmer, Restaurant, Pool, Strand, Wassersportangebote, Mikrowellengerät auf jedem Zimmer. Vor allem europäische Gäste kommen in dieses ruhige, familiäre Hotel. Sehr schön ist zudem das Restaurant **The Pirate's Nest** am Strand, das in einer alten Galeere eingerichtet ist. Jeden Abend gibt es ein besonderes Menü, passend zur Musikveranstaltung zu wechselnden Themen.
- *Costa Linda Beach Resort*, J.E. Irausquin Blvd 59, Eagle Beach. ☎ 38000, Fax: 36040. DZ: 425 US$, während der Nebensaison 265 US$. Ausstattung: 155 Zimmer, Restaurant, Pool, Strand, Tennisplatz, Souvenirshop.
- *La Quinta Beach Resort*, J.E. Irausquin Blvd., Eagle Beach. ☎ 75010, Fax: 76263. DZ: 120 US$, während der Nebensaison 80 US$. Ausstattung: 54

Insel- und Ortsbeschreibungen

Zimmer, Restaurant, Pool, Strand, Kitchenette, Kabelfernsehen.
- *La Cabana All Suite Beach Resort & Casino*, J.E. Irausquin Blvd. 250, Eagle Beach. ☎ 79000, Fax: 77208. DZ: 230 US$, während der Nebensaison 200 US$. Ausstattung: 803 Zimmer, Restaurant, Casino, Pool, Strand, Tennisplatz, Wassersportangebote, Souvenirshop, Babysitter, Kitchenette. Das La Cabana ist das größte Hotel der Insel.
- *Amsterdam Manor*, J.E. Irausquin Blvd. 252, Eagle Beach. ☎ 71492, Fax: 71463. DZ: 240 US$, während der Nebensaison 170 US$. Ausstattung: Restaurant, Pool, Strand, Kitchenette.
- *The Mill Condominium Resort*, J.E. Irausquin Blvd. 330. ☎ 67700, Fax: 67271. DZ: 250 US$, während der Nebensaison 100 US$. Ausstattung: 104 Zimmer, Restaurant, Pool, Tennisplatz, Souvenirshop.
- *Stauffer Hotel Aruba*, J.E. Irausquin Blvd. 370. ☎ 60855, Fax: 60856. DZ: 90 US$ (mit Frühstück). Ausstattung: 100 Zimmer, Restaurant, Babysitter, Kabelfernsehen.

High Rise Hotels

- *Aruba Hilton & Casino*, J.E. Irausquin Blvd. 77. ☎ 64466 und 64470, Fax: 63403. DZ: 200 US$, während der Nebensaison 100 US$. Ausstattung: 479 Zimmer, Restaurant, Casino, Pool, Strand, Tennisplatz, Wassersportangebote, Souvenirshop. Das Hilton ist das höchste Gebäude auf Aruba.
- *Aruba Palm Beach Resort*, J.E. Irausquin Blvd. 79. ☎ 63900, Fax: 61941. DZ: 200 US$, während der Nebensaison 100 US$. Ausstattung: 200 Zimmer, Restaurant, Disco, Casino, Pool, Strand, Wassersportangebote, Souvenirshop.
- *Radisson Aruba Caribbean*, J.E. Irausquin Blvd. 81. ☎ 66555, Fax: 63260. DZ: 180 US$, während der Nebensaison 110 US$. Ausstattung: 406 Zimmer, Restaurant, Casino, Pool, Strand, Tennisplatz, Wassersportangebote, Souvenirshop, Babysitter. Bis 1992 trug das Hotel den Namen *Aruba Caribbean Hotel.*.
- *Americana Aruba Beach Resort & Casino*, J.E. Irausquin Blvd. 83. ☎ 64500, Fax: 63191. DZ: 295 US$, während der Nebensaison 175 US$. Ausstattung: 421 Zimmer, Restaurant, Casino, Pool, Strand, Tennisplatz, Wassersportangebote, Souvenirshop, Babysitter. Im Ballsaal des Americana finden häufig große Shows statt.
- *Hyatt Regency Aruba Beach Resort & Casino*. J.E. Irausquin Blvd. 85. ☎ 61234, Fax: 65478. DZ: 330 US$, während der Nebensaison 155 US$. Ausstattung: 360 Zimmer, Restaurant, Casino, Pool, Strand, Tennisplatz, Wassersportangebote, Souvenirshop. Das sehr elegante Hotel besitzt eine wunderschöne parkähnliche Außenanlage mit Wasserfällen und einer aufwendig gestalteten Teichanlage.
- *Playa Linda Beach Resort*, J.E. Irausquin Blvd. 87. ☎ 61000, Fax: 65210. DZ: 220 US$, während der Nebensaison 170 US$. Ausstattung: 194 Zimmer, Restaurant, Pool, Strand, Tennisplatz, Wassersportangebote, Babysitter. Das Hotelgebäude ist sehr attraktiv und verfügt über eine hübsche Poolanlage.
- *Holiday Inn Aruba Resort*, J.E. Irausquin Blvd. 230. ☎ 63600, Fax: 65165.

DZ: 185 US$, während der Nebensaison 145 US$, jeweils pro Person und alles inklusive. Ausstattung: 600 Zimmer, Restaurant, Casino, Pool, Strand, Tennisplatz, Wassersportangebote, Souvenirshop. Vor allem europäische Gäste.

Essen: In allen Hotels gibt es oft mehrere Restaurants, die Auswahl ist also groß. Bei Halbpension bieten mittlerweile einige Hotels Essensgutscheine an, die es ermöglichen, in mehreren Restaurants die Halbpension-Leistung in Anspruch zu nehmen.

- *Flamboyan Restaurant*, Bushiri Beach Resort, L.G. Smith Blvd. 35. ☎ 25216 ext. 338. Ö: 18.00-22.30 Uhr. Internationale und italienische Spezialitäten in stilvoller Atmosphäre.

- *The Pirate's Nest*, Best Western Bucuti Beach Resort, J.E. Irausquin. 55 ☎ 31100. Ö: 19.00-23.00 Uhr. Das Restaurant befindet sich direkt am Strand im stilvollen Nachbau einer alten Gallere. Jeden Abend gibt es ein besonderes Menü, das meist passend zur Musikveranstaltung eines wechselnden Themas abgestimmt ist.

- *The Mill Restaurant*, J.E. Irausquin Blvd. 330. ☎ 62060. Ö: 18.00-23.00 Uhr, sonntags geschlossen. Französische Spezialitäten. Die Dekoration ist typisch niederländisch gehalten.

Nachtclubs und Bars:

- *Club Visage*, L.G. Smith Blvd. 152A. ☎ 22397.
- *Houlihan's Lounge*, Palm Beach Road 184. ☎ 60300 und 60900.

Restaurant „The Pirate's Nest"

Insel- und Ortsbeschreibungen

Noord

Die Ortschaft Noord entstand aus einer alten Siedlung der Indianer und Spanier. Als nach dem Ausbruch einer Seuche die Bewohner von Alto Vista nach Noord flüchteten, wurde die **Santa Anna Kirche** erbaut. Die neue Kirche entwickelte sich bald zum bedeutensten Gotteshaus der Insel. Das Gebäude wurde 1831 und 1886 umgebaut.

Das gegenwärtige Steingebäude der Santa Anna Kirche erbaute Pater *Thomas von Sadelhoff* 1916, sein Portrait ist im zwölften Gemälde zum Leidensweg Christi abgebildet.

Der neugotische **Eichenholz-Altar** und die Kanzel aus Eichenholz wurden von dem niederländischen Meister *Hendrik van der Geld* um 1870 geschaffen. Bevor der Altar nach Noord kam, stand er in der Sant Antonius Kirche in Schewenigen, Niederlande. 1928 wurde er der Santa Anna Kirche geschenkt.

Die heilige Messe findet sonntags um 7.30 und 18.00 Uhr und samstags um 19.00 Uhr statt.

Der wunderschöne dunkle Altar und die reichverzierte Kanzel sind eine Besichtigung wert.

Vor der Kirche mit dem achteckigen Westturm und dem polygonalen Chorabschluß steht die Statue des segnenden Christus. Neben der Kirche liegt ein sehenswerter Friedhof mit großen, pastellfarbenen Gräbern.

Heutzutage werden viele Gräber auf Aruba überirdisch angelegt. Es handelt sich um Betonkästen, die in dreistöckigen Etagen auf- und nebeneinander erbaut werden und jeweils einem Sarg Platz bieten.

Noord ist die letzte Station der möglichen Rundfahrt Westküste-Noord. Es bietet sich an, von hier die Besichtigung der Sehenswürdigkeiten an der Nordküste anzuschließen. (Siehe Kapitel *Nordküste*.)

Unterkunft:

- *Caribbean Palm Village Resort*, Noord 43 E. ☎ 62700, Fax: 62380. DZ: 150 US$, während der Nebensaison 80 US$. Ausstattung: 170 Zimmer, Restaurant, Pool, Tennisplatz, Kitchenette.

Essen: In der Umgebung von Noord finden sich viele schöne Restaurants. Sie sind mit Mietwagen oder Taxi zu erreichen.

- *Gasparito*, Gasparito 3. ☎ 67044 und 67144. Ö: 18.00-23.00 Uhr, mittwochs geschlossen. Fischspezialitäten um 25 US$. Im Restaurant ist eine Galerie, in der über 240 Werke von rund 40 lokalen Künstlern ausgestellt sind. Ö (Galerie): 9.00-23.00 Uhr.

- *Papiamento Restaurant*, Washington 61. ☎ 64544. Ö: 18.00-23.00 Uhr. Exclusives Restaurant in einem hübschen renovierten Gebäude. Die Spezialität ist Fisch sowie Gerichte auf dem „Heißen Stein". Nach Vorbestellung ist 'Claypot' erhältlich, eine Spezialität, die im Tontopf zubereitet wird.

Aruba

NORDKÜSTE

An der Nordküste liegen viele Naturphänomene Arubas, dessen bekanntestes die Naturbrücke ist. Auf der Fahrt dorthin sollte man sich Zeit für einen Abstecher nach Santa Cruz und zum unübersehbaren Hooiberg nehmen. Auch die zwei kleinen Parks Casibari und Ayo mit ihren interessanten Felsenformationen sind einen Ausflug wert.

Rundfahrt: Auf dem Weg in das Landesinnere fährt man von Oranjestad zunächst durch hohe Kaktus- und Strauchvegetation Richtung Santa Cruz. Links erhebt sich der **Hooiberg**.

Aufgrund seiner mit einem Heuberg vergleichbaren Form erhielt er von den ersten Siedlern seinen Namen. Damals war der Berg zudem mit gelbblühenden Blumen bewachsen, die den Eindruck von einem Heuberg verstärkten.

Der Berg besteht aus dem seltenen Hooibergid. Da der Hooiberg einer der wenigen Plätze ist, wo das Material nachgewiesen wurde, benannte der deutsche Geologe Dr. Martin es nach ihm.

Den etwa 161 m hohen Hooiberg, kann man in einer 10-15 minütigen Klettertour über zahllose Treppenstufen erklimmen. Auf seinem Gipfel stehen die Sendemasten einer Radio- und Fernsehstation.

Vor dem Berg befindet sich der **Indian Rock Garden**. Der künstlich angelegte Garten zeigt viele tropische Pflanzen und Vögel. Vor allem für Kinder ist das Gelände konzipiert, auch Kinderfeste können hier arrangiert werden.
- *Indian Rock Garden*, Santa Cruz. ☎ 47366.

Direkt beim Hooiberg liegt **Santa Cruz**. Es ist der am weitesten im Landesinneren liegende Ort der Insel und zugleich die älteste spanische Siedlung. Als Symbol für die Christianisierung wurde in Santa Cruz ein Kreuz an der Stelle aufgestellt, die man als den Mittelpunkt der Insel erachtete. Nach diesem Kreuz erhielt der 900 Einwohner zählende Ort seinen Namen. 1968 wurde auf einer Felsenformation ein Kreuz errichtet, das an das erste Kreuz erinnern soll.

Die Kirche von Santa Cruz, die sogenannte **Immaculata Concepcion Church**, zeigt eine hübsche Wandbemalung, die von dem karibischen Künstler *Wim de Waal* gefertigt wurde.

Die Rundfahrt führt bei der Abzweigung im Ort nach links. Am Ortsausgang geht es an der Polizeistation weiter nach rechts Richtung **Ayo** und nach zwei Kilometern wieder nach rechts zur **Ayo-Rock-Formation**.

Wie willkürlich aufeinandergeschüttete große Steine und

Insel- und Ortsbeschreibungen

Findlinge wirken diese Gebilde aus Dioritblöcken.

Das Gelände ist von Fußpfaden durchzogen, die zu einem kleinen Rundgang einladen. Unterhalb eines der ersten großen Findlinge befinden sich gut erhaltene **Indianerzeichnungen**. Der Felsen fällt auf durch die in ihn gehauenen Stufen, die an seiner Vorderseite scheinbar hinauf führen. An der Rückseite sieht man die alten Indianer-Zeichnungen, die durch ein Gitter vor freilaufenden Ziegen und leider auch den Kritzeleien der Touristen geschützt werden mußten.

An den Wochenenden ist Ayo ein gern besuchtes Gelände, wo Picknicks abgehalten werden.

Auf der Straße geht es weiter geradeaus und vorbei an der privaten Kokosnußplantage von Andicuri. Bei der Küste erreicht man über einen sehr schlecht befahrbaren Weg die bedeutenste Touristenattraktion Arubas: die **Naturbrücke**. (Siehe unten.)

Eine besser befahrbare Straße führt von Norden an die Brücke heran. Dazu geht es zurück zur Straße von Santa Cruz und nach rechts Richtung Nordosten. Am Ende der gut ausgebauten Straße führt ein kleiner Abstecher zu den Ruinen der **Bushiribana-Goldschmelzerei**. Sie wurde 1872 von der *Aruba Island Goldmining Company* nahe am Meer gebaut, da für den Waschprozeß des

Jeep-Safari vor den Ruinen der Bushiribana-Goldschmelzerei

Goldes Wasser benötigt wurde. Bei dem Bau wurden die vorhandenen Felsen in die Grundmauern integriert. Daher hat die Ruine heute das Aussehen einer alten Piratenburg. Leider wurden die Mauern durch Graffiti-Schmierereien der Touristen verschandelt.

Die Schmelzerei wurde schon 1882 wegen Unrentabilität stillgelegt. In ihr war das Gold der umliegenden **Goldminen** von **Seroe Wao** und **Seroe Cristal** verarbeitet worden.

Hinweis: In der Nähe der Mineneingänge reichen noch heute Minenschächte bis 30 m unter die Erde. Daher Vorsicht beim Durchwandern des Gebietes, die alten Gänge könnten einstürzen!

Der jetzt etwas holprige Weg führt entlang der Küste und schließlich bergab zur **Naturbrücke**. Von hier ergibt sich zunächst ein wenig spektakulärer Blick auf die Brücke an der Bucht von **Andicuri**. Beeindruckender wirkt die Naturbrücke vom Strand direkt davor.

Beinahe jede Inselrundfahrt führt hier vorbei, weshalb das Gelände zu fast jeder Tageszeit von Touristen belagert ist. Die höchste und imposanteste Felsenbrücke der Karibik spannt sich in 8 m Höhe über eine Distanz von etwa 34 m über die Brandung. Die

Naturbrücke bei Andicuri

Insel- und Ortsbeschreibungen

Brücke wurde in Jahrhunderten von Wind und Wasser aus dem Kalksteinfelsen geformt.

Es geht wieder den gleichen Weg zurück und an der ersten Kreuzung der gut ausgebauten Straße nach rechts. In **Paradera**, einem Wohnviertel mit rund 4000 Einwohnern, geht es nach links Richtung Santa Cruz. Den Mittelpunkt von Paradera bildet der gleichnamige, knapp 50 m hohe Hügel, auf dem die katholische **St. Filomenia Kirche** rechterhand der Straße steht.

Auf der anderen Straßenseite führt ein kleiner Weg zu einer weiteren Felsenformation, der **Casibari-Rock-Formation**. Von dem höchsten Dioritfelsen, den man über Treppenstufen besteigen kann, ergibt sich eine schöne Aussicht über das Land.

In der kleinen Snackbar, gegenüber der Felsenformation, können ortskundige Führer engagiert werden.

Wieder in Paradera führt die Straße an der Abzweigung nach links zurück nach Oranjestad.

Unterkunft: An der Nordküste befinden sich keine Hotels, nur in der Nähe der größeren Ansiedlungen sind vereinzelt Appartementsiedlungen zu finden.

- ***Bungalows San Barbola***, Jan & Irma ter Meulen, San Barbola 63, Paradera. ☎ 26941, Fax: 35216. DZ: 210 US$ pro Person für eine Woche, während der Nebensaison 160 US$. Ausstattung: Vier Bungalows, Tennisplatz, Wassersportangebote, Kitchenette.

- ***Paradera Park Apartments***, Paradera 203. ☎ 23289 und 23278, Fax: 23261. DZ: 85 US$, während der Nebensaison 65 US$. Ausstattung: Pool, Kitchenette.

Essen: Es gibt vor allem kleine Bars und Snackbars, die günstige lokale Gerichte anbieten.

- ***Rowigini's***, Santa Cruz. ☎ 28459 und 31533. Ö: 6.30-2.00 Uhr. Snacks und arubanische Küche.

Weitere Informationen

Schöne Handarbeiten und Souvenirs von Aruba bietet in Santa Cruz:

- *Just Local*, Cashero 51, Santa Cruz.

Aruba

Straßenszene in Oranjestad

Insel- und Ortsbeschreibungen

Palm Beach

Katamaranfahrt

Aruba

Fassade in Oranjestad

Insel- und Ortsbeschreibungen

Sonesta Island

Eagle Beach

Aruba

DER OSTEN UND SAN NICHOLAS

Im Süden liegt die zweitgrößte Stadt Arubas, San Nicholas, mit der einst wirtschaftlich so wichtigen Ölraffinerie. Von San Nicholas bietet sich die Rückfahrt entlang der Ostküste an, wo verschiedene Höhlen zum Erkunden einladen. Weitere Sehenswürdigkeiten sind der Arikok Nationalpark, der Berg Jamanota und das Masiduri Cunucu Haus.

Fahrt nach San Nicholas

Von Oranjestad nach San Nicholas gelangt man direkt entlang der Nordküste.

Sehenswürdigkeiten: Die Straße führt vorbei am **Internationalen Flughafen Königin Beatrix**. Nach knapp 3 km sind an der Küste die Industriegebäude der **Water Destillation & Electricity Plant** zu sehen. Dort wird Meerwasser zu Trinkwasser umgewandelt und aus dem im Destillationsprozeß entstehenden Wasserdampf Energie gewonnen.

Mit dem hier produzierten Süßwasser wird der gesamte Trinkwasserbedarf der Insel gedeckt. Die Anlage, die zu den größten der Welt zählt, befindet sich direkt am Industriehafen von Baracadera.

In direkter Nachbarschaft ist der private *Aruba Nautic Club*. Von hier hat man eine schöne Aussicht auf die Rifformationen, die den natürlichen **Hafen von Baracadera** bilden. Das Gebiet bietet sich für erfahrene Schwimmer zum Schnorcheln an. Das Riff ist außerdem ein empfehlenswerter Tauchplatz. (Zur Beschreibung siehe Kapitel *Praktische Hinweise-Tauchen*.)

Diese direkt an der Küste gelegenen Plätze erreicht man über einen Abstecher entlang einer Seitenstraße, die hinter dem Flughafen Richtung Küste abzweigt. Bei Pos Chiquito erreicht man dann wieder die Hauptverkehrsstraße.

Bei der Fahrt vom Flughafen entlang der Hauptverkehrsstraße passiert man vor der nächsten größeren Ortschaft eine Abzweigung, die nach links Richtung Santa Cruz führt. Direkt nach dieser Abzweigung liegt ein **Drive-In-Theater**. Es werden vor allem amerikanische Filme gezeigt, die Vorführungen beginnen an Wochentagen um 20.00 Uhr und sonntags um 20.30 Uhr.

Der Weg führt weiter über den Meeresarm **Spanish Lagoon**. Die Mündung diente früher Piraten als Versteck. Heute werden von dort Bootsfahrten zu der etwa 700 m vor der Küste von **Balashi** vorgelagerten Insel **Palm Island** angeboten.

- *DePalm Tours N.V.* ☎ 26778. Wochentags werden fünfstündige

Insel- und Ortsbeschreibungen

Schnorchelausflüge auf die Insel veranstaltet. Kosten: 15 US$.

Pos Chiquito ist eine hübsche kleine Ortschaft, die sich etwa 3 km die Straße entlang zieht. Die Häuser sind alle von Gärten umgeben. An der Straße liegen einige Snackbars und Restaurants. Der gleichnamige Strand liegt kurz hinter dem Meeresarm Spanish Lagoon. Er bietet sich besonders zum Schnorcheln an.

Noch im Ort führt eine schlechter ausgebaute Straße nach links durch eine sehr ursprüngliche Landschaft. Dieser Weg ist einen Abstecher wert, denn er führt zu einigen der idyllischsten Plätzen Arubas, so etwa dem Frenchmans Paß und der Ruine einer alten Goldschmelzerei.

Zurück gelangt man von diesem Abstecher entweder auf dem gleichen Weg oder über die Verbindungsstraße Pos Chiquito-Santa Cruz, auf die die Straße direkt stößt.

Streckenweise führt die Straße zum Frenchmans Paß zunächst durch alte Aloe-Felder. Zwischen den Sträuchern kann man dort noch immer zahlreiche Aloe-Pflanzen finden.

Information: Ende des letzten Jahrhunderts hatte der Aloe-Anbau auf Aruba seinen Höhepunkt, in den zwanziger Jahren dieses Jahrhunderts deckte die Insel sogar 70% des Weltbedarfs an Aloe. Verwendet wurde das aus den fleischigen Blättern gewonnene Aloe-Gel zunächst als Abführmittel, später fand es auch in der kosmetischen Industrie Verwendung. (Zur Nutzpflanze Aloe siehe auch im Kapitel *Landeskunde-Flora*.)

Nach dem ansteigenden Weg durch die früheren Aloefelder erreicht man das hügelige Gebiet des sogenannten **Frenchmans Paß**. Er ist der Überlieferung nach die Stätte einer Schlacht zwischen den arubanischen Indianern und Franzosen, die Anfang des 17. Jh. auf Aruba einfielen. Auf ihrer Flucht sollen sich die Indianer in einer Höhle am Paß versteckt haben. Das Versteck wurde ihnen zur tödlichen Falle, denn die Franzosen entdeckten es und legten ein Feuer vor der Höhle.

Am Frenchmans Paß erinnert heute nichts mehr an die überlieferte Tragödie. Er ist ein schmaler, idyllischer Paß mit sehr schönem Bewuchs.

Kurz darauf sind die finsteren Ruinen der ehemaligen **Barashi-Goldschmelzerei**, die aus der Zeit der arubanischen Goldfunde stammt, zu sehen. Seit dem ersten Weltkrieg war der Goldabbau nicht mehr rentabel und die Gebäude verfielen. Bei den Ruinen der für die damalige Zeit gut ausgerüsteten Schmelzerei sind noch Reste alter Kessel und von sechs Schmelzöfen erkennbar.

Unterhalb der Ruinen sind die letzten Ausläufer des Meeresarms der Spanish Lagoon zu sehen. Dort wachsen Mangroven, die zahlreichen Wasservögeln einen idealen Lebensraum bieten. Das ruhige Gebiet eignet sich daher hervorragend zum Beobachten der scheuen Tiere.

Zurück an der Küstenstraße geht es weiter Richtung San Nicholas. Die größere Ortschaft **Savaneta** schließt sich direkt an den kleinen Ort Pos Chiquito an. An dem natürlichen Hafen von Savaneta betraten die Spanier und später die Niederländer erstmals Aruba. So wurde der Platz lange Zeit als Residenz der Gouverneure, welche zugleich Kommandeure der Flotten waren, genutzt. Aus diesem Grund nannten die Niederländer den Hafen später **Commandeursbaai**. Sie ist heute noch Standort der auf Aruba stationierten Einheiten des niederländischen Marinekorps.

Früher war Savaneta ein Fischerort, doch seit dem wirtschaflichen Aufschwung gibt es kaum noch Fischer, das Fischen wird von vielen nur noch als Hobby betrieben. Dennoch hat der hübsche, ruhige Ort mit seinen rund 6000 Einwohnern noch heute den Charakter eines Fischerdorfes.

Im Ort ist das älteste erhaltene Haus der Insel, ein sogenanntes *Cas di Yerba*, zu sehen. Cas di Yerba ist Papiamento und bedeutet übersetzt 'Haus mit Grasdach'.

Der Name Savaneta leitet sich ebenfalls von einem Papiamento-Wort ab. 'Sabaneta' bedeutet 'kleines Gouverneursweideland'.

Auf der linken Seite führt eine Straße zu dem Restaurant *Mi Cushina*, es bietet traditionelle arubanische Küche, wie sie vor Jahrzehnten üblich war.

Essen: In Savaneta gibt es einige hübsche, kleine Restaurants.

- ***La Nueva Marine Pirata***, Spanish Lagoon. ☎ 27372. Ö: 18.00-23.00 Uhr, dienstags geschlossen. Fischgerichte.

- ***Brisas del Mar***, Savaneta 222 A. ☎ 47718. Ö: 12.00-14.30 Uhr und 18.30-21.30 Uhr, montags nur am Abend geöffnet. Die Preise liegen bei 15 US$, arubanische Küche und Fischgerichte. Die Spezialität des Hauses ist die arubanische Languste.

- ***Fisherman House***, Savaneta 258 B. ☎ 43030. Ö: 12.00-15.00 Uhr und 18.00-23.00 Uhr. Donnerstags nur am Mittag geöffnet. Preiswerte lokale Fischgerichte.

- ***Joey's Restaurant***, Savaneta 121. ☎ 45049 und 47617. Ö: 11.00 Uhr bis Mitternacht, mittwochs geschlossen. Internationale Küche ab 10 US$.

- ***Mi Cushina***, Noord Cura Cabai 24. ☎ 48335. Ö: 12.00-14.00 Uhr und 18.00-22.00 Uhr, donnerstags geschlossen. Wer einmal typisch, traditionelle arubanische Küche versuchen möchte, ist hier genau richtig. Gerichte für ca. 14 US$. Im Restaurant werden alte arubanische Gebrauchsgegenstände ausgestellt.

Insel- und Ortsbeschreibungen

San Nicholas

San Nicholas ist die zweitwichtigste Stadt der Insel und liegt knapp 20 km von Oranjestad entfernt im Süden Arubas. Wie in der Hauptstadt gibt es auch hier Einkaufsstraßen und -promenaden, die Innenstadt ist durch Einbahnstraßen verkehrsberuhigt. Ebenso wie in Oranjestad gestaltet sich das Parken zu den Hauptverkehrszeiten zu einem Problem.

Geschichte: Seinen Namen erhielt San Nicholas nach dem niederländischen Grundbesitzer *Nicolaas van der Biest*. Der Name des Ortes San Nicholas leitet sich aus der Gewohnheit ab, den Großgrundbesitzer mit „Herr" (=San) und seinem Vornamen anzureden.

Schon von 1879 bis 1915 erlangte San Nicholas eine große wirtschaftliche Bedeutung auf Aruba, da es während dieser Zeit weltweit der wichtigste Exportort für Phosphat war. Aber zu dieser Zeit lebten nur wenige Menschen in dem kleinen Ort. Erneut zu einem wichtigen Wirtschaftsstandort wurde San Nicholas durch die Niederlassung der Ölraffinerie. Ihr bot der Ort nicht nur die Nähe zum Ölexportland Venezuela, sondern auch einen ausreichend tiefen Hafen.

Aufgrund der wachsenden wirtschaftlichen Bedeutung für die Alliierten während des Zweiten Weltkrieges, schützten ab 1942 Truppen amerikanischer Soldaten die Raffinerie.

Gerade im Bevölkerungswachstum zeigte sich die Bedeutung von San Nicholas. 1951 lebten in San Nicholas 20 000 Einwohner mehr als in der Hauptstadt Oranjestad. Die Raffinerie hatte Arbeitskräfte aus der gesamten Karibik und von anderen Kontinenten angezogen, was sich heute noch am Völkergemisch in San Nicholas zeigt.

Die größte Bevölkerungsgruppe stellen die Einwanderer von den Niederländischen Antillen und den englischsprachigen Antilleninseln dar. Dies hatte auch Einfluß auf die Kultur der Insel. So ist San Nicholas beispielsweise das Zentrum des jährlichen Karnevals. Auch die zahlreichen Kirchengemeinden verdeutlichen das Kulturgemisch des Ortes.

Nach der Schließung der Raffinerie verließen viele Einwanderer die Insel.

Sehenswertes: Das Zentrum der Stadt bildet das Wohnviertel **The Village**. Die kleinen Holzhäuser mit den Wellblechdächern werden überwiegend von den vielen Einwanderern aus den englischen Antilleninseln bewohnt. Daher weist dieses kleine Stadtviertel ein ganz besonderes karibisches Flair auf.

Eine regelrechte Sehenswürdigkeit ist zudem **Charlie's Bar & Restaurant** in der **Zeppenfeldt-**

straat. Die seit 1941 bestehende Bar quillt über mit Andenken jeder Art seiner aus aller Welt kommenden Besucher. In den ersten Jahren, zur Zeit des Booms mit dem Ölgeschäft, war die Bar vor allem von Seefahrern besucht. Heute sind es überwiegend die Touristen, die die traditionelle Kneipe aufsuchen. Hinter der Theke steht schon die zweite Generation „Charlie", und zwar *Charlie Brouns* Junior. Seinen Sohn nannte er Charlito, so daß Charlie's Bar keinen Namenswechsel zu befürchten hat.

Charlie's Bar

Aus San Nicholas heraus führt der Weg ein Stück durch das Gebiet der **Ölraffinerie**. Sie wurde 1929 von der *Esso Oil Company (Lago)* erbaut und bescherte der Insel während des Zweiten Weltkrieges einen wirtschaftlichen Boom.

Die Raffinerie war bis zu ihrer Schließung im März 1985 die größte und beinahe einzige Einkommens- und Beschäftigungsmöglichkeit der Insel. Die enormen wirtschaflichen Probleme Arubas, die durch die Schließung entstanden sind, versuchte man durch die totale Umstellung der Wirtschaft auf den Tourismus in den Griff zu bekommen.

Dies ist mittlerweile auch weitgehend gelungen. Seit April 1990 ist die Raffinerie unter der *Costal Oil Company* wieder in Betrieb und wächst zum zweiten Wirtschaftsstandbein der Insel heran.

Das Gelände der Öl-Raffinerie erstreckt sich vom südlichsten Ende der Insel bis San Nicholas. Früher war sie sogar die größte Raffinerie der Welt. Während des Zweiten Weltkrieges schützten alliierte Truppen die arubanische Raffinerie vor den Angriffen deutscher U-Boote.

Linkerhand sieht man den Gebäudekomplex des 1990 erbauten Gefängnisses. Die Straße verläuft dann wieder rechts Richtung Colorado-Point Leuchtturm. Die Vegetation ist dürftig, es gibt nur Kakteen und niedrig wachsende Sträucher.

Seroe Colorado war die Ansiedlung der leitenden Angestellten der Esso-Company. Nachdem Esso die Insel verlassen hatte, wurde Seroe Colorado gegen den symbolischen Betrag von einem US$ an die arubanische Regierung verkauft. In vielen der Häuser und Villen mit ihren hübschen Gärten leben mittlerweile Einheimische, aber noch

213

Insel- und Ortsbeschreibungen

immer stehen etliche der Gebäude leer und verfallen zusehends.

An klaren Tagen ist von Seroe Colorado die 25 km entfernt liegende Küste Venezuelas zu sehen.

Rodgers Beach (Salina) ist ein sehr schöner weißer Sandstrand mit mehreren Bootsstegen. Er bietet sich vor allem zum Schwimmen, Schnorcheln, Windsurfen, Tiefseefischen und Tauchen an. Am Strand gibt es eine Snack-Bar.

Besonders am Wochenende ist der Strand gut besucht, es gibt einen schattigen Unterstand, wo man picknicken kann. Es liegen hier auch die Boote vieler Hobby-Fischer.

Auf dem Weg zum Baby Beach passiert man den ehemaligen **Esso-Club**. Er steht überwiegend leer, nur Charlie's Tauchservice ist hier untergebracht.

Der nächste Strand heißt **Baby-Beach**. Es ist ein vergleichsweise kleiner Strand, aber er liegt sehr idyllisch. Das Wasser ist ruhig und nicht tief. Da er ideal für Kinder ist, trägt der Strand den Namen Baby-Beach.

Die Bucht und der vorgelagerte Riffabschnitt eignen sich hervorragend zum Schwimmen, Schnorcheln, Windsurfen, Tiefseefischen und Tauchen. (Zur Beschreibung des Tauchplatzes siehe auch Kapitel *Praktische Hinweise-Tauchen*.)

Rodgers Beach

Auch eine kleine Snackbar und Platz zum Parken ist beim Baby-Beach vorhanden. Die Unterstände am Strand spenden Schatten. Besonders zur Osterzeit dient der Strand als Ausflugsziel; viele Einheimische zelten am Strand und verbringen die Nächte dort.

An der Ostseite Arubas wird die Küste rauher und die hügelige Landschaft wird felsig. Eine Straße schlängelt sich hoch bis auf den südöstlichsten Punkt der Insel, zum **Colorado Point Leuchtturm**. Der „Leuchtturm" ist nur ein kleines Leuchtsignal, aber die Aussicht lohnt die Fahrt auf den Hügel. Man sieht die Strände der Ostküste, die Raffinerie und hat einen weiten Blick ins Landesinnere.

Essen:

- *Astoria Bar & Restaurant*, Crijnsenstraat 6, San Nicholas. ☎ 45132. Ö: 11.30-23.00 Uhr. Preisgünstige chinesische Gerichte.
- *Charlie's Restaurant*, Zeppenfeldtstraat 56, San Nicholas. ☎ 45086. Ö: 12.00-21.30 Uhr, sonntags und an Feiertagen geschlossen. In dem urigen Restaurant wird kreolische und internationale Küche angeboten. (Siehe auch *Ortsbeschreibung-San Nicholas*.)

Nachtclubs und Bars:

- *Charlie's Bar*, Zeppenfeldtstraat 56, San Nicholas. ☎ 45086. Ö: 12.00-21.30 Uhr, teilweise auch schon früher geöffnet und länger offen, sonntags und an Feiertagen geschlossen.
- *Chesterfield Night Club*, Zeppenfeldstraat 57, San Nicholas. ☎ 45109.

Fahrt entlang der Ostküste

Die Fahrt von San Nicholas nach Fontein ist entweder entlang der Ostküste oder direkt von San Nicholas durchs Landesinnere möglich.

Die erste Alternative führt entlang der gut ausgebauten Straße von San Nicholas Richtung Ostküste. Am Ende der Straße führt ein nicht sehr gut befahrbarer Weg nach links entlang der Küste.

Diese Strecke sollte nur mit dem Jeep befahren werden. Sie führt vorbei an **Boca Grandi**, einem ausgezeichneten Windsurf-Platz. An der Nordküste gelangt man auf eine besser befahrbare Straße, die zu den Guadirikiri-Höhlen und den Fontein-Höhlen führt.

Der direkte Weg führt von San Nicholas bergauf aus dem Ort hinaus. Dann geht es weiter über eine holprige Straße. Sie wird streckenweise von hochwachsenden Kakteen gesäumt.

In der hügeligen Landschaft stehen nur vereinzelt *Cunucus*, wie die kleinen Häuser mit ihren teilweise landwirtschaftlich genutzten Gärten in Papiamento genannt werden.

Hinweis: Vorsicht vor kreuzenden Ziegen. Auch wilde Esel sind zu beobachten, aber sie sind sehr scheu und daher selten zu sehen.

Insel- und Ortsbeschreibungen

Auf der linken Seite sieht man die Mauern des **International Raceway Track**, einer Rennstrecke, die oft für internationale LKW-Rennen genutzt wird.

Weiter an der Ostküste entlang passiert man linkerhand Militärgelände. Wenn eine rote Flagge gehißt wird, ist der Zutritt zum Gelände verboten, da dann militärische Schieß-Übungen stattfinden.

Die erste Höhle auf der Strecke ist der **Tunnel of Love**. Er bietet einen spannenden Ausflug unter die Erde, den man nicht ohne Lampe unternehmen sollte. Am Eingang zur Höhle wird der gemeinsame Eintrittspreis für die drei Höhlen Fontein, Tunnel of Love und Quadirikiri kassiert.

Für die Besichtigung des Tunnel of Love erhält man nach Zahlen der Eintrittsgebühr außerdem eine Taschenlampe. Man sollte vorher genau die Funktion der Lampe überprüfen, da es in der Höhle stockdunkel ist.

In der Höhle ist in einer Tiefe von 30 m eine kleine Tropfsteinfigur zu sehen, die die Gestalt der heiligen Maria mit Jesuskind zu zeigen scheint.

Dieser Durchgang durch die Höhle dauert etwa 20 Minuten und ist nur für sichere Kletterer wirklich zu empfehlen.

Die Gesamtlänge des Tunnel of Love beträgt 320 m, die sechs Räume der Höhle sind im Durchschnitt 2,5 m hoch.

Hinweis: In der Höhle möglichst wenig Lärm verursachen, da sonst die Fledermäuse aufgescheucht werden.

- *Tunnel of Love*. Cave Management, ☎ 47449. Ö: 10.00-18.00 Uhr. Eintritt: 5 US$, Kinder zahlen den halben Preis. Der Preis schließt die Besichtigung der beiden anderen Höhlen ein.

Nur knapp 50 m nach der Abzweigung zum Tunnel of Love liegt die kleine **Huliba-Höhle**. Lediglich der erste Raum ist zu betreten, der hintere Teil ist abgesperrt.

Die nächste Höhle, die **Quadirikiri Höhle**, zeigt viele Stalagmiten und Stalagtiten. Die drei Räume der Höhlen reichen 150 m in den Fels hinein und haben eine Durchschnittshöhe von drei Metern. Hier ist eine Taschenlampe nicht unbedingt erforderlich, da das einfallende Licht ausreicht.

Im Gebiet der Fontein Höhle befindet sich ein natürliches Wasserreservoir. Ein Farmer baut hier Gemüse an. An den Felsen geht es hinauf zu den **Fontein Höhlen**, der Weg ist ausgeschildert.

Diese Höhlen wurden durch ihre **Indianerzeichnungen** an der Decke bekannt. Schmierereien von Touristen haben die Zeichnungen allerdings überdeckt. Die Höhle ist etwa 70 m lang und durchschnittlich drei m hoch. Sie entstand, als vor Jahrtausenden der Meeresspiegel höher lag und das Wasser langsam den Fels aushöhlte.

Hinweis: Zur Besichtigung ist eine Lampe nötig.

Weiter entlang der Küste erreicht man die **Dünen von Boca Prins**. Der Strand **Boca Prins** hat sehr schönen weißen Sand, der allerdings im oberen Teil durch den angeschwemmten Abfall oft verschmutzt ist. Der Weg führt weiter nach **Dos Playa**. Dies sind herrliche Zwillingsstrände mit weißem Sand. Vom Schwimmen ist hier allerdings aufgrund der hohen Wellen und der gefährlichen Strömungen abzuraten. Da die Strände sehr abgelegen sind, werden sie oft als Oben-ohne- oder Nacktbadestrände genutzt.

Auf dem Rückweg durch das Landesinnere passiert man den **Arikok-Nationalpark** und das Teilprojekt **Cunucu Arikok**. Aufgrund der nur mangelhaften Ausschilderung ist er nicht leicht zu finden, aber die freundlichen Arubaner werden gerne Auskunft geben, welche Abzweigung nach rechts die richtige ist. (Weitere Informationen zum Park siehe unten, Kapitel *Arikok-Nationalpark.*)

Vor der Rückfahrt Richtung Santa Cruz bieten sich weitere interessante Abstecher an. Kurz hinter der Abzweigung zum Arikok-Nationalpark geht die Straße nach links ab Richtung **Jamanota**. In dieser kleinen Ortschaft führt der Weg nach links zum gleichnamigen Berg, der höchsten Erhebung Arubas. Der **Jamanota** ist etwa 205 m hoch und über einen steilen Holperweg zu erreichen.

Hinweis: Auf einem schmalen Weg kann man vom Jamanota auch nach Fontein fahren. Dieser Weg führt durch sehr karges Hügelland und durch die Steinbrüche der Insel. Bei gehißter roter Fahne sollte man die Steinbrüche nicht passieren, da gesprengt wird. Dieser Weg ist nur mit einem Jeep befahrbar.

Ein anderer Abstecher führt von der Ortschaft Jamanota nach rechts und auf einem schmalen Weg nach links zu dem **Masiduri Cunucu Haus** und dem **Masiduri Experimental Garten**. Das zerfallende Cunucu-Haus ist noch ganz in der traditionellen Bauweise, mit Lehmwänden und einem mit Stroh bedecktem Dach aus Kaktusholz, erbaut. An der Ruine kann man die alte Bauweise sehr schön erkennen.

Hinweis: Beim Betreten des Hauses auf Klapperschlangen achten!

Im Experimental Garten, der ein Stück weiter entfernt liegt, wird der Anbau von Aloe gezeigt. Er

Insel- und Ortsbeschreibungen

liegt etwas versteckt und ist vom Weg zum Cunucu-Haus über die Abzweigung nach rechts zu erreichen. Die Rückfahrt geht über Santa Cruz direkt nach Oranjestad.

ARIKOK-NATIONALPARK

Es bestehen schon seit 1972 Pläne, im Nordosten der Insel ein größeres Gebiet als Arikok-Nationalpark zu deklarieren. Benannt ist dieses Gebiet nach dem 187 m hohen Hügel **Arikok**. Bisher sind die Bemühungen der STINAPA-Aruba (*Stiftung Nationale Parken Aruba*) allerdings noch nicht sehr weit fortgeschritten. Das Teilprojekt **Cunucu Arikok** ist dagegen schon fertiggestellt. Es befindet sich auf einem ehemals privaten Grundstück. Zu dem von einer niedrigen Steinmauer eingezäunten Areal besteht durch ein kleine Pforte beim Parkplatz Zutritt, eine Eintrittsgebühr wird nicht erhoben.

Der Garten soll die unberührte Natur Arubas erhalten, so gibt es beispielsweise viele verschiedene Kakteenarten und Watapana-Bäume (Divi-Divi). Letztere wachsen in diesem windgeschützten Park in ihrer urspünglichen Form und werden nicht vom Wind nach Westen geneigt.

Besonders am frühen Morgen und in den Abendstunden, ab 17.00 Uhr, lassen sich viele Vögel beobachten. Auch ist zu diesen Zeiten die Hitze in diesem windstillen Garten erträglicher.

An drei Stellen sind an den Felsen alte Indianerzeichnungen zu sehen. An einer Stelle dient ein Gitter als Schutz der Zeichnungen vor Ziegen und den Kritzeleien der Touristen. Die Zeichnungen sind vor allem deshalb so gut erhalten, da sich das gesamte Areal des Arikok-Nationalparks lange Zeit in Privatbesitz befand.

Am anderen Ende des kleinen Parks steht ein in der traditionellen Bauweise errichtetes Häuschen aus dem 19. Jh., ein sogenanntes *Cunucu*. Rechts neben dem Eingang ist eine Zisterne für kaltes Wasser, im Gebäude sind wenige alte Gebrauchsgegenstände ausgestellt.

Kundige Führungen durch den Park unternimmt
- *Ferdi Maduro*, Corvalou Mountain Bike Rental and Jeep Tours. ☎ 35742 und außerhalb der Bürostunden 38383.

Aruba

Insel- und Ortsbeschreibungen

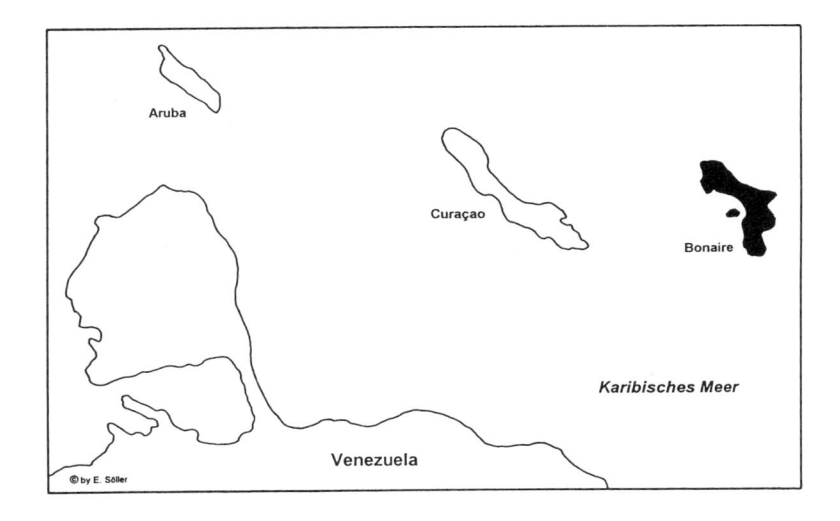

BONAIRE

Fläche: 288 km²
Einwohner: 11 000
Hauptstadt: **Kralendijk**

Bonaire, das idyllische Naturparadies der ABC-Inseln, hat sich seine Ursprünglichkeit bewahrt. Noch gibt es nur wenig Tourismus auf Bonaire, selbst die wenigen Hotels stellen sich noch nicht als Hochbauten, wie auf den anderen Inseln, dar.

Der Hauptort **Kralendijk** ist eine idyllische Kleinstadt. Das alte Fort Oranje zählt zu den Sehenswürdigkeiten der Stadt. Ein weiteres sehenswerte Gebäude ist das Regierungsgebäude und auch das kleine Museum ist einen Besuch wert.

Vor allem als Tauchparadies wird Bonaire in den Reiseprospekten angeboten, und überwiegend Taucher sind es auch, die hier ihren Urlaub verbringen. Die leicht vom Land zu erreichenden Tauchplätze bieten alles, was die Unterwasserwelt an Schönheiten vorzuweisen hat. Das gesamte Unterwassergebiet um Bonaire wurde als Naturschutzgebiet erklärt, um die herrliche

Insel- und Ortsbeschreibungen

Unterwasserwelt trotz Tauchtourismus intakt zu erhalten.

Schöne Tauchziele, die allerdings nur mit dem Boot zu erreichen sind, liegen auch um die kleine, der Küste von Kralendijk vorgelagerte Insel **Klein Bonaire**.

Ebenso an Land erweist sich Bonaire als Naturschönheit. **Der Norden** hält beeindruckende Küstenlandschaften und viele Sehenswürdigkeiten bereit, die auf einer Rundfahrt von 60 km Länge besichtigt werden können. So können in der Bucht des Goto Sees der Flamingo, der Nationalvogel Bonaires, und viele andere Wasservögel beobachten werden.

An der rauhen Nordküste findet man in Felsenhöhlen über 500 Jahre alte, sehr gut erhaltene Indianerzeichnungen, die von den ersten Einwohnern der Insel Zeugnis geben.

Einen Besuch lohnt außerdem die kleine Stadt Ricon, die älteste Ansiedlung auf Bonaire.

Im äußersten Norden liegt der **Washington Slagbaai Park**, ein nationaler Naturpark mit beeindruckenden Kaktuswäldern, wo Papageien und zahlreiche andere Vogelarten beobachtet werden können. Auch hier sind an einigen Stellen Flamingos zu sehen. Der Park lädt zu ausgiebige Ausflügen ein, an den hübschen Buchten und Stränden können Picknicks gehalten werden.

Der Süden Bonaires wird überwiegend von den Salzpfannen eingenommen. Die Rundfahrt von etwa 30 km Länge führt vorbei an alten Sklavenhütten und an Obelisken, die den Salzschiffen früher als Orientierungspunkt dienten.

In den alten Salzpfannen wird auch heute noch Salz gewonnen. Von der Straße aus sind die Salzpfannen der Salzgewinnungsanlage und die aufgeschütteten Salzberge zu sehen.

An der Küste reiht sich ein Strand an den nächsten. Sehr beliebt ist Pink Beach, ein weiter Sandstrand, der in den Abendstunden rosa leuchtet.

Ein schönes Ausflugsziel ist die Bucht von Lac Bay. Direkt am Strand wird an den Wochenenden Live-Musik geboten.

1 Jachthafen
2 Grotte Curado
  & Grotte Bajashi
3 Devil's Mouth
4 BOPEC Öllager
5 Dos Pos
6 Para Mira
7 Grotta di Lourdes
8 Indianerzeichnungen

9 Blauer Obelisk & Blauwe Pan
10 Weißer Obelisk, Witte Pan
   & Sklavenhütten
11 Oranger Obelisk & Oranje Pan
12 Roter Obelisk, Rode Pan
   & Sklavenhütten
13 Marcultura
14 Lac Bay Beach
15 Sorobon Beach

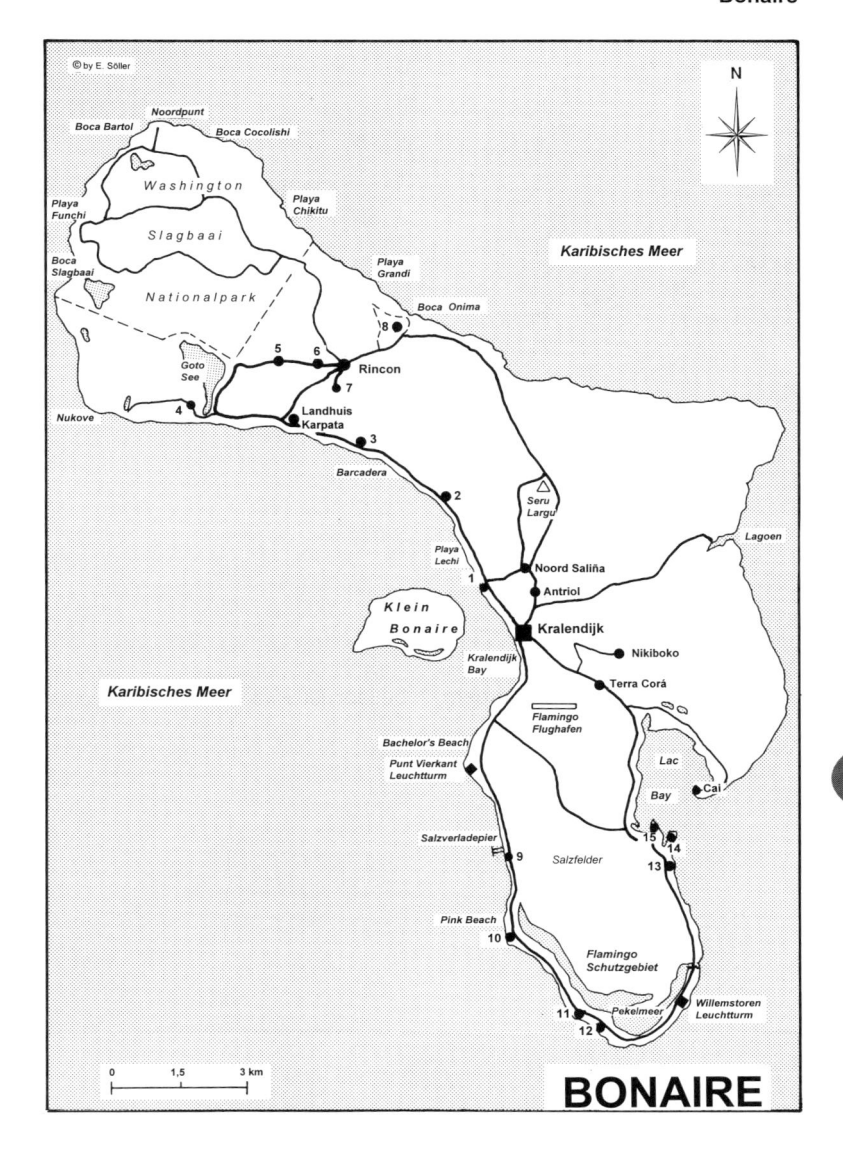

Bonaire

Insel- und Ortsbeschreibungen

KRALENDIJK

Kralendijk, was übersetzt Korallendeich bedeutet, liegt in der geschützten Bucht **Kralendijk Bay**. In der kleinen ruhigen Hauptstadt mit ihren etwa 8 000 Menschen befinden sich fast alle Hotelanlagen. Sie nehmen große Teile der Küstenlinie bei Kralendijk, besonders die anliegenden Strände südlich und nördlich der Stadt, ein. Im Gegensatz zu den beiden Schwesterinseln fügen sich die Hotels auf dieser kleinen Insel ins Stadtbild, nur die neugeplanten Hotels fallen mit mehr als drei Stockwerken ins Auge.

An Kralendijk schließen sich mehrere kleine Vororte an. Im Norden liegt **Noord Saliña Village** und **Antriol Village**, im Süden schließen sich **Sabana Village**, **Nikiboko Village** und **Terra Corá Village** an. Terra Corá ist historisch interessant, da das Dorf schon 1835 entstand. Es diente als Quartier für die Sklaven, die, um die Entfernung zu den Salzpfannen zu verkürzen, von Ricon hierher verlegt wurden. Heute ist der Ort recht klein und hat nur noch rund 300 Einwohner.

Kralendijk vorgelagert liegt die kleine Insel **Klein Bonaire**. Sie ist unbewohnt, flach und beinahe kreisrund. Vom Nordpier aus wird das wegen seiner schönen Strände beliebte Ausflugsziel mit dem Boot angesteuert. Die Entfernung beträgt nur etwa 800 m. Für Taucher hält das Riff um die sechs km^2 große Insel schöne Tauchplätze bereit.

Im Stadtkern liegen die wichtigsten Sehenswürdigkeiten Kralendijks. Einige der Gebäude stammen noch aus dem 17. und 18. Jh. Sie wurden mit Hilfe der niederländischen Regierung restauriert. Am Ortsausgang Richtung Norden liegt der malerische Jachthafen.

Rundgang: Der Rundgang beginnt am **Fort Oranje**. Das gut erhaltenen Fort ist, verglichen mit den großen Forts in den Hauptstädten der Schwesterinseln, klein und wirkt wenig imposant.

1 **Fischmarkt**
2 **Plaza Reina Wilhelmina & Protestantische Kirche**
3 **Post**
4 **Polizeistation**
5 **Touristenbüro**
6 **Regierungsgebäude**
7 **Fort Oranje**
8 **Katholische Kirche**
9 **Museum**
10 **Plaza Reina Juliana**
11 **Harbourside Mall**
12 **Restaurant** *Bistro des Amis*
13 **Hotel** *Rochaline*
14 *Mona Lisa Restaurant*
15 *Divi Flamingo Beach Hotel*

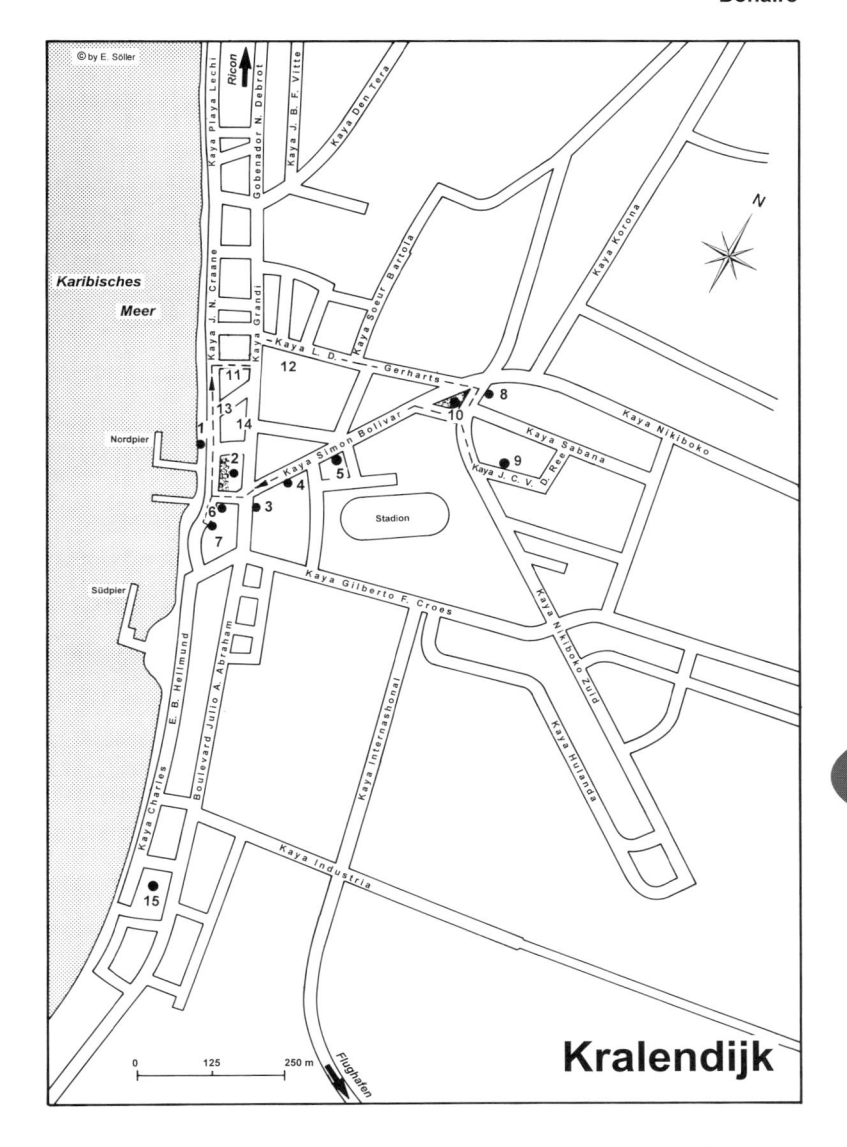

Bonaire

Kralendijk

Insel- und Ortsbeschreibungen

Dies liegt aber vor allem an den umliegenden Gebäuden, die das Fort etwas verdecken. Zur Zeit seiner Erbauung, 1639, hob sich das Fort von der kleinen Siedlung ab und bot vom Meer einen imposanten Anblick. Seine Bewaffnung bestand aus vier Eisenkanonen, eine für damalige Verhältnisse gute Ausrüstung, die aber nie eingesetzt werden mußte.

Im Fort befanden sich das Gefängnis und Lagerräume. Bis 1837 war es Sitz der Regierung, später wurde es zum Hauptquartier der Inselpolizei und der Feuerwehr. Heute ist in den Räumen die Hafenbehörde untergebracht.

Um 1870 erhielt das Fort einen Turm aus Holz, der erst 1932 durch den heutigen Leuchtturm ersetzt wurde.

Direkt neben dem Fort befindet sich das von einem hohen Gitter umrahmte, hübsche **Regierungsgebäude**. Der sich anschließende kleine Platz ist der **Plasa Reina Wilhelmina**, auf dem ein Denkmal an das 300jährige Bestehen der niederländischen Hoheit erinnert. Die schlichte **protestantische Kirche** an der Ostseite des Parks wurde 1857 erbaut.

Zur Meerseite liegt das **Nord Pier**, wo die Kreuzfahrtschiffe anlegen, und das Gebäude des Zolls. Am Meer fällt zudem ein kleines, im griechischen Stil gehaltenes Bauwerk auf, der **Fischmarkt**. Wie der Name sagt, war der Bau zunächst als Fischmarkt vorgesehen, aber er wird überwiegend als Obst- und Gemüsemarkt genutzt.

Es geht weiter entlang der Uferpromenade an der **Kaya J.N. E. Craane**. Dank der Bewässerung können hier schattenspendende Palmen gedeihen. Auf einem Anlegesteg liegt linkerhand eine hübsche Bar. Auf der gegenüberliegenden Straßenseite befindet sich der Eingang zur Einkaufszeile **Harbourside Mall** mit ihren Snackbars, Restaurants und kleinen Shops.

Durch sie hindurch führt der Weg zur Einkaufsstraße Kralendijks, der **Kaya Grandi**. Dort erblickt man auf der gegenüberliegenden Straßenseite ein schönes Kolonialgebäude, in dem sich im ersten Stock eine Diskothek befindet. Vor dem Gebäude ist die **Taxihaltestelle** Kralendijks.

Die Kaya Grandi ist ebenso wie die Kaya J.N. E. Craane streckenweise Einbahnstraße. Neben Souvenirläden gibt es hier vor allem Geschäfte, die Kleidung und Elektroartikel anbieten. Der verkehrsberuhigte Teil der Straße mit seinen vielen Läden setzt sich nach rechts fort.

Auf der rechten Straßenseite führt in einem Gebäude eine Treppe hinauf zu einer weiteren Ladengalerie. Auf einer Terasse über einem hübsch angelegten Innenhof gibt es dort

Bonaire

Fort Oranje

Insel- und Ortsbeschreibungen

ein Restaurant mit Bar, außerdem mehrere kleine Läden.

Dem Nationalvogel von Bonaire, dem Flamingo, wurde in dieser Straße ein besonders hübsches Denkmal gesetzt: Unter den meisten Straßenlampen ist im Straßenbelag ein Flamingo aus runden Steinen nachgebildet.

Von der Einkaufszeile Harbourside Mall gesehen nach links endet die Einbahnstraße und geht an der Kurve in die stark befahrene Durchgangsstraße Kaya Grandi/Kaya L.D. Gerharts über. An diesem Teil der Kaya Grandi finden sich auf der linken Seite zwei größere Supermärkte und auf der rechten Seite, nur wenige Meter entfernt, eine Buchhandlung. Hier erhält man vergleichsweise preisgünstige Straßenkarten von Bonaire, außerdem auch Postkarten und die entsprechenden Briefmarken.

Ein etwas längerer Abstecher auf der Kaya Grandi führt zu einer besonderen Galerie auf Bonaire, die etwa 500 m weiter auf der linken Seite zu finden ist. Zur Unterstützung der heimischen Künstler eröffnete die Stiftung für Kunst von Bonaire (*Fundashon Arte Industri Bonairiano*) die **Galeria di Arte**. Hier werden Werke von auf Bonaire lebenden Künstlern auf Kommissionsbasis angeboten. Vierteljährlich kommt eine neue Ausstellung in die Galerie, die etwa 20 Künstlern eine Chance bietet.

- *Galeria di Arte*, Kaya Grandi 70. Ö: Montag bis Freitag von 8.00-12.00 Uhr und von 14.00-18.00 Uhr, samstags nur am Vormittag geöffnet.

Der Rundweg führt weiter entlang der **Kaya L.D. Gerharts**. Es geht vorbei an Restaurants und weiteren Geschäften. Am Ende der Kaya L.D. Gerharts liegt linkerhand der kleine **Plaza Reina Juliana**. Dieser „Platz" ist nicht viel mehr als eine schattige Verkehrsinsel mit Bank. Auf der gegenüberliegenden Straßenseite stehen die langgestreckten Gebäude der **Sint Bernardus Schule**, und hinter dem Platz erhebt sich die **katholische Kirche**.

Einen Besuch wert ist das kleine **Museum** des *Departmento di Cultura y Educashon Bonaire*. Es liegt etwas versteckt, ist aber vom Plaza Reina Juliana leicht zu finden. Entlang der **Kaya Nikiboko Zuid**, die gegenüber der Schule vom Platz wegführt, geht es bis zur Seitenstraße **Kaya J.C.V.D. Ree**. Das Museum ist das zweite Gebäude auf der linken Seite auf dieser nach links abzweigenden Straße.

Das Museum besteht aus drei kleinen Räumen. Im ersten Raum werden in Schaukästen Korallen, Muscheln und Gesteinsproben der Insel ausgestellt und auf Schautafeln die Architektur Bonaires erläutert. Der zweite Raum zeigt historische Gebrauchsgegenstände, alte Karnevalskostüme und Werkzeuge. Der dritte Raum befaßt sich mit den archäologischen Funden auf Bonaire.

Die Ausschilderung der Exponate ist recht dürftig und wenn vorhanden, dann nur auf niederländisch und papiamento. Aber die Ausstellungsstücke sind überwiegend auch ohne Beschreibung aussagekräftig und sehr interessant.
- *Departmento di Cultura y Educashon Bonaire*, Kaya J.C.V.D. Ree. Ö: 8.00-12.00 Uhr und 13.00-17.00 Uhr.

Zurück am Platz geht es entlang der **Kaya Simon Bolivar** zurück ins Stadtzentrum. Auf der linken Seite steht das **Touristenbüro**. Hier sind viele Informationen über die Insel erhältlich. (Öffnungszeiten siehe unten bei *Weitere Informationen*.)

Gegenüber dem Touristenbüro steht ein kleines **Denkmal** mit der Büste von *Simon Bolivar*, dem Befreier Venezuelas, nach dem die Straße benannt ist.

Nur ein kurzes Stück weiter passiert man auf der linken Seite die **Bibliothek**. Sie liegt etwas verdeckt hinter einem anderen Gebäude. (Ö: Dienstags bis freitags von 8.00-12.00 Uhr, montags, mittwochs und donnerstags von 14.00-18.00 Uhr, dienstags bis 20.00 Uhr und freitags bis 17.30 Uhr.)

Uferpromenade von Kralendijk

Insel- und Ortsbeschreibungen

Abermals auf der linken Straßenseite fällt hinter der Tankstelle das große Gebäude des **Fernsprechamtes** ins Auge. Hier sind Telefonkarten erhältlich. Alle Telefone beim Telefon Office sind Kartentelefone. Etwas weiter zurück liegt die **Polizeistation**, ein langstrecktes, zweistöckiges Gebäude.

Am Ende der Straße geht es nach links um die Kurve. Hier trifft man auf das Gebäude der **Post**. Es liegt auf der linken Seite. Im Schalterraum gibt es ein Münztelefon, der Briefkasten (ein einfacher Briefschlitz) ist außen angebracht. (Öffnungszeiten siehe Kapitel *Praktische Hinweise - Post*.)

Vom Postgebäude ist es nur ein kurzes Stück über die Straße und einen Parkplatz zurück zum Plasa Reina Wilhelmina. Hier endet der Rundgang.

Unterkunft: In Kralendijk befinden sich die meisten Hotels der Insel. Nachfolgend werden die wichtigsten entsprechend ihrer Lage von Süden nach Norden aufgeführt.

- *Carib Inn*, J.A. Abraham Boulevard. ☎ 8819, Fax: 5295. DZ: 69 US$, in der Nebensaison 59 US$. Ausstattung: 10 Zimmer, Pool, Strand, Wassersportangebote, Kabelfernsehen.

- *Divi Flamingo Beach Hotel & Casino*, J.A. Abraham Boulevard. ☎ 8285, Fax: 8238. DZ: 205 US$, in der Nebensaison 125 US$. Ausstattung: 145 Zimmer, Restaurant, Casino, Pool, Strand, Tennisplatz, Wassersportangebote, Souvenirshop, Babysitter, Kitchenette, Kabelfernsehen. Alle Einrichtungen im Hotel sind behindertengerecht. Beim Hotel befindet sich das einzige Casino der Insel (Ö: ab 20.00 Uhr).

- *Bonaire Sunset Villas*, P.O. Box 115. ☎ 8291, Fax: 8118. DZ: 80 US$. Ausstattung: Strand, Babysitter, Kitchenette, Kabelfernsehen. Die verschiedenen Appartments der Bonaire Sunset Villas befinden sich in Kralendijk, in der Nähe des Punt Vierkant Leuchtturms und im Gebiet von Santa Barbara.

- *Hotel Rochaline*, Kaya Grandi. ☎ 8286, Fax: 8258. DZ: 65 US$, in der Nebensaison 55 US$. Ausstattung: 35 Zimmer, Wassersportangebote, Kitchenette. Das Hotel liegt im Stadtzentrum Kralendijks.

- *Sunset Oceanfront Apartments*, Kaya C.E.B. Hellmund. ☎ 8291, Fax: 8118. DZ: 140 US$, in der Nebensaison 100 US$. Ausstattung: 12 Apartments, Pool, Wassersportangebote, Tennisplatz, Babysitter, Kitchenette, Kabelfernsehen.

- *Harbour Village Bonaire*, Kaya Gob. N. Debrot. ☎ 7500, Fax: 7507. DZ: 235 US$, in der Nebensaison 165 US$. Ausstattung: 72 Zimmer, Restaurant, Pool, Strand, Wassersportangebote, Kabelfernsehen.

- *Sunset Beach Hotel*, Kaya Gob. N. Debrot. ☎ 5300, Fax: 8593. DZ: 100 US$, in der Nebensaison 75 US$. Ausstattung: 148 Zimmer, Restaurant, Pool, Strand, Tennisplatz, Wassersportangebote, Souvenirshop, Kabelfernsehen.

- *Sand Dollar Beach Club*, Kaya Gob. N. Debrot. ☎ 8738, Fax: 8760. DZ: 160

Bonaire

US$, in der Nebensaison 140 US$. Ausstattung: 69 Zimmer, Restaurant, Pool, Strand, Tennisplatz, Wassersportangebote, Souvenirshop, Babysitter, Kitchenette, Kabelfernsehen.
- **Buddy Dive Resort**, Kaya Gob. N. Debrot. ☎ 5080, Fax: 8647. DZ: 75 US$. Ausstattung: 20 Zimmer, Pool, Strand, Wassersportangebote, Kitchenette.
- **Coral Regency Resort**, Kaya Gob. N. Debrot. ☎ 5580, Fax: 5680. DZ: 180 US$, in der Nebensaison 140 US$. Ausstattung: 32 Zimmer, Restaurant, Pool, Strand, Wassersportangebote, Kitchenette, Kabelfernsehen.
- **Captain Don's Habitat**, Kaya Gob. N. Debrot. ☎ 8290, Fax: 8240. DZ: 145 US$, in der Nebensaison 89 US$. Ausstattung: 59 Zimmer, Restaurant, Pool, Strand, Wassersportangebote.

Essen: Viele Restaurants befinden sich direkt bei den Hotels. Die Nennung erfolgt auch hier entsprechend ihrer Lage von Süden nach Norden.

Südlich vom Stadtkern
- **Toys Grand Cafe**. ☎ 6666. Ö: Ab 16.00 Uhr. Indonesische und französische Küche, die Besonderheit ist B.B.Q am eigenen Tisch.
- **Richard's Waterfront Dining**, J.A. Abraham Blvd. 60. ☎ 5263. Ö: 18.30-22.30 Uhr, montags geschlossen. Es wird typische karibische Küche, so auch viele Fischspezialitäten, angeboten.
- **Calabas Terrace & Chibi-Chibi Restaurant**, Flamingo Beach Hotel. ☎ 8285 und 8485. Ö: Täglich 18.00-22.00 Uhr, in der Calabas Terrace sind ab 12.00 Uhr kleine Snacks erhältlich. Am Abend werden karibische Spezialitäten, amerikanische und indonesische Gerichte serviert.
- **'t Ankertje**, Kaya C.E.B. Hellmund 17. ☎ 5216. Ö: 16.00-24.00 Uhr, sonntags geschlossen. Niederländische Küche, besonders gut sind Steaks und die Fischgerichte.
- **Raffles Restaurant**, Kaya Helmund 5. ☎ 8617. Französische Küche und Fischspezialitäten, Gerichte um 18 Naf. Zum Restaurant gehört ein Souvenirshop.

Im Zentrum von Kralendijk
- **Croccantino**. ☎ 5025. Italienische Spezialitäten, Restaurant in der Haborside Mall mit Blick aufs Meer.
- **Cozzoli's Pizza**. ☎ 5195. Pizza-Schnellimbiß in der Haborside Mall. Am Sonntag geschlossen. Snacks ab 5 US$.
- **Jardin Tropical**, La Terazza Shopping Mall. Französische Spezialitäten.
- **Lisboa Terrace**, Hotel Rochaline. ☎ 8286. Lokale und internationale Gerichte, Fischspezialitäten.
- **Mona Lisa Bar & Restaurant**, Kaya Grandi 15. ☎ 8718. Gemütliches Restaurant mit niederländischer und französischer Küche.
- **Beefeater Restaurant**, Kaya Grandi 12. ☎ 7776. Traditionelle lokale Küche. Es werden auch vegetarische Gerichte angeboten.
- **Zeezicht Restaurant**, Kaya Körsòw 1. ☎ 8434. Kontinentale Küche und Fischspezialitäten.
- **Bistro des Amis**, Kaya L.D. Gerharts 4. ☎ 8003. Ö: Montags bis samstags von 18.00-23.00 Uhr. Französische Küche bei hohem Preisniveau. Reservierung ist angebracht.

Insel- und Ortsbeschreibungen

- *China Garden Restaurant*, Kaya Grandi. ☎ 8480. Ö: Dienstags geschlossen. In dem alten, schön renovierten Gebäude werden chinesische und indonesische Gerichte angeboten.
- *Rendez Vous Restaurant & Espresso Bar*, Kaya L.D Gerharts 3. ☎ 8454 und 8539. Ö: 18.00-23.00 Uhr, sonntags geschlossen. Niederländische und amerikanische Küche, auch vegetarische Gerichte werden angeboten.
- *Twins Chicken Salad Bar*, Kaya L.D. Gerhards. ☎ 4433. Ö: 11.00-24.00 Uhr. Preiswerte lokale Küche, vor allem Gerichte mit Huhn.
- *Refreskeria si*, Kaya Simon Bolivar. Lokale Küche und Snacks.

Nördlich vom Stadtkern

- *Kasa Coral & La Balandrina*, Harbour Village Beach Resort. ☎ 7500. Ö: 19.00-22.00 Uhr.
- *Playa Lechi Restaurant & Sunset Terrace*, Sunset Beach Hotel. ☎ 5300. Beinahe jeden Abend finden Veranstaltungen zu verschiedenen Themen statt.
- *Den Laman Aquarium Bar & Restaurant*. ☎ 8955. Ö: 18.00-23.00 Uhr. In dem Restaurant mit den großen Aquarien werden täglich vier verschiedene, frische Fischarten angeboten.
- *The Oceanfront*, Coral Regency Resort. ☎ 5644 und 5580. Ö: 7.30-11.00 Uhr, 12.00-16.30 Uhr und 17.30-22.30 Uhr, an der Bar ist täglich von 17.00-18.00 Uhr Happy Hour. Amerikanische Küche und Fischgerichte ab 13 US$.
- *Rum Runners Cocktail Bar & Restaurant*, Captain Don's Habitat. ☎ 8290. Große Auswahl an Cocktails. Karibische und internationale Küche.
- *Hill Top Bar & Restaurant*, Bonaire Caribbean Club, Barcadera Beach. ☎ 7901. Ö: 16.00-24.00 Uhr. Vom Restaurant bietet sich eine schöne Aussicht aufs Meer.

Nachtclubs und Bars:

- Diskothek *E Wowo*, Kaya Grandi 38. „E Wowo" bedeutet übersetzt „das Auge". Die Disko liegt im Zentrum des Ortes und ist besonders am Wochenende gut besucht. Ö: Wochentags von 21.00-2.30 Uhr und am Wochenende von 22.00-4.00 Uhr, in der Nebensaison nur von Donnerstag bis Sonntag geöffnet. Eintritt: 5 US$, mittwochs zur „Lady's Night" haben Frauen freien Eintritt.

Weitere Informationen

- *Bonaire Tourism Corporation*, Kaya Simon Bolivar 12, Kralendijk, Bonaire N.A. ☎ 8322, 8649, Fax 8408.

Die **Tankstelle** in Kralendijk (Kaya Simon Bolivar) ist Montag bis Samstag von 7.00-21.00 Uhr und sonntags von 9.00-15.30 Uhr geöffnet. Die Tankstelle von Antriol, einem Vorort Kralendijks, ist nur wochentags geöffnet.

In fast jedem Monat wird ein sogenanntes **Kaya Grandi Festival** veranstaltet. An diesem Tag bleiben die Geschäfte bis 21.00 Uhr geöffnet und in der Einkaufsstraße Kaya Grandi wird bis etwa 23.00 Uhr musiziert und getanzt. Der jeweilige Termin des Festivals ist beim Touristenbüro und aus den kostenlos erhältlichen Touristeninformationen zu erfahren.

Bonaire

Fort Oranje

Slagbaai

Insel- und Ortsbeschreibungen

Pink Beach

Blick auf den Goto See

Insel- und Ortsbeschreibungen

Fischer am Kralendijk Bay

DER NORDEN

Da die Westküstenstraße von Kralendijk nach Karpata nur von Süden nach Norden befahrbar ist, empfiehlt sich Fahrt nach Ricon entlang diesem Küstenabschnitt und die Rückfahrt, nach einem Abstecher zum Washington Slagbaai Nationalpark, entlang der Nordküste und durch das Landesinnere. (Informationen zum Washington Slagbaai Nationalpark siehe im Kapitel *Washington Slagbaai Nationalpark*.)

Rundfahrt: Am Ortsausgang von Kralendijk passiert man den malerischen **Jachthafen**. Gegenüber befindet sich die Funkstation des **Radio Nederland Wereldomroep**. In einem kleinen Museum werden Teile der alten Sendeanlagen ausgestellt.

Etwas weiter passiert man linkerhand die Station des **Trans World Radio**. Der Strand des Sunset Beach Resort, **Playa Lechi**, ist ein schöner Sandstrand. Seinen Namen „Milchstrand" erhielt er wegen des feinen, weißen Sandes. Playa Lechi bietet vor allem für Wassersportler gute Bedingungen.

Rechts passiert man das **Bonoil Depot Bonaire**. Es ist das Tanklager Bonaires, von dem aus die Tankstellen versorgt werden.

Direkt hinter dem Tanklager beginnt die Siedlung **Rosendahl**. Die Straßen dieser Siedlung tragen alle die Namen von niederländischen Ortschaften. Gegründet wurde die Siedlung von katholischen Nonnen und Priestern, die zur Christianisierung und Unterrichtung der Sklaven auf die Insel gekommen waren.

Über einen kleinen Durchlaß geht es aus Rosendahl heraus in den Bezirk **Santa Barbara**. Auf dem wüsten, mit Kakteen bewachsenen Land ist der Bau neuer Hotelanlagen geplant. Hier können oftmals die scheuen Papageien beobachtet werden.

Nach einer Linkskurve passiert man einen alten Steinbruch, in dem früher die Steine für den Hausbau gebrochen wurden.

Vorsicht: Freilaufende Ziegen können die Straße kreuzen!

Die Vegetation wird höher, es sind vor allen Dingen baumhohe Kakteen, die die Straße säumen. Schließlich führt die Straße steil hinab und mit einer Rechtskurve wieder zurück an die Küste.

An der rechten Straßenseite erheben sich nun steile Felswände aus Korallenstein, deren Auswaschungen von dem in früherer Zeit höheren Meeresspiegel zeugen.

Auf der linken Seite erscheint eine Hotelanlage, die an dem schönen Strand **Barcadera** liegt. In der Nähe befinden sich die

Insel- und Ortsbeschreibungen

ältesten Grotten und Höhlen der Insel, so etwa die **Grotto Curado** und die **Grotto Bajashi**, die mit einer Taschenlampe erkundet werden können. Im Hotel kann man sich den Weg zu den Höhlen beschreiben lassen.

Vorsicht: Die Straße weist stellenweise Schlaglöcher auf, deshalb vorsichtig und langsam fahren!

Es erheben sich rechterhand die 14 Sendemasten des **Radio Nederland**. Ihnen gegenüber liegt der Eingang des Tauchplatzes **1 000 Steps**, doch es sind weniger als 1 000 Stufen, die hinunter an den hübschen, gleichnamigen Strand führen. Lediglich Tauchern, die mit Ausrüstung die Stufen hinab zum Tauchplatz steigen, wird es wie 1 000 Stufen erscheinen.

Links ist eine faszinierende Küstenlandschaft, rechts wird die etwas bedrohliche Szenerie des **Devil's Mouth** sichtbar. Es handelt sich um natürliche Höhlen, die vom vormals höheren Meeresspiegel herrühren. Durch ihre schwarze Färbung erhalten die Höhlen ihr bedrohliches Aussehen, was ihnen den Namen Devil's Mouth einbrachte.

Dieser Abschnitt der Küstenstraße ist eine Einbahnstraße, die erst beim **Landhuis Karpata** endet. Beim Landhuis gab es früher auch ein kleines Fort, aber von diesem Bauwerk ist heute nichts mehr zu sehen.

Im Landhuis befindet sich eine meeresbiologische Forschungsstation, in der die Ökologie der Korallenriffe untersucht wird. Gleichzeitig ist hier der Sitz der Umweltschutzorganisation der Niederländischen Antillen, genannt *STINAPA*.

Hinweis: Von Karpata bis zum Goto See ist das Tauchen verboten. Die gelben Hinweissteine an der Küste verweisen auf dieses Tauchverbot.

Hinter dem Landhuis führt eine Abzweigung nach rechts direkt nach Ricon. Eine interessantere Landschaft jedoch bietet der Umweg entlang der Küste, auf dem die Rundfahrt weiter verläuft.

Im Vordergrund kann man nun schon das **BOPEC Öllager** erblicken. Seine türkisfarbenen Tanks erheben sich über dem schönen Strand. Dieses Öllager stellt die größte Bedrohung für die Unterwasserwelt Bonaires dar, denn bei einem Ölunfall würde das gesamte Küstengebiet verschmutzt werden. Das Öllager wurde 1975 von der Gesellschaft *Bonaire Petroleum Co.* in Betrieb genommen und dient dazu, Rohöl von großen Tankern auf kleinere Schiffe zu verladen. Auf Bonaire findet keine Erdölverarbeitung, wie etwa auf Aruba und Curaçao, statt.

Bonaire

Zu dem hübschen Strand **Nukove** in einer kleinen Bucht führt der Weg, der hinter dem Öllager geradeaus verläuft. Der Abstecher lohnt sich für Schnorchel- und Picknickausflüge.

Die Rundfahrt führt vor den großen Tanks des BOPEC Öllagers von der Küste weg und oberhalb des Meeresarms **Goto See** entlang. Hier können mit etwas Glück Flamingos aus der Nähe beobachtet werden. Auf jeden Fall wird man größere Flamingogruppen am gegenüberliegenden Ufer sehen können, wobei ein Fernglas hilfreiche Dienste leistet.

Auf einer Landzunge am Ende des Meers, die bei höherem Wasserstand als Insel abgetrennt ist, liegt eine kleine Farm. Kleinbauern pflanzen hier Gemüse an.

Rechts und links der Straße befinden sich weite, unbewachsene Flächen, die je nach Jahreszeit wasserüberflutet oder ausgetrocknet sind. Auch bei scheinbarer Trockenheit sollte man die Straße nicht verlassen, da man in Schlammfeldern einsinken kann.

Der Weg führt weiter durch Kakteenwälder, in denen vereinzelt Grundstücke zu sehen sind. Die Felder und Weiden sind durch Kakteenzäune begrenzt, die vor allem die Ziegenherden zusammenhalten sollen.

Nach etwa zwei Kilometern Fahrt Richtung Landesinnere kommt man an einer kleinen Stelle namens **Dos Pos** vorbei. Diese kleine Oase inmitten der Kakteenwälder ist eine Pumpstation mit einer Windmühle. Der Name „Dos Pos" bedeutet „zwei Quellen" und erklärt die Fruchtbarkeit dieses Fleckchens.

Nach weiteren zwei Kilometern passiert man die Amada Ranch. Das einfache Restaurant mit Bar wird besonders an den Wochenenden gerne besucht.

Vorsicht: In der Straße befinden sich Senken, die bei den seltenen Regenfällen als Wasserabfluß dienen.

Blick von Para Mira auf Ricon

Die Straße führt einen Hügel hinauf, von dessen Kuppe man eine herrliche Aussicht auf das alte Städtchen Ricon erhält. Genau wie die Straße wird auch dieser Aussichtspunkt **Para Mira** genannt. Die Übersetzung dieses Namens ist die Aufforderung „Bleibe stehen und schaue!".

Insel- und Ortsbeschreibungen

In **Ricon**, der ältesten Ortschaft Bonaires, sind noch einige der ersten Sklavenhäuser zu sehen. Etliche wurden inzwischen umgebaut, vor allem erhielten viele der kleinen Häuser mehr Fenster.

Die Siedlung Ricon entstand Anfang des 16. Jh. und wurde durch die Spanier gegründet. Diese wählten den Platz aufgrund seiner geschützten Lage aus, denn der Ort im Tal konnte vom Meer aus nicht gesehen werden.

Die Sklaven lebten in Ricon, aber während der Woche arbeiteten sie auf den Salzpfannen im Süden Bonaires. Als Unterkunft standen ihnen dort lediglich die kleinen Sklavenhütten zur Verfügung, die noch heute zu sehen sind.

In dem 2 000 Einwohner zählenden Ort gibt es mehrere Restaurants, Bars, eine Bank, eine Eisdiele sowie eine Tankstelle (Ö: Montag bis Samstag von 7.00-21.00 Uhr). Am Ortseingang geht es kurz vor der Kirche nach links Richtung Washington Slagbaai Nationalpark. (Siehe Kapitel *Washington Slagbaai Nationalpark*.) Nach rechts zweigt die Straße Richtung Post ab. Bei der Post führt die Straße nach links zurück nach Kralendijk. Von der Post nach rechts geht der Weg zurück zum Landhuis Karpata.

Wie in vielen alten Ortschaften üblich, findet sich auch hier in der unmittelbaren Umgebung der Kirche eine Schule und der Friedhof.

Etwas abseits des Ortskerns liegt die **Grotta di Lourdes**. Sie ist ein hübscher Andachtsplatz, mit einem Felsen auf dem ein Kreuz steht. Nach dem kurzen Aufstieg bietet sich von dem Felsen eine schöne Sicht auf Ricon.

Der Weg zur Grotte führt von der Post in Ricon zunächst nach links und an der nächsten größeren Seitenstraße nach rechts. Bei der nächsten Gabelung dieser Straße geht es ebenfalls nach rechts und schließlich den Schildern folgend nach links.

Die **Rückfahrt Richtung Kralendijk** geht von Ricon zunächst weiter durchs Landesinnere bis zur Nordküste. Auf der rechten Seite beeindrucken die schroffen Felsblöcke. Nach links führt eine Abzweigung direkt an die Küste und von dort nach rechts zu den über 500 Jahre alten **Indianerzeichnungen** bei der **Boca Onima**. Die Indianerzeichnungen befinden sich an der Decke kleiner Einbuchtungen in den Korallenfelsen. Die rote Farbe für die sehr gut erhaltenen Bilder stellten die Indianer aus Wurzeln her. Für ein besseres Auffinden der Zeichnungen sind große Informationstafeln bei den Fundstellen geplant. Der zweite Platz mit Zeichnungen liegt nur 150 m weiter. Bei den Felsen sind sehr viele Eidechsen zu beobachten.

Bonaire

Der unbefestigte Weg entlang der Küste führt über die Lagune von Boca Onima zurück zur befestigten Straße Richtung Kralendijk.

Ein kurzes Stück verläuft diese Straße ebenfalls an der Nordküste, bevor sie durchs Landesinnere führt. Auch an diesem Küstenabschnitt kann man an den vom Meereswasser ausgespülten Felsen erkennen, wie hoch der Meeresspiegel früher gewesen sein muß.

Die Fahrt geht weiter durchs Landesinnere. Hier ist die Landschaft vereinzelt mit Schrott- und Müllplätzen verschandelt. Nur ein kurzes Stück vor Kralendijk führt rechts ein geteerter Weg von der Straße zum 120 m hohen Berg **Seru Largu** ab. Auf dieser Abzweigung gelangt man auf einem etwas längeren Weg zurück nach Kralendijk, aber die Aussicht vom Seru Largu lohnt diesen kleinen Umweg über den Berg. Vorbei an kleinen Farmen führt der Weg sehr steil bergauf. Auf dem Berg geht es an einer Abzweigung nach links zu einem Rundweg um den Gipfel.

An dem Aussichtspunkt bietet sich ein weiter Blick über Kralendijk, die vorgelagerte Insel Klein Bonaire und den Südteil Bonaires mit den Salzbergen.

Zurück zur Hauptstadt Kralendijk geht es hinab auf einer steilen Straße, die direkt ins Stadtzentrum führt.

Abstecher an die Ostküste: Ein empfehlenswerter Ausflug an die Ostküste ist die etwa halbstündige Fahrt durchs Landesinnere zur Bucht **Lagoen**. Die Straße führt durch Kakteensteppe, vereinzelt sind kleine Farmen zu sehen. Die Landschaft wird immer karger, und ist leider auch hier an einigen Stellen durch Müllhalden verunstaltet.

An der malerischen Bucht Lagoen, die von reizvoll mit Kakteen bewachsenen Hügeln umgeben ist, finden sich Mangrovenwälder. Dort sind viele Wasservögel zu beobachten.

Die Straße endet bei einem Steg, der Rückweg ist nur auf der gleichen Straße möglich.

Unterkunft: Im Norden der Insel gibt es nur wenige Unterkunftsmöglichkeiten.
- ***Bonaire Caribbean Club***, Barcadera Beach, P.O. Box 323. ☎ 7901, Fax: 7900. DZ: 57 US$. Ausstattung: 20 Zimmer, Restaurant, Strand, Pool, Wassersportangebote, Kitchenette. Der Bonaire Caribbean Club liegt an dem schönen Strand Barcadera Beach.

Essen:
- ***Verona's Bar Restaurant***, Kaya Para Mira 1, Ricon. Lokale Küche.
- ***Oranje Bar Restaurant***, Kaya C.D. Crestian, Ricon. Lokale Küche.
- ***Elvia Molina***, Kaya Komers, Ricon. Lokale Küche.
- ***Prisca's***, Ricon. Hausgemachte Eiscreme in vielen Geschmacksrichtungen.

Insel- und Ortsbeschreibungen

WASHINGTON SLAGBAAI NATIONALPARK

Der Weg zum Washington Slagbaai Nationalpark ist ab Ricon mit grünen Pfeilen ausgeschildert. Die Straße führt durch schöne Kakteen- und Sträuchervegetation.

Für Vogelliebhaber ist der Nationalpark ein wahres Paradies, denn auf dem 60 km² großen Gelände gibt es über 130 verschiedene Arten. Die unterschiedlichen Landschaften, die der Park vereint, haben vor allem eines gemeinsam: überall wachsen meterhohe Kakteen. Aus einer bestimmten Art dieser Kakteen wird in der lokalen Küche eine leckere Suppe bereitet.

Oft sind Ziegenherden zu beobachten, und, etwas seltener, einige der wilden Esel. Ebenfalls heimisch in der überwiegend kargen Landschaft, und oft zu sehen, sind die Eidechsen und Leguane.

Der Park ist täglich von 8.00-16.30 Uhr geöffnet, kein Einlaß mehr nach 15.00 Uhr. An den Feiertagen bleibt der Park geschlossen. Der Eintritt kostet 3 US$ (5 Naf) pro Person, Kinder unter 12 Jahren 0,75 Naf. Am Eingang ist ein ausführliches, englischsprachiges Handbuch für 5,5 US$ (10 Naf) erhältlich. Es erläutert die Wege durch den Park.

Tip: Da es nur an der Slagbaai eine kleine Snackbar gibt, sollten für längere Ausflüge genügend Getränke und eventuell Proviant mitgenommen werden.

Geschichte: Im letzten Jahrhundert verkaufte die Kolonialregierung das Gebiet des heutigen Washington Slagbaai Nationalparks an mehrere Privatpersonen. 1920 gelangte das nördliche Teilgebiet in den Besitz der Brüder *Herrera*, die es zunächst „America", später dann „Washington" nannten. Im Gebiet Washington entstand eine Plantage, auf der die Nutzpflanzen Aloe und Divi-Divi angebaut (siehe dazu auch im Kapitel *Landeskunde-Flora*) und Ziegen gehalten wurden.

Zwischen 1940 und 1960 verließen die Brüder die Insel. Der letzte Besitzer, *Boy Herrera*, verkaufte das Land für den symbolischen Preis von einem Gulden an die Regierung. An den Verkauf war die Bedingung geknüpft, das Land in seinem natürlichen Zustand zu belassen. Daraufhin wurde das Gebiet Washington zu einem Naturschutzgebiet und 1969 zum Washington Nationalpark erklärt. Bonaire war damit die erste Insel der Niederländischen Antillen, die einen Nationalpark gründete.

1978 verkaufte dann die Familie *Beaujon* das südliche Teilgebiet an die Stiftung der Nie-

Bonaire

derländischen Antillen STINAPA. Diese gliederte ihn dem seitdem Washington Slagbaai Nationalpark genannten Naturpark an.

Hinweis: Im Park gibt es einige Vogelbeobachtungsstationen (die Plätze Bronswinkel, Pos di Mangel und Saliña Slagbaai). Es handelt sich dabei um natürliche Quellen, die von den Vögeln besonders in den Morgenstunden und am Abend aufgesucht werden. Die Besucher werden gebeten, sich in ihrer Nähe besonders ruhig zu verhalten.

Das Fischen, Jagen und Campen ist im Park verboten! Auch dürfen keine Pflanzen oder Tiere mitgenommen werden.

Nach größeren Regenfällen sind die unbefestigen Straßen schlecht befahrbar. Eine Rundfahrt ist dann nur mit dem Jeep möglich. Aber auch während der Trockenzeit ist ein Jeep empfehlenswert, da die Straßen oft holprig und recht steil sind.

Wer Wanderungen und Spaziergänge plant, sollte auf keinen Fall feste Schuhe vergessen, denn die Korallensteine sind sehr scharfkantig. Außerdem wachsen überall Kakteen und die Stacheln des Kugelkaktus sind leicht giftig. Ihr Gift verursacht leichtes Fieber.

Im Park sind an verschiedenen Stellen **Indianerzeichnungen** erhalten. Da sie jedoch an sehr

Kakteenlandschaft im Washington Slagbaai Nationalpark

Insel- und Ortsbeschreibungen

versteckten Plätzen sind, kann man sie nur mit Hilfe eines ortskundigen Führers finden. Auskunft gibt das Touristenbüro.

Rundwege: Am Eingang des Parks wird die Herstellung von Kalkfarbe in den einzelnen Arbeitsschritten dargestellt. Nachgebaute Werkzeuge zeigen zudem die Gewinnung von Aloesaft, wie sie früher durchgeführt wurde. In einem Mini-Museum, dem sogenannten **Eco-Museum**, werden einige alte Gerätschaften ausgestellt.

Es gibt zwei besonders ausgeschilderte Routen, die durch den Park führen. Die mit gelben Pfeilen markierte Strecke ist 34 km lang, die grüne Strecke 24 km. Es sind oft Einbahnstraßen!

Beide Strecken überlappen sich zunächst. Nach nur kurzer Fahrtzeit sieht man an der linken Straßenseite die **Saliña Matijs**. Während der Trockenzeit ist diese weite Ebene ausgetrocknet und gleicht einer Salzwüste. Wenn sie Wasser führt, können hier Flamingos beobachtet werden.

Kurz hinter der Saliña verzweigt sich der Weg. Die grüne Route verläuft nach links (Beschreibung siehe unten), die gelbe, längere und auch interessantere Route führt nach rechts.

Gelbe Route: Nach etwa einem Kilometer zweigt eine Straße ab nach **Playa Chikitu**. Die Bucht mit dem feinen weißen Sand ist nur zum Sonnenbaden geeignet, da die Brandung und Strömung sehr gefährlich ist. Nachdem hier ein Kind ertrunken war, wurde das Baden generell verboten.

Zu einem weiteren schönen Strand gelangt man wenige Kilometer weiter entlang der Küstenstraße. Er liegt in der Bucht **Boca Cocolishi**. Übersetzt bedeutet der einheimische Name „Strand der Muscheln", und tatsächlich sind viele Muscheln im schwarzen Sand der Bucht zu finden.

Vorsicht: Weiter als 20 m sollten sich Schwimmer nicht vom Strand entfernen, da es gefährliche Unterströmungen gibt!

Nur ein kurzes Stück weiter die Straße entlang kommt man zum Berg **Seru Bentana**. Am „Fensterhügel", wie der Name übersetzt heißt, sind Geröllbrocken zu sehen, die wie Fenster geformt sind. Durch sie hindurch hat man Blick auf das Meer. Auf dem Hügel steht ein Leuchtturm. Der nächste Punkt ist die am Ende des nach links führenden Abstechers liegende Vogelbeobachtungsstation **Pos di Mangel**.

1	Seru Bentana		4	**Subi Brandaris**
2	**Pos di Mangel**		5	**Bronswinkel**
3	Seru Kepton		6	**Saliña Wayaka**

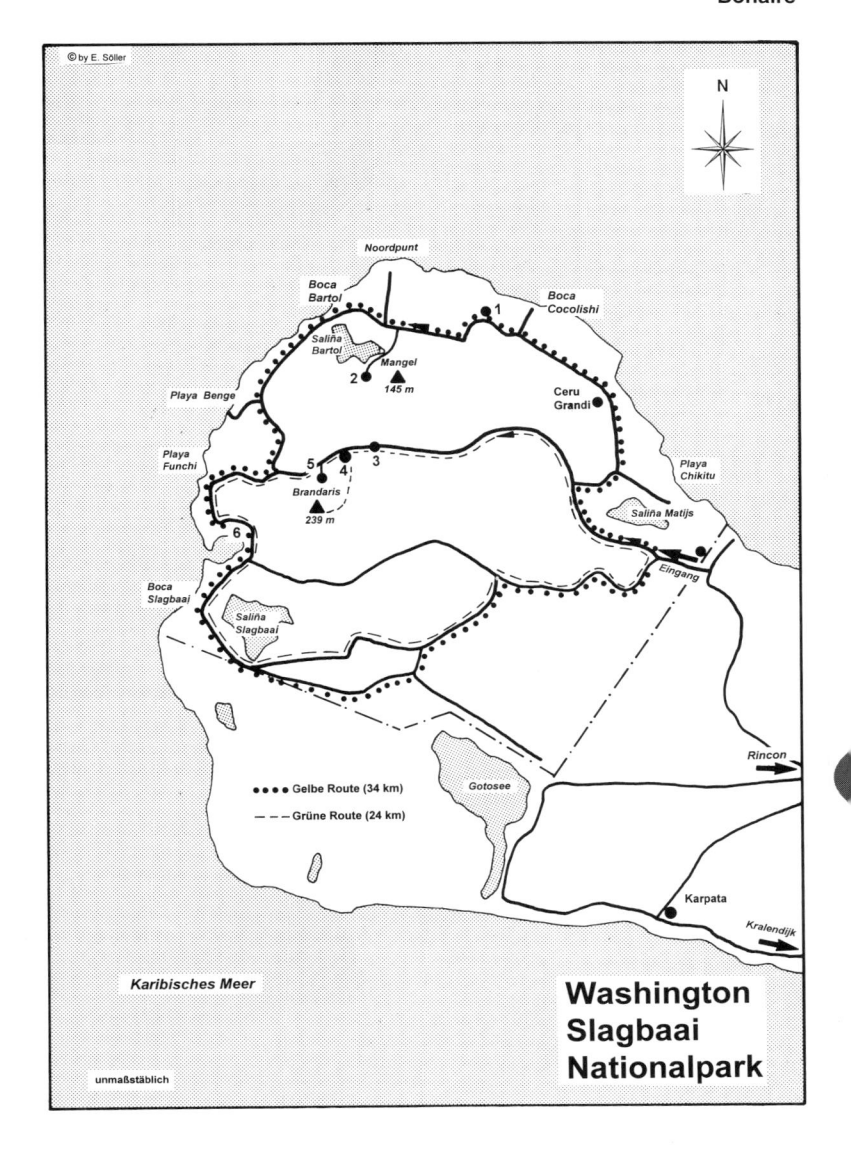

Bonaire

Washington Slagbaai Nationalpark

Insel- und Ortsbeschreibungen

Sie liegt westlich der Bucht **Boca Bertol**. An der Frischwasserquelle können die possierlichen Tiere gut beobachtet werden.

Der Weg verläuft zwischen der Küste und der weit ins Land reichenden **Saliña Bartol**. Nach rechts führt ein kleiner Abstecher zum Strand **Playa Benge**. Der schöne Schnorchelplatz bietet zahlreiche Fische und schöne Korallen, weshalb er auch als Tauchplatz sehr beliebt ist.

Im Vordergrund erhebt sich der 240 m hohe Berg **Brandaris**. Kurz vor dem Berg verzweigt sich der Weg. Der kurze Rundweg in Richtung der grünen Pfeile trifft hier mit der gelben Route zusammen.

Die Vegetation beginnt dichter zu werden, die Kakteen wachsen teilweise bis zu sechs Meter hoch.

Nach rechts führt ein Weg hinab zum Strand **Playa Funchi**. Er ist eines der besten Schnorchelreviere Bonaires, schon vom Strand aus sind im flachen Wasser die farbenprächtigen Papageienfische zu sehen. Gegenüber der Playa Funchi befindet sich ein unterirdisch gespeister Salzsee. Dort können ebenfalls an vielen Tagen Flamingos beobachtet werden.

Zwischen Playa Funchi und dem Küstenstreifen bei **Saliña Wayaka** sind Leguane häufig. Die scheuen, bis zu einem Meter langen Tiere verstecken sich bei den Felsen. Von hier hat man einen sehr schönen Blick auf die malerische Bucht **Boca Slagbaai**.

Sehenswert sind dort vor allem die noch gut erhaltenen Gebäude. Sie dienten als Schlachthaus, das Wort Slagbaai deutet zudem auf die Nutzung des Strandes als Schlachtplatz hin. Als auf Bonaire noch Rinder, Ziegen und Schafe, vor allem für die Fleischversorgung Curaçaos, gehalten wurden, schlachtete man die Tiere in Slagbaai. In der Bucht wurden sie für den Transport zu der Schwesterinsel auf die Schiffe verladen.

Die Bucht ist ein schöner Platz zum Tauchen und Schnorcheln, viele Tourveranstalter steuern die Bucht an. In der kleinen Snackbar im hintersten Gebäude kann Rast gemacht werden. Es gibt einfache Gerichte und günstige Getränke. (Montags geschlossen.) Hinter den Gebäuden befindet sich die **Saliña Slagbaai**, in der oft Flamingos beobachtet werden können.

Der Weg gabelt sich kurz hinter Slagbaai. Nach rechts führt die grüne Route auf einem kürzeren Weg zurück zum Eingang des Parkes. Die gelbe Route ist etwas länger und ermöglicht einen Abstecher zum Goto See. Die herrliche Aussicht über den Meeresarm und der Blick auf die zahlreichen Flamingos belohnt die sehr kurven- und hügelreiche Fahrt dorthin.

Ausblick vom Seru Kepton

Der Rückweg führt ebenfalls kurvenreich durch wunderschöne, meterhohe Kakteenwälder.

Grüne Route: Die Straße der kürzeren grünen Route schlängelt sich durch kakteenbewachsene Hügel. Am **Seru Kepton**, einem kleinen Hügel, über den die Straße führt, hat man eine schöne Aussicht auf die Kakteenwälder und das hinter den Hügeln erscheinende Meer.

Vom Platz **Subi Brandaris**, zu erreichen über eine kleine Abzweigung auf der linken Seite, ist eine Wanderung auf den Brandaris möglich. Wegen der Hitze sollte man diesen Aufstieg von 1,5 bis 2 Stunden Dauer nur in den frühen Morgenstunden vornehmen. Von oben ergibt sich ein herrlicher Blick über den Nationalpark, bei klarem Wetter sind sogar Venezuela und Curaçao zu sehen.

Zurück auf der Route führt eine Abzweigung nach links zur Vogelbeobachtungsstation **Bronswinkel**. Sie liegt am Fuße des Berges Brandaris und lockt wie Pos di Mangel die Vögel durch seine Frischwasserquelle an. Kurz dahinter trifft die grüne Route mit der gelben zusammen. (Siehe *gelbe Route*.) Erst hinter Slagbaai verläuft die grüne Route erneut ein Stück separat, der Rückweg ist auf den letzten Kilometern für beide Strecken gleich.

Insel- und Ortsbeschreibungen

DER SÜDEN

Auf dem Weg von Kralendijk in den Süden führt die Straße zunächst um eine kleine Lagune und vorbei am **Flamingo Flughafen**. Er ist in der Farbe des Nationalvogels, dem Flamingo, pink gestrichen. Gegenüber dem Flughafen entstehen neue Hotelresorts, diese sind zum Teil schon dreistöckig konzipiert.

Die Küstenstraße, der **E.E.G. Boulevard**, führt direkt in den Süden. Auf der rechten Seite liegt ein unbebautes Grundstück zwischen den zahlreichen Gebäuden, von dem es über eine Treppe hinunter zum Strand **Bachelor's Beach** geht. Der schmale Strandstreifen ist nicht sehr schön, aber der Platz ist sehr gut zum Schnorcheln geeignet und ein bequemer Taucheinstieg zum gleichnamigen Tauchplatz. (Informationen zu den Tauchplätzen auf Bonaire siehe auch im Kapitel *Praktische Hinweise-Tauchplätze und Tauchbasen*)

Ein Stück weiter zweigt von der Straße ein Weg Richtung **Leuchtturm Punt Vierkant** ab. Die Sackgasse endet an einem Privatgrundstück, auf welchem neue Hotelappartements entstehen. Der kleine Leuchtturm kann deshalb leider nicht besichtigt werden.

Weiter auf dem E.E.G. Boulevard geht es nach kurzer Zeit wieder entlang der Küste. Linkerhand liegt der Antennenpark des **Trans World Radio**. Er ist schon von weitem an den über 160 m hohen Sendemasten zu erkennen. Die Anlage kann besichtigt werden.
- *Trans World Radio*. ☎ 8800. Ö: Wochentags von 9.00-12.00 Uhr und 14.00-17.00 Uhr, mittwochs ist nur am Nachmittag zur Besichtigung geöffnet.

Direkt dahinter beginnen die an die *Antilles International Salt Co.* (AKZO) verpachteten **Salzpfannen**. Es sind überwiegend die gleichen Salzpfannen, auf denen schon die Sklaven vor Jahrzehnten ihre Arbeit zu verrichten hatten. Nach langen Jahrzehnten des Brachliegens nutzt es die Gesellschaft wieder zur Salzgewinnung.

Durch das flache Land, die gleichmäßige Wärme und den ständig wehenden Passatwind bietet gerade die Insel Bonaire die idealen Voraussetzungen für die Meersalzgewinnung.

Rechts erscheint das **Salzverladepier** im Blickfeld, direkt gegenüber liegen die Salzpfannen mit den riesigen Salzbergen im Hintergrund.

Das aufgeschüttete Salz ist noch nicht fertig behandelt, sondern noch in groben Brocken zusammengepreßt. Das ist auch der Grund, weshalb es nicht von dem starken Wind fortgeweht werden kann.

Bonaire

Salzberge und Salzpfannen

Das Prinzip der **Salzgewinnung** ist noch das gleiche wie zur Zeit der Sklaverei, aber natürlich werden heute Maschinen eingesetzt. So regelt beispielsweise ein ausgeklügeltes Pumpsystem die Beflutung der Salzpfannen. Das Kontrollgebäude hierfür ist in südlicher Richtung zwischen den Salzpfannen zu sehen.

Den nächsten Arbeitsschritt erledigen dann die Sonne und der Wind, die das Wasser verdunsten lassen. Kurz bevor das verbleibende Wasser den vollen Sättigungsgrad an Salz erreicht, wird die Sole zum Kristallisieren umgeleitet. In diesen Pfannen, die direkt von der Straße aus zu sehen sind, wird die Verdunstung fortgeführt, bis das Salz „geerntet" werden kann. Dieser Prozeß dauert etwa ein Jahr. Die einzelnen Salzpfannen befinden sich daher immer in verschiedenen Stadien, was an ihrer Farbe leicht zu erkennen ist. Zunächst erscheint das eingeleitete Salzwasser noch blau, nach einiger Zeit wird es hell-rosa, grau, schwarz und schließlich weiß.

Die „Ernte" geschieht mit speziellen Maschinen, die das Salz abtragen, reinigen und zu den weithin sichtbaren Bergen aufschütten. Dort lagert es mehrere Monate, bis es auf die Salzschiffe verladen wird. Das Salz von Bonaire wird vor allem in die USA, in andere karibische

Insel- und Ortsbeschreibungen

Staaten und nach Neuseeland exportiert.

Direkt hinter dem Pier befindet sich der erste von insgesamt vier Obelisken, der **blaue Obelisk**. Die zehn Meter hohen Stein-Obelisken wurden 1838 als Orientierungspunkte für die Salzschiffe errichtet. Sie waren in den Farben des niederländischen Königshauses Rot, Weiß, Blau und Orange gestrichen und dienten der Kennzeichnung der Anlegestelle, die die Schiffe ansteuern sollten. Die jeweilige Farbe wurde der Besatzung des Schiffes mittels Flaggensignal angezeigt. Nach der Farbe der Obelisken sind auch die direkt beiliegenden Anlegestellen und Salzpfannen benannt, in diesem Fall also die **Blauwe Pan**.

Links beginnt nun das **Pekelmeer**, eine große Wasserfläche, die aus alten Salzpfannen entstand. Sie trocknen nicht mehr aus, da der Untergrund durch die Sprengung neuer Salzpfannen porös geworden ist. So dringt Meerwasser unterirdisch durch den Kalkstein. Außerdem hat das Pekelmeer im Nordosten einen Zugang zum Meer.

Auf der Meerseite passiert man **Pink Beach**, den schönsten und längsten Strand Bonaires. Der hübsche Sandstrand leuchtet besonders in den Abendstunden rosafarben, daher sein Name Pink Beach. Der etwa 300 m lange Strand liegt direkt an der Straße und ist von dieser nur durch eine Düne abgegrenzt.

Am Wochenende zieht Pink Beach zahlreiche Menschen an. Snackbars oder andere Einrichtungen gibt es nicht.

Am Ende von Pink Beach steht am Strand **Witte Pan** der **weiße Obelisk** und kleine **Sklavenhütten**, die Mitte des 19. Jh. erbaut wurden. Die noch gut erhaltenen Bauten vermitteln eindrucksvoll die unmenschliche Behandlung der Sklaven, die zur Arbeit in den Salzpfannen herangezogen wurden. Während der Woche lebten sie eng zusammengepfercht in den Sklavenhütten, die nur eine hüfthohe Eingangsöffnung hatten. Am Wochenende ging es dann in einem langen Marsch über die Insel nach Ricon, wo sie lebten.

Die Straße wird ab hier schmaler, ist aber gut befahrbar.

Kurz vor der zweiten Gruppe von alten Sklavenhütten ist am Strand **Oranje Pan** der dritte Obelisk, der **orange Obelisk**, zu sehen. Direkt bei den Sklavenhütten erhebt sich dann der **rote Obelisk** und hier liegt der Strand **Rode Pan**. Diese zweite Gruppe von **Sklavenhütten** unterscheidet sich nicht wesentlich von der ersten Gruppe.

Der **Leuchtturm Willemstoren** markiert die südlichste Spitze der Insel. Der 18 m hohe Turm wurde 1837 erbaut und ist damit der älteste Leuchtturm der Insel. Seine Einweihung fand am

Bonaire

Sklavenhütten

24.8.1838, dem Geburtstag seines Namensgebers, König William I, statt.

Das Meer ist an diesem Küstenabschnitt sehr rauh, die Wellen sind höher und kräftiger. Hier im Süden wächst fast nichts mehr.

In dem Bereich des Pekelmeeres direkt gegenüber dem Leuchtturm sind oft Flamingos und anderere Stelzvögel zu beobachten. Der Zugang zu diesem Gebiet ist verboten, denn hinter dem Pekelmeer liegt im Landesinneren das **Flamingoschutzgebiet**. (Siehe auch Kapitel *Landeskunde - Fauna*.)

Das 55 ha große Gebiet wurde von der Antilles International Salt Co. als Schutzgebiet erklärt. Es liegt inmitten der Salzpfannen und bietet den Tieren hervorragende Lebensbedingungen, denn in den Salzpfannen leben die kleinen Schnecken, von denen sich die Flamingos ernähren. Die Zahl der Flamingos konnte sich von den anfänglich 1 500 Tieren auf mittlerweile über 10 000 erhöhen.

Die Straße führt etwas weiter im Osten über eine kleine Brücke, die den Zugang des Pekelmeeres zum Karibischen Meer überspannt.

Das Gebiet von **Sorobon**, der südlichsten Landzunge der Bucht von Lac Bay, erreicht man beim **Marcultura**, einem Forschungszentrum für Meerestiere. Es wurde von den Inselregierungen der ABC-Inseln gemeinsam gegründet und sollte zunächst dem Schutz der vom Aussterben bedrohten Fechterschnecke *Strombus gigas*, auf den Inseln *Conch* genannt, dienen.

Da das Fleisch der Conch in der ganzen Karibik als Spezialität gilt, ging der vormals große Bestand in den letzten Jahrzehnten rapide zurück. Dafür ist neben der Überfischung auch die geringe Fortpflanzungsrate der Conch verantwortlich. Denn eine Schnecke legt während ihres gesamten Lebens zwar bis zu sechs Millionen Eier, aber davon erreichen nur drei oder vier Tiere das Fortpflanzungsalter.

Bei der Zucht in dem Forschungszentrum kann ein tausendfaches Resultat im Vergleich zur Natur erzielt werden. So konnten im Zeitraum von 1983 bis 1985 fast drei Millionen Conch gezüchtet und ins Meer ausgesetzt werden.

Nach diesem Erfolg weitete man das Forschungsprogramm auf Fische, Langusten und Schildkröten aus. So wird beispielsweise versucht, beliebte Aquarienfische zu züchten, um die natürlichen Vorkommen zu schonen. Weitere Projekte befassen sich mit der ebenfalls als Delikatesse gehandelten Mördermuschel (*Tridacna gigas*), die im indopazifischen Raum in ihrem Bestand bedroht ist, und den Ursachen für das weltweite Coral

Bonaire

Bleaching, einer Krankheit, die Korallen befällt.

Eine Führung durch das Forschungszentrum lohnt sich, nicht nur für Aquakultur-Interessierte.

- *Marcultura*, Aquaculture Research Center, Sorobon. ☏ 7799 und 8595. Ö: Nur nach telefonischer Vereinbarung, wochentags 10.00-13.30 Uhr. Erwachsene 2 US$, Kinder die Hälfte.

Vom Strand **Lac Bay Beach**, am südlichen Ufer von Lac Bay, hat man einen schönen Blick auf die Landzunge Cai am gegenüberliegenden Ufer.

Die etwa 8 km² große Lagune **Lac Bay** bietet sich vor allem für Windsurfer an, da der Wind immer gleichbleibend mit 15 bis 25 Knoten pro Stunde weht. Geschützt wird die Bucht durch ein Riff, das teilweise bis an der Wasseroberfläche zu sehen ist. Innerhalb der maximal sieben Meter tiefen Bucht kann die schöne Unterwasserwelt schnorchelnd erkundet werden. Zum Segeln ist Lac Bay zu flach.

Lac Bay ist bekannt für die Conch, die hier in Quoten gefischt wird. (Siehe oben.)

In den Mangrovenwäldern von Lac Bay kann man viele Wasservögel beobachten. So etwa Stelzvögel, Pelikane und Fregattvögel. Der Strand **Sorobon Beach**, an dem das Hotel Sorobon Beach Resort liegt, bietet sich zum Schwimmen, Schnorcheln und Windsurfen an, zum Tauchen ist das Wasser zu niedrig. Der Eintritt zum Strand kostet 15 US$ am Tag, hier ist Nacktbaden erlaubt. Dem Hotel ist die Windsurf-Basis *Jibe City* angeschlossen. (Siehe auch Kapitel *Praktische Hinweise-Aktivitäten*.)

Kurz vor der Abfahrt nach rechts zum Sorobon Beach Resort stellt eine Abzweigung nach links eine Verbindung zurück nach Kralendijk dar.

Die Rundfahrt geht weiter entlang Lac Bay. In dem Gebiet, das man nun durchfährt, gibt es an einigen Stellen **Indianerzeichnungen**. Da sie jedoch sehr versteckt sind, wird ein ortskundiger Führer benötigt.

Die beiden Abzweigungen nach rechts führen durch den Mangrovenwald von Lac Bay. Die erste Abzweigung nach dem Weg zum Sorobon Beach Resort endet nach etwa zwei Kilometern, die zweite Abzweigung führt zum Hotel Lac Bay Resort. Es gibt hier sehr schöne Sandstrände.

Nach der halben Umrundung von Lac Bay zweigt der Weg nach links Richtung Kralendijk ab. Auf einem unbefestigten Weg kann Lac Bay weiter bis zur Landzunge Cai umfahren werden. Dieser Abstecher ist sehr empfehlenswert, denn Cai ist ein beliebtes Ausflugsziel mit hübschem Strand.

Tip: Während der trockenen Jahreszeit ist dieser Weg sehr staubig, deshalb sollte man die

Insel- und Ortsbeschreibungen

Fenster geschlossen halten und empfindliche Geräte, wie Fotoapparate, schützen.

Auf dem Weg nach Cai passiert man erneut Salzpfannen, in denen oft Flamingos und andere Wasservögel beobachtet werden können. In dem Gebiet östlich der Salzpfannen sind an versteckten Plätzen **Indianerzeichnungen** zu sehen. Sie sind nur mit Hilfe eines ortskundigen Führers zu finden.

An der Landzunge **Cai** gibt es einen wunderschönen Strand. Während der Woche kommen wenige Besucher hierher, aber am Wochenende erwacht Cai zum Leben. Zu Life-Musik wird an den beiden Strand-Bars ausgelassen gefeiert und getanzt. Die allwöchentliche Party dauert am Sonntag von 12.00-20.00 Uhr.

Die Berge von Conch-Schalen zeugen von den Fischern, die die Delikatesse fangen und am Strand das Fleisch aus den Schalen lösen. Durch ein Loch im oberen Teil der Schale wird das Vakuum zerstört, das das Fleisch in seiner Schale hält. Deshalb wird man in dem ganzen Berg keine unversehrte Schale finden.

Die **Rückfahrt nach Kralendijk** führt auf dem gleichen Weg zurück um Lac Bay und dann auf der befestigten Straße nach rechts.

Unterkunft:

- *Bonaire Beach Bungalows*, Bachelor's Beach, Belnem. ☎ 8581, Fax: 4100. DZ: 135 US$, eine Woche ab 840 US$. Ausstattung: Strand, Kitchenette, Fernsehen.
- *Lac Bay Resort*, Sorobon z/n. ☎ 8198, Fax: 5198. DZ: 80 US$. Ausstattung: 10 Zimmer, Restaurant, Strand, Wassersportangebote, Babysitter, Kitchenette.
- *Sorobon Beach Resort*, Sorobon z/n. ☎ 8080, Fax: 5363. DZ: 150 US$, in der Nebensaison 90 US$. Ausstattung: 24 Zimmer, Restaurant, Strand, Wassersportangebote, Babysitter, Kitchenette.

Essen:

- *Gran Chaparal*, Sorobon. Lokale Küche.
- *De Roode Pelicaan*, Lac Bay Resort. ☎ 5686. Exclusive französische Küche.
- *Lac Bay Snack*, Cai. Preiswerte lokale Küche.

Strandparty bei Cai

Insel- und Ortsbeschreibungen

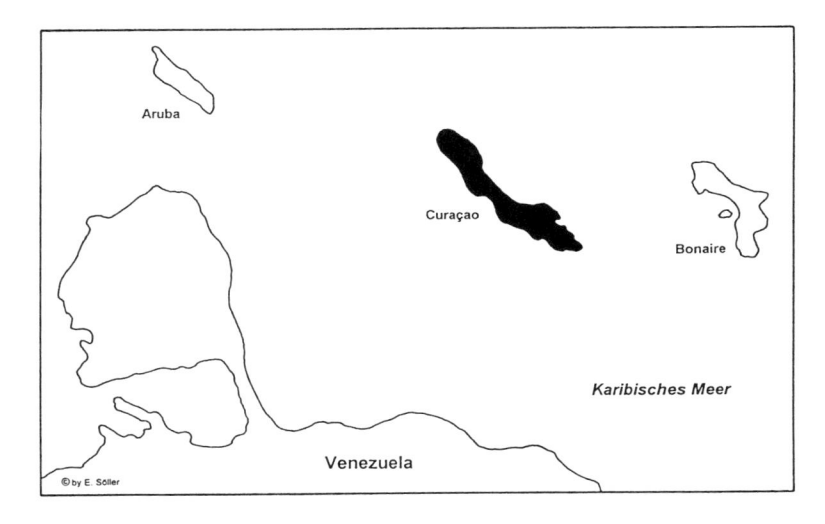

CURAÇAO

Fläche: 444 km²
Einwohner: 160 000
Hauptstadt: Willemstad

Curaçao, die Insel mit dem klangvollen Namen, der eher an den gleichnamigen Likör als an die Insel in der Karibik erinnert, steht unter dem herzlichen Motto „Bon bini!", was soviel wie „Herzlich Willkommen!" heißt. Jedes Fahrzeug trägt diesen freundlichen Gruß auf seinem Nummernschild. Dieser Gruß entspricht der Freundlichkeit der Curaçaoaner, denn trotz der regen Betriebsamkeit auf der Insel und der allgemeinen Geschäftigkeit wirken die Menschen entspannt und sind stets hilfsbereit und entgegenkommend.

Die Bevölkerung ist multikulturell, sie setzt sich aus über 50 verschiedenen Nationalitäten zusammen. Das Miteinanderleben verläuft harmonisch, schließlich kann fast jeder auf eine zusammengewürfelte Ahnenreihe zurückblicken.

Die Insel Curaçao wird in drei Bezirke eingeteilt: in die Hauptstadt Willemstad, den Ostteil, der

Insel- und Ortsbeschreibungen

Banda Ariba genannt wird, und den Westteil, Banda Aboy.

Den Westteil kann man mit einem Leihwagen an etwa einem Tag erkunden, allerdings sollte man sich für den Christoffel Park zusätzlich Zeit nehmen. Für den Ostteils benötigt man mindestens drei bis vier Stunden.

In Punda, Otrobanda und Scharloo, den Stadtvierteln im Zentrum von **Willemstad**, laden zahlreiche Geschäfte zum internationalen Shopping ein. Zugleich kann man dabei die schönen alten Geschäftshäuser, die in den verschiedensten Pastelltönen gestrichen sind, bewundern.

Auch um Willemstad herum und in den ländlichen Gebieten gibt es schöne Architektur: die vielen erhaltenen Plantagenhäuser (genannt Landhuis) zeugen von der Vergangenheit Curaçaos.

An der **Noordkant**, der Nordküste Curaçaos, liegt der Internationale Flughafen Hato. Sehenswert sind in dieser Region vor allem die Hato Höhlen und das dazugehörende Gelände.

Im **Ostteil (Banda Ariba)** liegt Spanish Water, eine große, idyllische Bucht mit Yachthafen. Der östlichste Teil Curaçaos einschließlich dem Oostpunt Leuchtturm befindet sich in Privatbesitz, man hat daher keinen Zutritt zu diesem Gebiet.

Ganz natürlich zeigt sich die Insel in ihren ländlichen Gebieten, besonders im **Westteil (Banda Aboy)**, und dort im **Christoffel-Park**. Die typische Kaktussteppe mit ihren bis zu fünf Meter hochragenden Säulenkakteen ist Lebensraum zahlreicher Vogelarten. Besonders auffällig ist der orange-leuchtende Trupial, der Nationalvogel Curaçaos.

An der Ostküste der Insel finden sich die schönsten Strände. Hier kann man Sonnenbaden, im türkisen Wasser schwimmen oder die Unterwasserwelt erkunden.

1 **Landhuis Papaya**
2 **Landhuis Hermanus**
3 **Landhuis Rif**
4 **Landhuis Jan Kok**
5 **Landhuis San Sebastian**
6 **Landhuis Cas Abou**
7 **Landhuis Pannekoek**
8 **Landhuis Groot Santa Martha**
9 **Landhuis San Nikolas**
10 **Landhuis Santa Cruz**
11 **Landhuis Knip**
12 **Landhuis Savonet**
13 **Landhuis San Hyronimo**
14 **Landhuis Doktorstuin**
15 **Cas di Yera**
16 **Landhuis Ascencion**
 & Country House Museum
17 **Landhuis Daniel**
18 **Hotel** *Princess Beach*
 Resort & Casino
19 **Curaçao Seaquarium**
20 **Fort Beekenburg**
21 **Hato Höhlen**
22 **Landhuis Koraal Tabak**
23 **Landhuis Santa Catarina**
24 **Landhuis Brievengat**

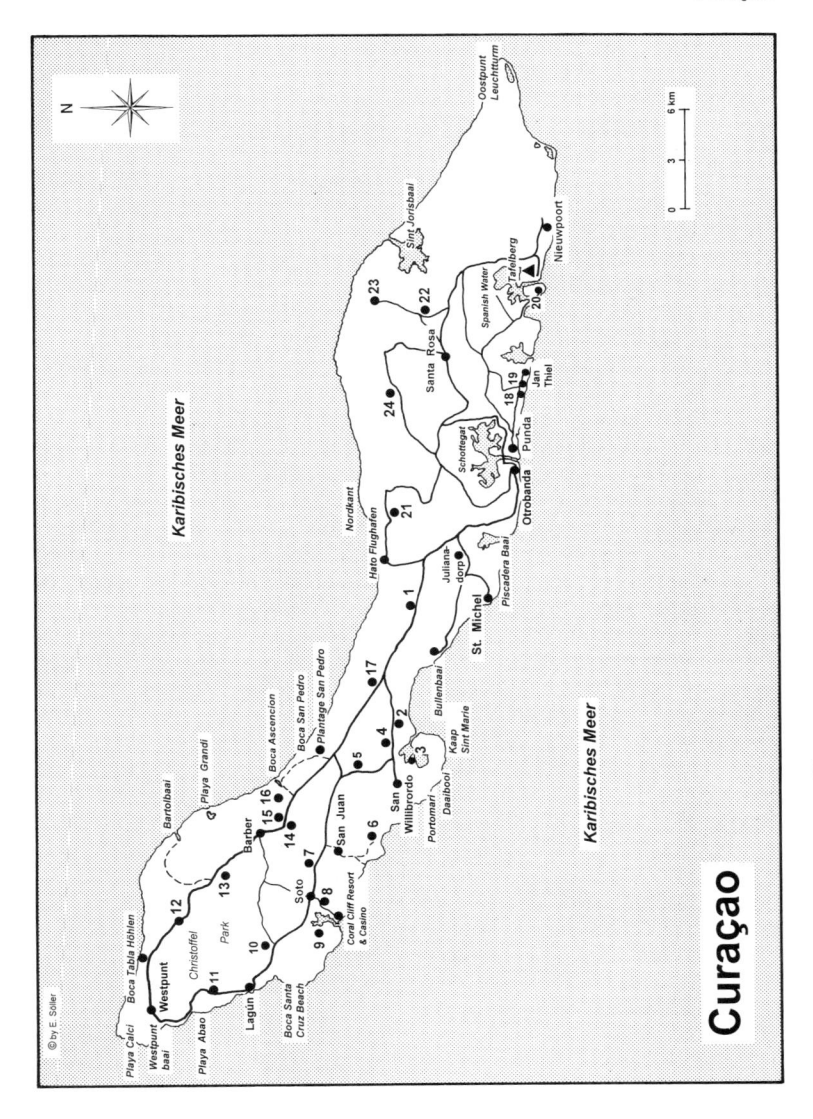

Curaçao

Insel- und Ortsbeschreibungen

WILLEMSTAD

Das unumstrittene Zentrum der Insel ist Willemstad, wo der Großteil der Bevölkerung lebt. Willemstad ist die Hauptstadt der Insel Curaçao sowie des Zusammenschlusses der Inseln der Niederländischen Antillen. (Siehe dazu auch Kapitel *Landeskunde-Staat*.)

Die Bezeichnung Willemstad ist in Curaçao selten zu hören, denn die Stadt besteht aus mehreren Stadtteilen, die zusammen erst die Stadt Willemstad bilden. Der historische Kern Willemstads, gleichzeitig das Zentrum der betriebsamen Stadt, sind die drei Stadtteile Punda, Otrobanda und Scharloo.

Die meisten Sehenswürdigkeiten befinden sich in diesen alten Stadtteilen, es gibt vor allem viele, architektonisch schöne, Bauwerke. Die übrigen, weiter abliegenden Stadtteile sind vor allem wegen ihrer Landhuizen interessant. Sie werden im Kapitel *Umgebung von Willemstad* beschrieben.

Geschichte: Gegründet wurde Willemstad von *Johan van Walbeek*. Er veranlaßte 1635 den Bau von Fort Amsterdam zum Schutz des natürlichen Hafens St. Annabaai.

Dies war die Grundsteinlegung für Punda, dem ersten Stadtteil des heutigen Willemstad.

Fort Amsterdam sollte den Plänen zufolge fünf Bastionen erhalten, aber da die Bastion zum Meer hin nie errichtet wurde, erhielt das Fort seine jetzige etwas unregelmäßig quadratische Form. Fort Amsterdam wurde nicht lange militärisch genutzt, schon bald diente es als Regierungsgebäude. Zum Schutz der Meerseite wurde das Waterfort errichtet, das aber erst 1827 seine jetzige Form erhielt.

Bald nach Errichtung des Forts siedelten sich Kolonisten in seinem Schutz an und es entstand ein kleiner ummauerter Ortskern. Aus dieser Zeit stammt auch der Name „Punda", der übersetzt „der Punkt" bedeutet.

Erst mit der wachsenden Bedeutung des Handels auf Curaçao weitete sich die Siedlung zu einer Stadt aus. Durch das schnelle Wachstum der Stadt entstanden bald weitere Stadtteile um den Stadtkern und Punda entwickelte sich zu einem Geschäftszentrum, das es auch heute noch ist.

Vor allem die Ölindustrie brachte Anfang dieses Jahrhunderts einen starken Zuwachs der Bevölkerung. Es entstanden in kurzer Zeit zahlreiche Siedlungen um den Schottegat. Der Schottegat ist der Industriehafen Curaçaos, dort legen Öltanker aus aller Welt an.

Curaçao

Blick über Punda und Otrobanda

Insel- und Ortsbeschreibungen

Punda

Punda ist die Hauptattraktion Curaçaos. Der idyllische Stadtteil vereint niederländische Architektur mit karibischem Flair, der sich besonders an Plätzen wie dem Schwimmenden Markt, oder dem Alten Markt zeigt.

Die meisten Straßen der Innenstadt wurden als Fußgängerzonen oder zumindest als Einbahnstraßen verkehrsberuhigt. Die Hauptgeschäftsstraßen mit ihren zahlreichen Geschäften sind die **Breedestraat**, **Heerenstraat**, **Hanchi Snoa**, **Madurostraat** und **Columbusstraat**. Dort befinden sich zugleich die teuersten und exclusivsten Geschäfte der Stadt. Günstigere Kleidung und Souvenirs kann man meist im Stadtteil Otrobanda und an der Straße **De Ruyterkade**, gegenüber dem Lokal Market, einkaufen.

Zur Architektur der Gebäude siehe auch Kapitel *Landeskunde-Architektur*.

Museen: Es gibt einige sehenswerte Museen in Punda, die nachfolgend kurz beschrieben werden, soweit sie nicht im unten beschriebenen Rundgang aufgeführt sind.

Das **Postal Museum** ist ein bezaubernd kleines Postmuseum mit einer Ausstellung aller Briefmarken, die auf Curaçao und den Niederländischen Antillen herausgegeben wurden. Das erst kürzlich renovierte Gebäude des Post-Museums ist das älteste Haus Willemstads und wurde 1693 erbaut.

Der imposante Briefkasten vor dem kleinen Gebäude des Postmuseums ist kein Ausstellungsstück, sondern wird regelmäßig geleert!
- *Curaçao Postal Museum*, Ecke Keukenstraat/Kuiperstraat. ☎ 658010. Ö: Wochentags 9.00-17.00 Uhr und samstags 10.00-15.00 Uhr. Eintritt: 2 US$ (3,5 Naf), Kinder bis 12 Jahre die Hälfte.

Eine Münzausstellung sowie eine Ausstellung geschliffener und unbehandelter Edelsteine zeigt das **Numismatic Museum**. Es ist im Bankgebäude der Central Bank of the Netherland Antilles untergebracht. Der Eintritt ist kostenlos.

---

1 *Van der Valk Plaza Hotel & Casino*
2 **Fortchurch**
  & Fortchurch Museum
3 **Penha Gebäude**
4 *Gallery 86*
5 **Plaza Jo-Jo-Correa**
6 **Mikve Israel-Emanuel Synagoge**
7 **Postal Museum**
8 **Tele-Museum**
9 **Tempel Emanu-El**
10 **Waterfort Arches & Waterfort**
11 **Touristenbüro**

Curaçao

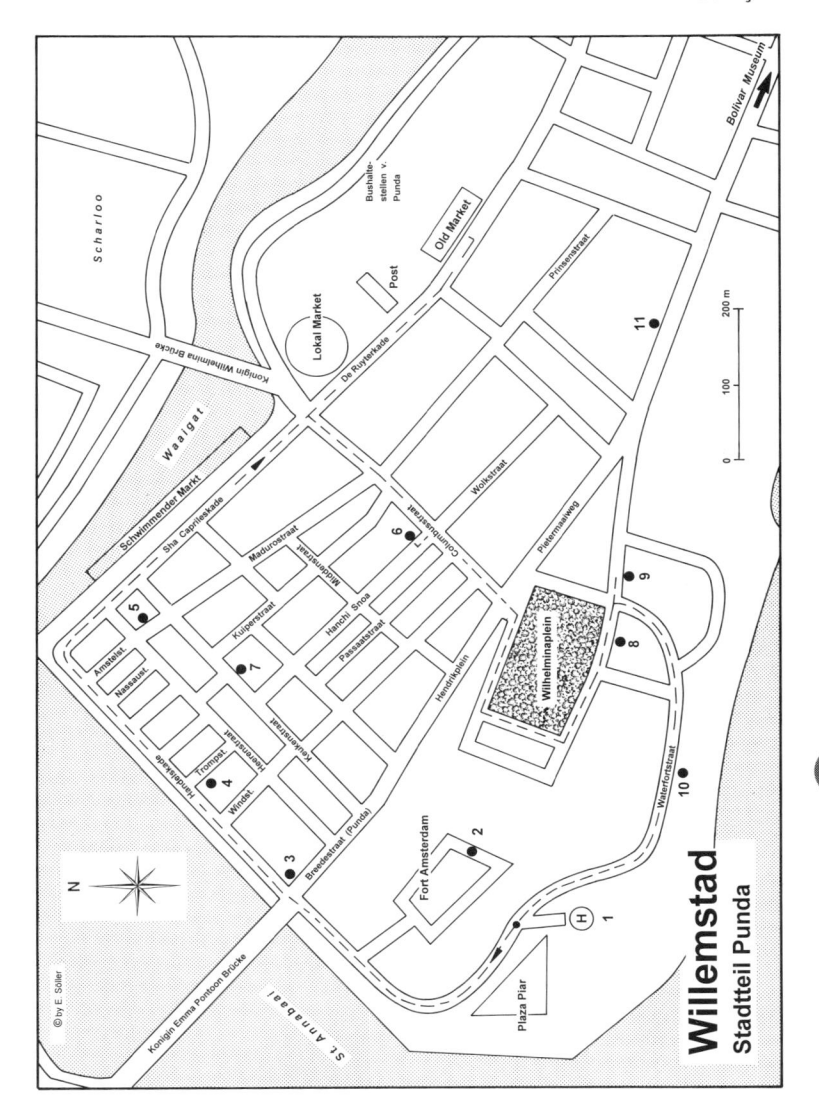

Willemstad
Stadtteil Punda

Insel- und Ortsbeschreibungen

- *Numismatic Museum*, Central Bank of the Netherland Antilles, Breedestraat 1, Punda. ☎ 613600. Ö: Montags bis freitags 8.30-11.30 Uhr und 14.00-16.30 Uhr.

Etwas abseits vom Stadtkern liegt das **Bolivar Museum**. Das wegen seiner achteckigen Bauweise oft auch Oktagon genannte Gebäude war das Heim der Schwestern von *Simon Bolívar*. Der Befreiungskämpfer, der Anfang des 19. Jh. die spanische Herrschaft in den südamerikanischen Staaten beendete, lebte hier während seines Exils 1812. Die kleine Ausstellung zeigt neben Antiquitäten persönliche Gegenstände des Nationalhelden und erläutert seine Geschichte.

- *Bolivar Museum (Oktagon)*, Penstraat 126-128 (Der Zugang zum Museum ist über eine kleine Straße, die direkt vor dem *Avila Beach Hotel* Richtung Strand abgeht).

Rundgang: Ein empfehlenswerter Rundgang durch die malerischen Geschäftsstraßen von Punda, von der Dauer eines Vormittages, beginnt am Van der Valk Plaza Hotel. Es ist Teil des Waterforts, ein auffälliges Merkmal ist der Tukan auf seinem Dach. Das Hotel mit seinen 15 Stockwerken ist das höchste Gebäude Pundas. (Weitere Informationen zum Waterfort siehe am Ende des Rundgangs.)

Vor dem Hotel steht auf dem **Plaza Piar** die Statue von *Manuel Carel Piar* (1777-1817), einem General, der unter Bolivar im südamerikanischen Freiheitskrieg kämpfte.

Die Statue ist ein Geschenk Venezuelas an Curaçao. Piar, ein Curaçaoaner, wurde in Venezuela des Verrats angeklagt und hingerichtet. Erst nachträglich wurde er freigesprochen und zum Helden erklärt.

Vom Plaza Piar ist es nur ein sehr kurzer Weg hinüber zum **Fort Amsterdam**. Von 1648-1861 bildete es den Kern der befestigten Stadt Punda. Es war das wichtigste Fort von ehemals acht Forts der Insel.

Das Fort ist heute der Sitz der Regierung und des Gouverneurs der Niederländischen Antillen. Wenn er anwesend ist, wird die Flagge der Niederländischen Antillen gehißt.

Zwei Polizisten bewachen tagtäglich den Zugang zum Fort, Fußgängern ist der Eintritt erlaubt.

Im Innenhof des Forts sieht man die Regierungsgebäude, die Ministeriumsgebäude und die Fortkirche, genannt **Fortchurch**. Sie ist die älteste protestantische Kirche der Insel und wurde 1769 erbaut.

Als Vorsichtsmaßnahme für mögliche Belagerungen wurde das Gebäude mit einer Zisterne sowie mit Lagerräumen ausgestattet.

Curaçao

In der südwestlichen Wand des Gebäudes steckt eine Kanonenkugel, die von Truppen des *Captain Bligh*, dem Kapitän der Bounty, abgefeuert worden sein soll.

Die Kirche beherbergt auch das **Fortchurch Museum**. Das Museum zeigt historische Kirchenutensilien.

- *Fortchurch Museum*, Fort Amsterdam, Punda. ☎ 611139. Ö: Wochentags 9.00-12.00 Uhr und 14.00-17.00 Uhr. Eintritt: 2 US$, Kinder bis 16 Jahre kosten die Hälfte.

Vor dem Fort ist an der Hafenseite ein Monument zu sehen, das das niederländische Königshaus den Niederländischen Antillen als Dank für die Unterstützung im Zweiten Weltkrieg schenkte.

Von dort ist auch die berühmte, heute nur noch von Fußgängern genutzte, **Königin Emma Pontoon Brücke** zu sehen. Sie stellt die Verbindung zwischen Punda und Otrobanda dar.

Die Schiffsbrücke wird vom Wasser selbst getragen, auf dem sie mit dutzenden Bootskielen liegt. Erbaut wurde sie 1888, die heutige Konstruktion wurde jedoch erst 1939 errichtet.

Wenn Schiffe in den Hafen einfahren, schwenkt die Brücke zur Seite und gibt somit die Einfahrt frei. Dieses Manöver findet bis zu 30 mal am Tag statt und wird durch eine laute Sirene angezeigt. Auf dem Bootshaus an der Punda-Seite wird außerdem eine blaue Fahne gehißt.

Die Fußgänger können während dieser Zeit mit der kostenlosen Fähre auf die andere Seite gelangen. (Der zügige Fährdienst wird täglich von 6.00-23.00 Uhr angeboten.)

Für den Autoverkehr wurde die unübersehbare, spektakuläre Königin Juliana Brücke gebaut. (Siehe dazu auch Ortsbeschreibung *Scharloo*.)

Die erste Königin Emma Brücke entstand 1888 und war ein Werk des amerikanischen Unternehmers *L. B. Smith*. L. B. Smith machte sich noch mit einigen anderen Unternehmungen verdient (er schiffte das erste Eis auf die Insel und war am Bau der ersten Meerwasser-Entsalzungsanlage beteiligt), und wird deshalb auf zahlreichen Briefmarken abgebildet.

Gegenüber der Brücke hängt an der Außenmauer des Fort Amsterdam eine Gedenktafel, die zum 25. Jahrestag der Sklavenbefreiung (11.7.1863) angebracht wurde.

Weiter entlang dem Hafenbecken der St. Annabaai sieht man die großen alten Geschäfts- und Warenhäuser. Das sicherlich am häufigsten fotografierte Haus ist das der Brücke gegenüberliegende **Penha Gebäude**.

Es wurde 1708 erbaut. Etwa 50 Jahre später wurden der wunderschöne Giebel und die Verzierungen an der Fassade ergänzt. Sie geben ein schönes Beispiel des typischen Barock-Stils, der in der zweiten Hälfte des 18. Jh. in Curaçao vorherrschte.

Früher waren in dem Gebäude Clubräume untergebracht, heute wird hier exclusives Parfüm aus aller Welt verkauft.

Die **Handelskade** führt an weiteren hübschen Gebäuden vorbei. Sehr sehenswert ist beispielsweise die Banco Industriale Venezuela. Die Fenster sind reizvoll mit Säulen und Bögen umfaßt. (Abbildung siehe Kapitel *Praktische Hinweise - Geld*.)

In der kleinen Seitengasse Trompstraat liegt die **Gallery 86**, wo Werke lokaler Künstler ausgestellt werden. Neben Ölgemälden und Aquarellzeichnungen werden Skulpturen und Fotografien ausgestellt. Aus den Fenstern der Galerie hat man einen schönen Blick über die St. Annabaai.

- *Gallery 86*, Ecke Handelskade/Trompstraat. ☎ 613417. Ö: Montags bis freitags 9.30-12.00 und 15.00-17.30 Uhr und samstags 9.30 bis 12.00 Uhr. Der Zugang zur Galerie im dritten Stock ist über den Fahrstuhl.

Am Ende der Handelskade geht es rechts ab zum **Schwimmenden Markt** (Floating Market). Von etwa einem Dutzend Booten aus verkaufen hier die Venezuelaner Obst und Gemüse an die Curaçaoaner. Ö: 6.00-18.00 Uhr.

Dieser einzigartige Markt entsteht deshalb, weil es den Venezuelanern an Land verboten ist, ihre Ware zu verkaufen. Außerdem erhalten sie nur eine Aufenthaltsgenehmigung für zwei Monate. Nach dieser Zeit kehren sie nach Venezuela zurück und andere nehmen ihren Platz ein. Jeden Dienstag und Donnerstag kommen Venezuelaner, die die anliegenden Boote mit frischer Ware versorgen. Die Bootsfahrt der Venezuelaner vom südamerikanischen Festland nach Curaçao dauert im Durchschnitt etwa acht Stunden.

Auf der gegenüberliegenden Seite, im Stadtteil Scharloo, verkaufen die Händler des Schwimmenden Marktes ihre Ware an Großhändler.

Hinweis: Der Preis für die Waren wird von den Händlern immer in Naf angegeben.

Auf der rechten Seite am Anfang der **Sha Caprileskade**, der Straße des Schwimmenden Marktes, liegt der kleine **Plaza Jo-Jo Correa**. Auf ihm verkaufen oft Haitianer Holzschnitzereien. Hier befindet sich auch ein Taxistand und ein Geschäft, in dem von Toilettenartikeln bis zu Elektrogeräten beinahe alles erhältlich ist, was zum täglichen Leben benötigt wird.

Die Verbindung zum ehemals sehr wohlhabenden Wohnviertel

Curaçao

Der „Schwimmende Markt"

Insel- und Ortsbeschreibungen

Scharloo stellt eine weitere „Königinnenbrücke" dar, die **Königin Wilhelmina Brücke**. Die Brücke wurde als Zugbrücke erbaut, da es in dem Hafenzweig **Waaigat**, den sie überspannt, früher ein Schiffsdock gab. Nachdem das Dock stillgelegt war, wurde die Zugbrücke fest verankert.

Bei der Brücke erhebt sich das runde Gebäude des **Lokal Market**. Einheimische bieten hier Fleisch und Fisch neben einer interessanten Mischung von Souvenirs und Haushaltsgeräten an. Verkauft wird nur am Morgen, von 6.00-12.00 Uhr.

Hinter dem Lokal Market steht das hohe, mehrstöckige Gebäude der **Post**. (Öffnungszeiten siehe Kapitel *Praktische Hinweise-Post*.)

Richtung Waaigat schließt sich der Post die **Bushaltestelle von Punda** an. Von hier fahren die Busse Richtung Osten ab. (Fahrpläne siehe Kapitel *Praktische Hinweise-Verbindungen auf den Inseln*.)

Zwischen 11.00 und 14.00 Uhr lohnt sich ein Abstecher zum **Old Market**, dem alten Marktgebäude. Er liegt hinter dem Postgebäude. In dem alten Gebäude des Old Market kochen Frauen auf Holzkohlenfeuer lokale Gerichte, die sehr preisgünstig verkauft werden (knapp 10 Naf). Viele Geschäftsleute kommen hierher und nutzen diese preiswerte Möglichkeit, zu Mittag zu essen. Vor 11.00 Uhr kann man den Frauen beim Zubereiten der Mahlzeiten zusehen.

Zurück an der Königin Wilhelmina Brücke gelangt man nach links durch die Columbusstraat zur **Mikve Israel-Emanuel Synagoge**. Der Eingang liegt an der Einkaufsstraße Hanchi Snoa.

Erbaut wurde die Synagoge 1732, damit ist sie die älteste Synagoge der westlichen Hemisphäre. Die jüdische Gemeinde auf Curaçao wurde schon 1651 von 12 Familien gegründet. Sie waren vor der Inquisition aus Portugal und Spanien nach Amsterdam geflüchtet, von wo die Westindische Company sie in die Karibik brachte.

Von außen sieht das Gebäude sehr schlicht aus, die Mauern ragen hell und gerade aus den bunten Fassaden der Geschäfte heraus. Durch ein Tor tritt man in einen Vorderhof, in dem es nach rechts zum Eingang der Synagoge geht.

Männer sollten in der Synagoge einen *Kippot* tragen. Diese jüdische Kopfbedeckung kann man am Eingang ausleihen. Im Inneren fallen die großen Kronleuchter auf. Rechts und links sind Emporen, an deren Vorderseite eine Orgel steht.

Der Boden ist mit Sand bedeckt, was an die im Alten Testament beschriebene Flucht der Israeliten aus ihrer Gefangenschaft erinnern soll. Für eine weitere mögliche Erklärung des

Curaçao

Tägliche Kochkünste im Old Market

Insel- und Ortsbeschreibungen

Sandbodens wird ebenfalls das Alte Testament zitiert. Dabei dient der Sand als Symbol für das Versprechen Gottes an Abraham, seine Nachfahren werden zahllos sein, wie Sand am Meer.

Außerdem dient der Sand einem praktischen Zweck, der sich in der Geschichte des jüdischen Volkes als hilfreich erwies. Der Sand schluckt die Geräusche der Eintretenden. Somit konnten in Zeiten ihrer Verfolgung durch die spanische Inquisition in Europa in den geheimen Räumen ihrer Treffen unnötige Geräusche vermieden werden.

Vom Vorderhof gelangt man zum Museum. Es sind historische Gegenstände ausgestellt, die während der kirchlichen Zeremonien verwendet wurden. Weitere Zeugnisse der Geschichte dieser Gemeinde sind die alten Grabsteine aus dem 17. Jh. Ein Grabstein datiert auf 1659, er ist der älteste des amerikanischen Kontinents. Rechts hinter dem Torbogen zum Museum ist ein altes rituelles Bad zu sehen.

- *Mikve Israel-Emanuel Synagoge und Museum*, Hanchi Snoa, Punda. ☎ 611633. Ö: Wochentags um 9.00-11.45 Uhr und 14.30-16.45 Uhr und sonntags, wenn Kreuzfahrtschiffe im Hafen liegen, von 9.00-12.00 Uhr. Eintritt: 3,50 US$.

An jüdischen und öffentlichen Feiertagen ist das Museum geschlossen.

Gottesdienst ist jeden Sabbat und an den Feiertagen um 18.30 Uhr sowie am darauffolgenden Tag um 10.00 Uhr.

Weiter die Columbusstraat entlang erreicht man den Platz **Wilhelminaplein**. In der Mitte des Platzes steht die Statue der Königin Wilhelmina (Regierungszeit 1898-1948). 1930 wurde sie zum 50. Geburtstag der Königin errichtet. Beachtenswert sind vor allem die hübschen Gebäude um den Platz. Dabei fällt besonders das Justizgebäude mit seinen wunderschönen Balkonen auf. Es wurde 1859 nach zweijähriger Bauzeit fertiggestellt.

Bemerkenswert sind auch die anderen Gebäude am Platz. Im georgianischen Stil wurde das Gebäude der *Mc Laughlins Bank* erbaut. Es entstand, ebenso wie der heute nicht mehr genutzte **Tempel Emanu-El**, im Jahr 1869. Der Tempel diente den Reformjuden, die sich von der jüdischen Gemeinde abwandten, als Synagoge, heute sind sie wieder mit der jüdischen Gemeinde vereint.

Zwischen dem Tempel und dem Bankgebäude steht ein **Tele-Museum**, das die Geschichte der Nachrichtenübermittlung auf Curaçao dokumentiert.

- *Tele-Museum*, Wilhelminaplein. Ö: Wochentags von 9.00-12.00 Uhr und 13.30-17.00 Uhr.

Über den Hof des Museums, wo ein alter Telegraf aufgestellt ist, gelangt man zu den Gewölben

Curaçao

des Waterforts, den sogenannten **Waterfort Arches**. In ihnen sind zahlreiche kleine Geschäfte und Restaurants untergebracht. Die Restaurants liegen an der Außenmauer des Waterforts, von wo man einen schönen Ausblick auf das Meer hat. Die Läden wurden erst vor wenigen Jahren in dem renovierten Fort eingerichtet.

Das **Waterfort** diente der Verteidigung des Hafens und wurde 1634 erbaut. Da es nur zur Verteidigung Richtung Meer genutzt wurde, ist es zur Stadt hin ungeschützt. (Siehe auch Kapitel *Punda-Geschichte*.)

1827 wurde die Anlage durch ein imposantes Bauwerk mit 136 kleinen Türmen ersetzt. Das Fort hatte Lagerräume, Ställe sowie eine medizinische Station. Noch heute sind einige alte Kanonen zu sehen.

Auch in der Neuzeit wurde das Gebäude militärisch genutzt: während des Zweiten Weltkrieges waren zahlreiche Truppen im Waterfort stationiert. Seit 1957 dient das Fort ausschließlich friedlichen Zwecken.

Eine kleine Treppe führt vom Vorplatz des Forts hinauf auf die Befestigungsmauer, mit etwas Glück ist die Tür zur Treppe unverschlossen.

Entlang den Geschäften und Restaurants der Waterfort Arches kommt man zurück zum Van der Valk Plaza Hotel, wo der Rundgang begann.

Unterkunft: In Punda selbst gibt es kaum Hotels und andere Unterkunftsmöglichkeiten.

- *Van der Valk Plaza Hotel & Casino*, Plaza Piar. ☎ 612500, Fax: 616543. DZ: 100 US$. Ausstattung: 254 Zimmer, Restaurant, Pool, Souvenirshop, Casino, Babysitter, Kabelfernsehen.

- *Avila Beach Hotel*. ☎ 614377, Fax: 611493. DZ: 95 US$. Ausstattung: 90 Zimmer, Restaurant, Strand, Tennisplatz, Souvenirshop, Babysitter, Kitchenette, Kabelfernsehen. Das Hotel ist ein ehemaliges Regierungsgebäude, an den ein neuer Gebäudekomplex angebaut wurde.

Essen: Neben den zahlreichen Snackbars gibt es auch viele exclusive Restaurants in Punda. Vor allem bei den Waterfort Arches finden sich verschiedene Restaurants.

- *Waterfort Restaurant*, Van der Valk Plaza Hotel, Plaza Piar. ☎ 612500. Ö: 11.00-24.00 Uhr. Internationale und lokale Gerichte. Von Mittwoch bis Samstag wird ein leckeres Buffet für 25 Naf angeboten.

- *Il Barile*, Hanchi Snoa 12. ☎ 613482. Preiswertes italienisches Restaurant.

- *De Sandwich Shop*, Hanchi Snoa 22. Niederländisches Restaurant.

- *Downtown Restaurant*, Gomezplein. ☎ 616722. Ö: 9.00-21.30 Uhr. Deutsche, internationale und lokale Gerichte werden auf dem Gomezplatz mitten in Punda serviert. Jeden Donnerstag und Samstag wird auf dem Platz lokale Life-Musik gespielt.

- *Hard Rock Society*, Keukenplein 8. ☎ 656633. Ö: Sonntag bis Donnerstag von 9.00-1.00 Uhr, freitags und samstags von

Insel- und Ortsbeschreibungen

9.30-2.00 Uhr. Happy Hour ist donnerstags und freitags von 17.30-18.30 Uhr sowie sonntags von 17.00-19.00 Uhr. Das Restaurant in der Innenstadt Pundas bietet frische Fischgerichte, Hamburger, Steaks und Snacks. In einem sogenannten „Spielzimmer" wird den Gästen Billard, Backgammon und Dart angeboten.

- *Nubia Restaurant*, Columbusstraat. ☎ 616686. Lokale Küche.
- *McDonald*, Bakkerstraat. Ö: Montag bis Samstag von 7.30-21.30 Uhr, Sonntag 15.00-22.00 Uhr.
- *Pizza Hut*, Pietermaai Parking. ☎ 656767. Pizza-Schnellimbiß, auch Pizzas zum Mitnehmen.
- *Chun King*, Wilhelminaplein 1. ☎ 611855. Preiswertes chinesisches Restaurant.
- *La Pergola*, Waterfortboog 12. ☎ 613482. Ö: 12.00-14.00 Uhr und 18.30-22.30 Uhr, sonntags nur am Abend geöffnet. Italienisches Restaurant.
- *Surabaya*, Waterfortboog. ☎ 617388. Indonesisches Restaurant.
- *Caribbean Breeze*, Waterfortboog. ☎ 616918. Preiswerte internationale Küche steht auf dem Speiseplan.
- *Seaview Restaurant*, Waterfortboog. ☎ 616688. Ö: 12.00-14.30 Uhr und 18.00-23.00 Uhr. Es wird internationale Küche angeboten.
- *Calypso*, Pietermaai 25. ☎ 617180. Preiswerte lokale Küche und Bar. Ö: Täglich außer sonntags von 17.00-24.00 Uhr, am Wochenende bis 1.00 Uhr geöffnet. Happy Hour von 17.00-19.00 Uhr.
- *Larousse*, Penstraat 5. ☎ 655418. Exclusives französisches Restaurant, das auch Fischspezialitäten anbietet. Ö: 18.00-24.00 Uhr, montags ist geschlossen.
- *Avila Café*, Avila Beach Hotel, Penstraat 130. ☎ 614377. Das Avila Café bietet ein reichhaltiges Frühstücksbuffet, Salate und frische Pasteten. Ö: 7.00-19.00 Uhr.
- *Belle Terrace*, Avila Beach Hotel, Penstraat 130. ☎ 614377. Ö: 19.00-22.00 Uhr geöffnet. Es wird internationale Küche geboten.

Nachtclubs und Bars: Das eigentliche Nachclubviertel Willemstads ist das etwas außerhalb vom Stadtkern liegende Saliña. (Siehe auch im Kapitel *Insel- und Ortsbeschreibungen - Umgebung von Willemstad.*)

- *The Jail*, Keukenplein. ☎ 656633. Ö: Täglich von 21.00-2.00 Uhr.
- *Boomerang*, Waterfort Arches. ☎ 618680. Ab 21.00 Uhr geöffnet.

Weitere Informationen

- Jeden Dienstag von 9.00-11.00 Uhr werden interessante **Stadtrundgänge durch Punda** veranstaltet. Informationen dazu und Reservierung unter ☎ 613554. Die Gebühr für den Rundgang beträgt 15 Naf, der Spaziergang beginnt an der Königin Emma Brücke in Punda.

Auskünfte und Hilfestellungen gibt das
- *Curaçao Tourist Board*, P.O. Box 3266, Pietermaai 19, Willemstad, Curaçao N.A. ☎ 616000, Fax 612305.

Fassade des Penha-Gebäudes

Insel- und Ortsbeschreibungen

Otrobanda

Der Stadtteil Otrobanda, was übersetzt „auf der anderen Seite" heißt, war vor 300 Jahren der Verbannungsort Pundas für Kriminelle und Aussätzige. Erst Anfang des 18. Jh. wurde es zu einem bürgerlichen Wohnviertel. Durch die Verbindung der Stadtteile Punda und Otrobanda durch die Königin Emma Potoon Brücke begann auf Otrobanda dann schnell ein neuer Stadtteil zu wachsen. Zum Schutz dieses neuen Stadtteils wurde das Riffort erbaut.

Durch die in den 60er und 70er Jahren verstärkt einsetzende Stadtflucht stehen heute einige Gebäude leer. Mit der beginnenden Ansiedlung großer Hotels und Restaurants konnte das Viertel aber wieder belebt werden.

Rundgang: Otrobanda erreicht man von Punda aus über die Königin Emma Brücke.

Am Fuß der Brücke steht auf dem **Briónplein** das **Luis Brión Denkmal**. Der Platz und das Denkmal wurden nach dem Admiral *Luis Brión* benannt, der mit Simon Bolívar im südamerikanischen Unabhängigkeitskrieg kämpfte.

Vom Briónplein Richtung Meer gelangt man zum **Riffort**. Es wurde 1828 zum Schutze Otrobandas und als Verstärkung des Waterforts erbaut. Das Riffort ist etwas kleiner als das Waterfort, aber in seiner Bauweise sehr ähnlich. Vor dem Riffort steht eine alte Kanone auf einer Holzlafette.

Vom Innenplatz des Forts aus führt eine Treppe links hinauf auf die Zinnen. Von dort hat man einen schönen Blick auf das gegenüberliegende Waterfort und Punda. In den Mauern des Rifforts befindet sich heute ein Restaurant.

Rechts hinter dem Riffort befindet sich das **Kodela Electricity & Water Distribution Plant**. Das häßliche Industriegebäude fällt auch durch den tagtäglichen, aus den Schornsteinen quellenden grauen Rauch auf.

Vom Fort führt der Rundgang weiter über die Straße und nach links zur **Bushaltestelle von Otrobanda**. Von hier fahren die Busse zu den Orten im Westen ab. (Abfahrzeiten und Preise siehe im Kapitel *Praktische Hinweise-An- und Weiterreise*.)

1 *Bistro Le Clochard*
2 **Kodela Electricity & Water Distribution**
3 *Otrobanda Hotel & Casino*
4 **Restaurants** *Caribana, Rum Runner & Jan's Polar Place*
5 **Arawak Craft Products & Anlegestelle der Kreuzfahrtschiffe**
6 *Porto Paseo Hotel & Casino*
7 *Pelikaan Hotel*
8 *Park Hotel*

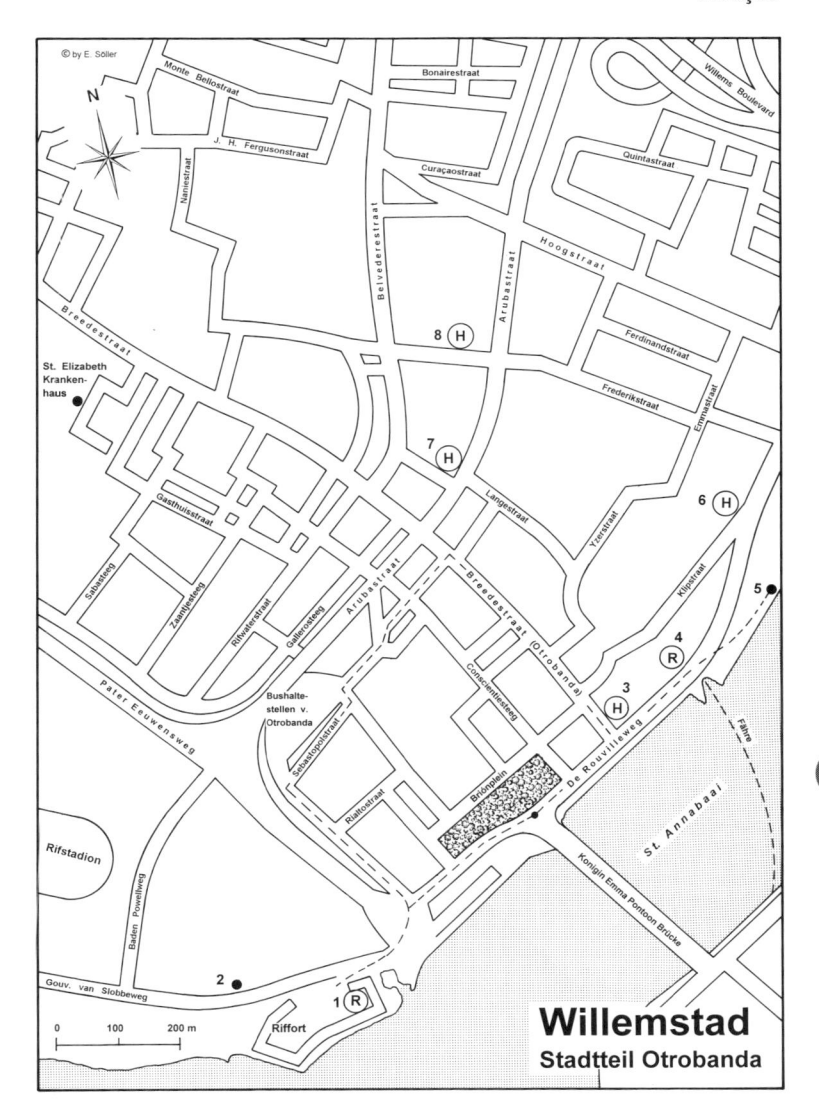

Curaçao

Willemstad
Stadtteil Otrobanda

Insel- und Ortsbeschreibungen

Durch die engen Gassen des Stadtteils geht es vom Meer weg weiter zur Haupteinkaufsstraße Otrobandas. Sie ist das Pendant der Haupteinkaufsstraße Pundas und heißt ebenfalls **Breedestraat**. Auf dieser Seite der St. Annabaai sind die Preise jedoch etwas günstiger.

Hübsche Souvenirs und Kunsthandwerk erhält man beispielsweise bei:
- *Cas di Arte Corsou*, Breedestraat 126, Otrobanda. ☎ 624516.

Die Häuser sind in Otrobanda nicht in einem solch guten Zustand wie in Punda, doch die ehemalige Pracht der alten Häuser im Kolonialstil läßt sich in dieser Straße erahnen.

Die Breedestraat führt zurück zum Hafen. Auf der linken Seite steht das Gebäude des Otrobanda-Hotels, von dessen Restaurant-Terasse man einen wunderschönen Blick auf den Hafen hat.

Entlang dem **De Rouvilleweg** geht es vorbei an der St. Annabaai und der Fähranlegestelle. Links befinden sich in einem hübschen Gebäudekomplex mehrere Restaurants und das Souvenirlädchen *Le Cloq*. Dort findet man alle erdenklichen Andenken von Käse und Windmühlenfiguren bis zu Holzschuhen, die das Klischeebild der niederländischen Karibik wiedergeben. Die urigen Holzschuhe kosten, je nach Größe, 10-30 US$.

Sehr schöne, lokale Souvenirs, wenn auch teilweise zu etwas überhöhten Preisen, findet man im Verkaufsraum der **Arawak Craft Products**. Vor allem Keramiken werden angeboten. Im gleichen Gebäude sind die Töpferwerkstätten, wo man den Handwerkern bei der Arbeit zusehen kann. Das Gebäude ist vom De Rouvilleweg aus leicht zu erreichen. Es liegt etwa 500 m Richtung Inland direkt am Terminal der Kreuzfahrtschiffe.
- *Arawak Craft Products*. ☎ 627249. Ö: 9.00-19.00 Uhr.

Am **Terminal der Kreuzfahrtschiffe** legen während der Hochsaison zwei bis drei Schiffe am Tag an. Während der Nebensaison sind es nur vier Schiffe in der Woche.

Entlang der St. Annabaai geht es wieder zurück zum Ausgangspunkt des Rundgangs.

Etwas abseits des Stadtkerns, daher leichter mit dem Auto oder Bus zu erreichen, liegt das **Curaçao Museum**. (Busverbindungen siehe Kapitel *Praktische Hinweise - An- und Weiterreise*.) Es ist in einem Gebäude aus dem 19. Jh. untergebracht. Neben der permanenten Ausstellung lokaler Kunst und Kunsthandwerk sowie Antiquitäten gibt es wechselnde Ausstellungen.
- *Curaçao Museum*. ☎ 623873 und 623777. Ö: Wochentags 9.00-12.00 Uhr und 14.00-17.00 Uhr,

Curaçao

sonntags 10.00-16.00 Uhr. Eintritt: 3 Naf.

Das **St. Elizabeth Krankenhaus** ist eines der größten und modernsten Krankenhäuser in der Karibik. Es liegt am hinteren Abschnitt der Breedestraat und verfügt über 800 Betten. Ihm gegenüber liegt das **Rif Stadion**, in dem an den Wochenenden und Abenden Fußball (Soccer) und Baseball gespielt wird.

Unterkunft:

- *Otrobanda Hotel & Casino*, Briónplein. ☎ 627400, Fax: 627299. DZ: 105 US$, im Sommer 90 US$. Ausstattung: 45 Zimmer, Restaurant, Casino, Babysitter, Kabelfernsehen.
- *Porto Paseo Hotel & Casino*, De Rouvilleweg 47. ☎ 627878, Fax: 627969. DZ: 90-150 US$. Ausstattung: 50 Zimmer, Restaurant, Casino, Pool, Kabelfernsehen, Tauchbasis. Das Gebäude wurde früher als Hospital genutzt. Von außen sieht das Hotel eher unscheinbar aus, aber die Anlage hinter dem Empfangsgebäude ist schön abgeschirmt und ruhig, trotz der zentralen Lage des Hotels.
- *Pelikaan Hotel*, Langestraat 78. ☎ 623555, Fax: 626063. DZ: 48 US$. Ausstattung: 40 Zimmer, Restaurant, Souvenirshop, Kabelfernsehen.
- *Park Hotel*, Frederikstraat 84. ☎ 623112, Fax: 625933. DZ: 33 US$. Ausstattung: 81 Zimmer, Restaurant, Souvenirshop, Kabelfernsehen.
- *El Conde Hotel*. ☎ 627611, Fax: 627875. DZ: 40 US$. Ausstattung: 15 Zimmer, Restaurant, Souvenirshop.

Essen:

- *Bistro Le Clochard*, Riffort. ☎ 625266 und 625667. Ö: Wochentags von 12.00-14.00 Uhr und ab 18.30 Uhr, samstags 12.00-14.00 Uhr. Französische und Schweizer Küche. Das Restaurant ist Mitglied der Chaines des Rôtisseurs.
- *Harbour View Restaurant*, Otrobanda Hotel, Briónplein. ☎ 627400. Lokale Spezialitäten. Von der Terasse hat man einen wunderbaren Blick auf Punda und die Pontoonbrücke.
- *Caribana*, De Rouvilleweg 9. ☎ 623088. Exclusive lokale Küche.
- *Rum Runners*, De Rouvilleweg 9F. ☎ 623038. Preiswerte internationale Küche, abends mit lebhafter Bar. Ö: Montag bis Donnerstag von 11.00-1.00 Uhr, Freitag und Samstag von 11.00-2.00 Uhr. Sonntag von 17.00-1.00 Uhr.
- *Jan's Polar Place*, De Rouvilleweg 9. Preiswerte lokale Gerichte.

Nachtclubs und Bars:

- *Clochard's Harbour Side Terrace*, Riffort. ☎ 625666. Cocktails und kleine Vorspeisen werden täglich ab 17.00 Uhr serviert.
- *Caribana Bar & Terrace*, De Rouvilleweg 9. ☎ 623088. Es werden leckere Cocktails serviert. Blick auf den Hafen.

Weitere Informationen

- Jeden Donnerstag um 17.15 Uhr werden **Stadtrundgänge durch Otrobanda** veranstaltet. Der Rundgang startet von der Königin Emma Brücke in Otrobanda und dauert bis 19.00 Uhr. Informationen und Reservierung unter ☎ 613554. Gebühr: 10 Naf.

Insel- und Ortsbeschreibungen

Scharloo

Scharloo war ein wohlhabendes Wohnviertel, wo reiche, zumeist jüdische Geschäftsleute um 1880 ihre Wohnhäuser erbauten. Weil die Grundsteuer für die Gebäude erheblich anstieg, zogen die meisten Familien in den neueren Stadtteil Mahai. Da zudem als Miete höchstens 10% des ursprünglichen Bauwerts verlangt werden darf, lohnt sich die Renovierung der Gebäude für die Besitzer nicht. Deshalb verfällt die Pracht von früher leider zusehends und das Viertel verkommt zum Slum. An einigen Gebäuden läßt sich der frühere Reichtum erahnen, aber viele Häuser sind nur noch Ruinen.

Es werden Anstrengungen unternommen, Käufer für die alten Häuser zu finden, und den Stadtteil wieder aufzubauen. Einige Häuser wurden als Regierungsgebäude renoviert.

Vorsicht: Nachts ist dieser Stadtteil nicht sehr empfehlenswert für Fußgänger, da es vereinzelt schon zu Überfällen gekommen ist.

Scharloo liegt zwischen dem Waaigat, dem Schottegat und der St. Annabaai. Somit erreicht man den Stadtteil von Punda über die Königin Wilhelmina Brücke oder eine kleine Fußgängerbrücke und von Otrobanda über die

Blick vom Schwimmenden Markt auf Scharloo

Curaçao

Autobrücke **Königin Juliana Brücke**. Letztere ist über 60 Meter hoch und über einen halben Kilometer lang. Fußgängern und Fahrradfahrern ist das Überqueren der Brücke nicht erlaubt.

Die Königin Juliana Brücke wurde erbaut, um Autofahrern die lange Wartezeit zu ersparen, wenn die Königin Emma Pontoon Brücke geöffnet war. Der Bau dauerte 14 Jahre und kostete 15 Menschen das Leben. 1973 wurde das Bauwerk fertiggestellt.

Die Gebäude Scharloos vereinen viele Architekturstile. Vom Kolonialstil des 18. Jh. bis zum viktorianischen Stil ist alles vertreten. Bei einem Spaziergang von etwa einer Stunde kann man die wichtigsten, durch ihre schöne Architektur auffallenden, Gebäude besichtigen.

Rundgang: Der Rundgang führt ausgehend von der Wilhelminastraat (Ende der Königin Wilhelmina Brücke) nach links in einer Schleife entlang Van Raderstraat, Van den Brandhofstraat, Werfstraat und Bitterstraat zurück zum Ausgangspunkt.

Besonders interessant ist nach diesem kurzen Weg die nachfolgende, längere Strecke entlang dem etwa einen Kilometer langen Scharlooweg.

An seinem Ende gelangt man entlang dem Waaigat durch den Stadtteil **Pietermaai** zurück nach Punda und zur Königin Wilhelmina Brücke, dem Ausgangspunkt des Rundganges.

Das erste auffallende Gebäude ist das kubusförmige, um 1870 erbaute Haus **Van den Brandhofstraat 12**. Das gut erhaltene Haus verfügt im Gegensatz zu den meisten anderen Gebäuden über keinen Patio.

Ebenfalls mit Blick auf den Waaigat steht ein kurzes Stück weiter das Haus **Van den Brandhofstraat 6**. Es wurde im neogriechischen Stil erbaut und entstand zwischen 1885 und 1888. Kurz nach seiner Erbauung wurde es 1894 an den Präsidenten der Dominikanischen Republik verkauft. Später nutzte man es als Hotel.

Direkt daneben steht die Ruine von **Van den Brandhofstraat 1**. 1988 brannte das im 18. Jh. erbaute Wohnhaus ab, aber es bestehen Pläne, es wieder zu renovieren. Auch dieses Wohnhaus diente lange Zeit als Hotel.

Entlang der nach rechts abzweigenden Straße gelangt man wieder auf den Scharlooweg. Die folgenden Gebäude können alle von dieser Straße aus besichtigt werden.

Scharlooweg 13 ist ein etwas verwahrlostes Gebäude, das zwischen 1872-1874 erbaut wurde. Es steht auf der linken Straßenseite und fällt durch seine breiten Seitenflügel auf. Der ursprüngliche Name des heute leerstehenden Hauses war „Petit Trianon".

Insel- und Ortsbeschreibungen

Ein Stück weiter liegt auf der gegenüberliegenden Seite **Scharlooweg 74-76**. Es wurde schon 1745 erbaut und ist noch gut erhalten. Besonders schön ist der turmartige Aufbau des Hauses. In der oberen Etage ist noch die ursprüngliche Einrichtung erhalten, die einen guten Eindruck von der damaligen Lebensweise gibt. Die Besichtigung ist allerdings nur bei besonderen Rundgängen der Stiftung Denkmalpflege Curaçao (*foundashon pro monumento*) möglich.

Unter einer Brücke führt der Scharlooweg etwa 500 m weiter bis zu dem linkerhand stehenden Gebäude **Scharlooweg 29**. Ein besonderes Kennzeichen des 1893 errichteten Hauses ist die Holzschnitzerei am Vorgiebel. Das Holzmedaillon wurde von dem berühmten Holzschnitzer *de Windt* angefertigt. In dem gut erhaltenen Gebäude soll zukünftig das *Instituto Nashonal di Idioma* untergebracht werden.

Zwei Häuser weiter steht das ebenfalls gut erhaltene Haus **Scharlooweg 33**. 1889 wurde das Gebäude erbaut. Besonders kunstvoll ist seine Backsteinbalustrade.

Gegenüber liegt die in einer sehr modernen Architektur gehaltene **Öffentliche Bibliothek**.
- *Public Library*, Chumaceiro Blvd. ☎ 617055. Es gibt zahlreiche Bücher in den Sprachen Niederländisch, Englisch, Spanisch, Französisch und Papiamento.

Scharlooweg 51 wurde zwischen 1884 und 1892 erbaut. Das gut erhaltene Haus verfügt über drei besonders auffällige, dreieckige Dachausbauten. Es befindet sich im Besitz der antillianischen Jungen- und Mädchengilde und wird seit 1993 an die Stiftung Denkmalpflege Curaçao vermietet.

Das übernächste Haus ist **Scharlooweg 55**. Zwischen 1873-1875 wurde das gut erhaltene Gebäude erbaut. Es ist das Geburtshaus von *George Maduro*, zu dessen Andenken in Den Haag die Miniaturstadt Madurodam gebaut wurde. Auffällig ist die offene Vorhalle des Gebäudes, in welcher eine Reihe doppelter toskanischer Säulen stehen.

Als „Hochzeitstorte" (Weddingcake) wird gerne das 1916 erbaute Haus **Scharlooweg 77** bezeichnet. Durch die zahlreichen Verzierungen hat das Haus auch tatsächlich das Aussehen einer mehrstöckigen Torte. Das Vordach wird durch korinthische Säulen getragen. Die Architektur ist eine Kopie der früheren spanischen Botschaft in Caracas.

Im Inneren sind in einigen Räumen wertvolle venezuelanische Deckenmalereien zu sehen. Da im Gebäude das historische Archiv der Insel (*Central Historisch Archief*) untergebracht ist, kann es während der Öffnungs-

„Hochzeitstorte" (Scharlooweg 77)

zeiten des Archives besichtigt werden.

Ebenfalls auf der linken Straßenseite steht das Gebäude **Plasa Horacio Hoyer 19**. Das 1915-1916 erbaute, gut erhaltene Haus trägt einen dreieckigen Dachfirst. Ursprünglich war es für den Club Curaçao erbaut worden, heute beherbergt es das Amt für räumliche Entwicklung (*DROV*).

Direkt nebenan befindet sich das kleine Haus **Plasa Horacio Hoyer 21**. Es wurde 1860 erbaut und zeigt die typische Dachform aus dem vorigen Jahrhundert. Seit 1954 ist in dem gut erhaltenen Haus die Radiostation *Radio Hoyer* untergebracht.

An der direkt angrenzenden Straße fallen mehrere kleine, pastellfarbene Häuser auf. Sie wurden von der Regierung für Obdachlose gebaut. Die farbigen Häuschen bilden die letzte Station des Rundwegs.

Zurück geht es zum Ausgangspunkt an der Königin Wilhelmina Brücke entweder wieder auf dem Scharlooweg, oder aber durch das an Punda angrenzende Stadtviertel Pietermaai entlang der gegenüberliegenden Seite des Waaigat.

Essen: In Scharloo selbst gibt es nur kleine Snackbars, auch Hotels wird man hier vergeblich suchen.

Insel- und Ortsbeschreibungen

RUNDFAHRT UM DEN SCHOTTEGAT

Die weiteren Stadtteile von Willemstad liegen um den natürlichen Hafen Schottegat, dem zweitbetriebsamsten Hafen der Welt. Ringförmig um den Schottegat herum führt eine gut ausgebaute Straße. Über sie sind die meisten der Orte und Sehenswürdigkeiten leicht zu erreichen.

Über die Königin Juliana Brücke verbindet diese Straße den Stadtteil Otrobanda mit Punda. Hier heißt der Ring Pres. Romulo Betancourt Boulevard und nur knapp zwei km später wird er Fokkerweg genannt, bevor er nach weiteren zwei km schließlich zum Schottegatweg wird.

Nach den Abschnitten Schottegatweg (Oost), Schottegatweg (Noord) und Schottegatweg (West) trägt der Ring im südwestlichen bzw. südlichen Abschnitt den Namen Nijlweg bzw. A. Altegracia de Lannoy Wittems Boulevard.

Viele Privathäuser, die direkt am Schottegatweg liegen, wurden an Firmen als Büroräume vermietet. Deshalb zeigen sich viele Häuser, trotz des starken Zuzugs von Firmen, nicht in phantasieloser Zweckarchitektur sondern in typisch curaçaoanischer Bauweise mit farbenfrohem Anstrich.

Für eine Rundfahrt bietet sich die Richtung gegen den Uhrzeigersinn an. So werden zunächst die vielen interessanten Plätze angesteuert, die östlich des Schottegat liegen.

Rundfahrt: Als Schutz für die St. Annabaai und Punda thront **Fort (Oranje) Nassau** über dem Hafen. Das nach dem Königshaus Oranje benannte Fort wurde 1797 erbaut.

1 **Fort (Oranje) Nassau**
2 **Autonomy Monument**
3 **Amstel Brauerei**
4 **Container Terminal**
5 **Trockendock**
6 **Zollfreie Zone**
7 **Landhuis Chobolobo**
   & Curaçao-Likör Destillerie
8 **Landhuis Groot Davelar**
9 **Landhuis Bloemhof**
10 **Landhuis Zuikertuintje**
11 **Landhuis Rooi Catooje**

12 **Botanischer Garten & Zoo**
13 **Landhuis Cas Cora**
14 **Golfplatz**
15 **Beth Haïm**
16 **Landhuis Habaai**
17 **Fort Waakzaamheid**
18 **Curaçao Museum**
19 *Holiday Beach Hotel*
20 **International Trade Center**
21 *Sonesta Hotel*
22 Hotel *Las Palmas*
23 *Curaçao Caribbean Hotel*

Curaçao

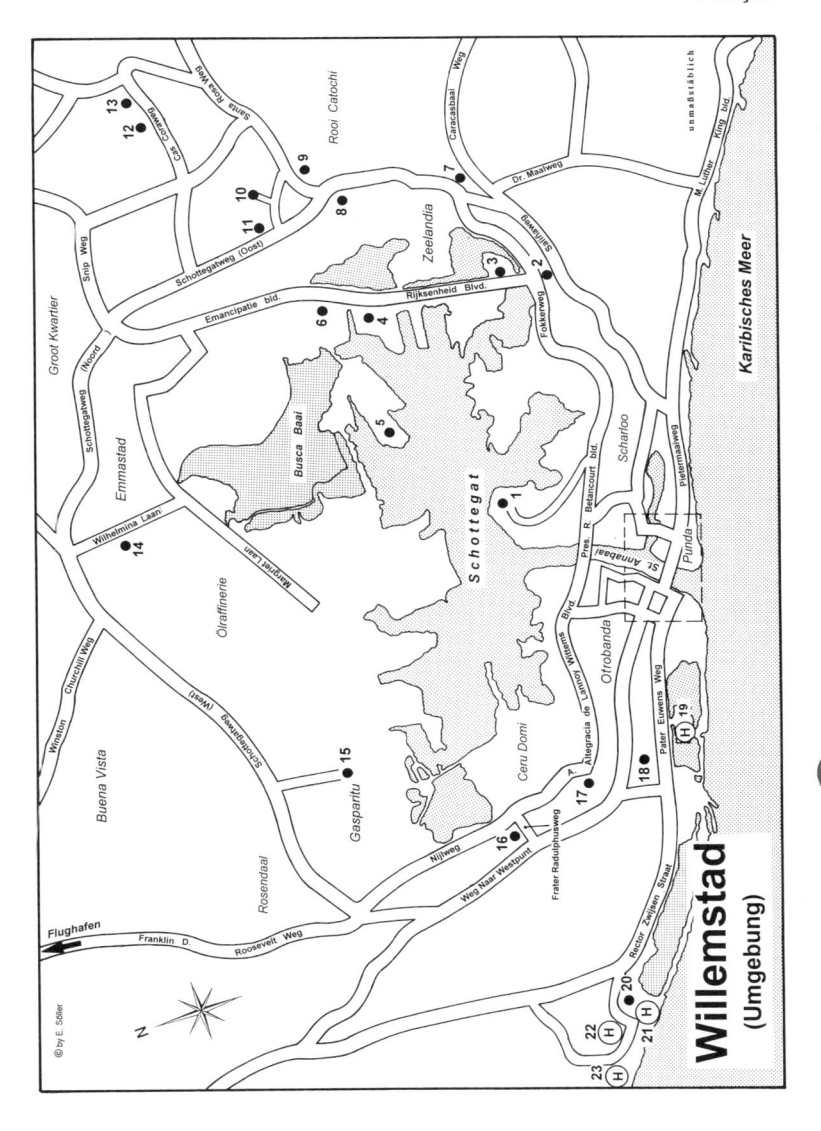

Willemstad
(Umgebung)

Insel- und Ortsbeschreibungen

Aufgrund seiner alles überblickenden Lage diente das Fort lange Zeit als Hafenverwaltung und Hafentower, wo das Öffnen und Schließen der Königin Emma Brücke überwacht wurde. Im Fort ist ein sehr gutes, aber auch recht teures Restaurant untergebracht.

An der Kreuzung des **Fokkerwegs** mit dem **Rijksenheid Boulevard** sieht man auf der rechten Seite das **Autonomy Monument**. Es erinnert an die Unabhängigkeit der sechs Inseln der Niederländischen Antillen von den Niederlanden im Jahr 1954. Enthüllt wurde das Monument im Jahr darauf. Es stellt sechs Vögel dar (als Symbol für die sechs Inseln), die das heimische Nest (die Niederlande) verlassen. Nach einer anderen Interpretation bedeuten die Vögel die Unabhängigkeit der einzelnen Inseln, die untereinander durch den Willen verbunden sind, sich gegenseitig zu unterstützen.

Die weitere Rundfahrt ist über den Rijksenheid Boulevard (Alternative 1) oder den Fokkerweg (Alternative 2) möglich. Die Strecke entlang dem Fokkerweg ist länger und interessanter.

Alternative 1: Der Rijksenheid Boulevard verläuft auf einer Landbrücke entlang dem Schottegat. Zunächst passiert man die **Amstel Brauerei**. Jeden Dienstag und Donnerstag findet ab 9.30 Uhr eine Brauereiführung mit anschließender Kostprobe statt. Das Amstel Bier ist das einzige Bier der Welt, das aus destilliertem Meerwasser hergestellt wird.

- *Amstel Brewery*, Rijkseenheid Boulevard. ☎ 612944.

Der Boulevard führt durch ein Industriezentrum mit dem **Container Terminal**, dem **Trockendock** und der **zollfreien Zone**. In den umliegenden Geschäften wird zollfreie Ware für den Großhandel verkauft.

Das 150 000 Tonnen-Trockendock ist das größte der Region. Es liegt linkerhand auf einer Landzunge am Schottegat.

Der Rijksenheid Boulevard geht hier in den Emancipatie Boulevard über und trifft nach etwa einem Kilometer wieder mit dem Schottegatweg zusammen.

Alternative 2: Der Fokkerweg zieht sich in einem größeren Bogen um die Ostseite des Schottegat als der oben beschriebene Weg.

Nach etwa einem Kilometer wechselt er den Namen zu Schottegatweg (Oost). An diesem Teil der Strecke befinden sich zahlreiche Landhuizen.

Rechterhand passiert man das Einkaufszentrum **Saliña**. Auch nachts ist das Gebiet ein Treffpunkt vieler Menschen, da sich hier die meisten Discos und Nachtclubs der Insel befinden. (Adressen dazu siehe unten unter *Nachtclubs und Bars*.)

Curaçao

Schwimmender Markt

Schottegat

Insel- und Ortsbeschreibungen

Curaçao

Willemstad

Insel- und Ortsbeschreibungen

Spanish Water

Strand vom Seaquarium

Curaçao

Saliña wurde in den 60er Jahren als Einkaufszentrum vor der Stadt geplant und gebaut. Mittlerweile liegt es inmitten des gleichnamigen Stadtteils. Eine kleine Ladengalerie in Saliña sind die **Saliña-Galleries**. Dort gibt es auch zahlreiche Restaurants.

Auf der linken Straßenseite liegt der Eingang zum **Landhuis Chobolobo**. Das kleine Landhuis ist seit 1948 im Besitz der Familie Senior und beherbergt heute die **Curaçao Likör Destillerie**. Im Gebäude wird auf Schautafeln die Likörherstellung beschrieben und ein alter Destillierofen ausgestellt. Außerdem kann man den Likör probieren und ihn in dekorativen Flaschen abgefüllt erwerben. Der Preis ist nirgends auf der Insel so günstig wie hier.

Seit 1896 werden monatlich 2000 Liter Likör destilliert. Und dies nach wie vor mit den alten Geräten, die in den Räumen des Landhuis ausgestellt sind.

Der Likör ist in den Farben weiß, blau, grün und orange erhältlich. Im Geschmack unterscheiden sich diese Sorten nicht, die Farbe dient nur dem Farbeffekt beim Cocktailmixen. Außerdem sind die Liköre Koffi (Kaffeegeschmack), Rumraisin (Rumrosinen) und Chocolate (Schokolade) erhältlich. (Mehr Informationen zum Curaçao-Likör siehe im Kapitel *Landeskunde-Küche* und im Kapitel *Landeskunde-Flora.*)

Destillierapparat in der „Curaçao-Fabrik"

- *Curaçao Likör Destillerie*, Landhuis Chobolobo. ☎ 378459. Ö: Wochentags 8.00-12.00 Uhr und 13.00-17.00 Uhr.

Links gelangt man zum **Landhuis Groot Davelar**, einem wunderschönen Landhuis.

Rechts an der Abzweigung zum Santa Rosaweg liegt das **Landhuis Bloemhof**. Es beherbergt eine kleine Galerie, in der Werke lokaler Künstler sowie von Künstlern aus dem übrigen karibischen Raum ausgestellt werden.

- *Bloemhof Gallery*, Landhuis Bloemhof. ☎ 375775. Ö: Nach Vereinbarung.

Ein weiteres Landhuis, in der ersten Nebenstraße, die nach der

Insel- und Ortsbeschreibungen

Abzweigung des Santa Rosawegs rechts abgeht, ist **Landhuis Zuikertuintje** (=Zuckergarten). Es ist Teil eines Einkaufskomplexes im Stadtteil Mahai.

Ein Stück weiter auf dem Schottegatweg liegt rechts **Landhuis Rooi Catooje**. Es dient heute als Bibliothek (Mongui Maduro Library) und ist aufgrund seiner antiken Inneneinrichtung eine Besichtigung wert.

- *Landhuis Rooi Catooje*, ☎ 375119 und 375261. Besichtigungen sind nur nach vorheriger telefonischer Vereinbarung möglich.

Eine schöne Abwechslung für Kinder ist der kleine **Curaçao Botanical Garden & Zoo**. Er liegt nahe dem **Landhuis Cas Cora** und wurde auf dem ehemaligen Gelände der Plantage errichtet. Es gibt hier viele verschiedene Tierarten, so etwa Flamingos, Bären, Löwen und andere mehr, zu sehen.

- *Curaçao Botanical Garden & Zoo*, Chuchubiweg. ☎ 378500. Ö: 9.00-17.30 Uhr.

Wo der Schottegatweg (Oost) in den Schottegatweg (Noord) übergeht, kreuzt er den Emancipatie Boulevard (Beschreibung dieser Straße siehe oben, *Alternative 1*).

Am nördlichsten Bereich des Schottegatweg (Noord) erreicht man Richtung Schottegat den 9-Loch **Golfplatz** des Curaçao Golf & Squash Club.

- *Curaçao Golf & Squash Club*, Wilhelminalaan, Emmastad, Curaçao. ☎ 73590. Die Gebühr beträgt 15 US$. Für Touristen ist jeden Morgen von 8.00-12.30 Uhr geöffnet.

Der Golfplatz liegt direkt an dem riesigen Gelände der **Ölraffinerie Refineria di Korsou**. Sie wurde ursprünglich von *Shell* gebaut, ging 1985 aber in den Besitz der venezuelanischen Gesellschaft *PDVSA* über.

Das große Gelände der Raffinerie zieht sich um den gesamten nord-westlichen Teil des Schottegat. An den zahlreichen Pieren legen große, eindrucksvolle Tanker an, die vom Karibischen Meer durch die schmale St. Annabaai hierher gelangen. Sie kommen aus den verschiedensten Ländern der ganzen Welt hierher.

Im westlichen Teil des Raffinerie-Geländes befindet sich der jüdische Friedhof **Beth Haïm**, er lohnt eine Besichtigung. Es ist der älteste Friedhof des amerikanischen Kontinents mit Grabsteinen von 1668. Über 5000 Gräber zählt der Friedhof der Gemeinde Mikve Israel. Seine Bezeichnung „Beth Haïm" bedeutet übersetzt „Haus der Lebendigen".

Von den Abgasen der nahen Industrie wurden die kunstvollen Grabplatten leider schon stark angegriffen. Gut erhaltene Abdrücke einiger Platten können im

Curaçao

Golfplatz

Insel- und Ortsbeschreibungen

Museum der Synagoge in Punda besichtigt werden.

Die Abzweigung nach rechts, der **Frater Radulphusweg**, führt an die Südküste Curaçaos. Auf der rechten Seite liegt das **Landhuis Habaai**. Es ist das einzige noch erhaltene Landhuis eines alten jüdischen Viertels, das von den ersten sephardischen Juden auf Curaçao erbaut wurde.

Die Ausschilderung weist von hier den Weg zum Curaçao Museum. (Siehe Kapitel *Otrobanda*.)

Zum Abschluß der Rundfahrt passiert man **Fort Waakzaamheid**. Es erhebt sich oberhalb der Straße und diente dem Schutz Otrobandas. Es bildet das Gegenstück zu Fort Nassau. In dem renovierten Fort ist heute ein Restaurant untergebracht.

Eine Alternative zu der Rückfahrt über den **Nijlweg/A. Altegracia de Lannoy Wittems Boulevard** ist der Abstecher zur Piscadera Baai und der Rückweg entlang der Küste.

Diese Strecke führt vom Nijlweg rechts entlang dem **Radulphusweg** und dem **W. Naar Wetgelegen** hinab Richtung Küste. Am Meer liegt das **KAE Water & Electricity Plant**, wo Meerwasser zu Trinkwasser destilliert wird. Täglich werden etwa 50 000 Tonnen Meerwasser umgewandelt. Bei diesem Prozeß wird mit dem Wasserdampf zudem Energie gewonnen.

Nach rechts gelangt man über die **Rector Zwijsenstraat** Richtung Piscadera Baai. Auf dem Weg dorthin sieht man linkerhand die **Rif Recreation Area**, eine schmale Landzunge, die allabendlich Joggern als Laufstrecke dient. Sie ist etwa zwei km lang und verläuft meist unter schattenspendenden Palmen. Im direkt anliegenden **Sundance Health & Fitness Center** sind weitere sportliche Betätigungsmöglichkeiten vorzufinden.

- *Sundance Health & Fitness Center.* ☎ 627740. Aerobic, Massagen, Sauna etc. möglich.

Bei **Piscadera Baai** befinden sich die Hotels Curaçao Caribbean Hotel, Hotel Las Palmas und Sonesta Hotel sowie das I.T.C. (**International Trade Center**). Im I.T.C., einem 1988 eröffneten, modernen Komplex werden oft Messen und Kongresse abgehalten. Im Gebäude können komplett eingerichtete Büros gemietet werden.

Die Reste des die Piscadera Baai schützenden **Fort Piscadera** können am Strand des Caribbean Hotels besichtigt werden. Der schöne Platz wird vom Hotel gerne für Aufführungen und B.B.Q. genutzt. Das Fort ist eines der insgesamt vier Forts, die zum Schutz der Buchten der Insel errichtet wurden.

Auf der gleichen Straße gelangt man entlang der Küste direkt nach Otrobanda zurück.

Curaçao

Unterkunft:

- **Douglas Apartments**, Saliña. ☎ 614549, Fax: 614467. DZ: 59 US$. Ausstattung: 11 Zimmer, Souvenirshop, Kabelfernsehen, Kitchenette, Babysitter.
- **Alablanca Apartments**. ☎ 373660, Fax: 373444. DZ: 50 US$. Ausstattung: 21 Zimmer, Pool, Kabelfernsehen, Kitchenette, Babysitter.
- **Royal Gramma Apartments**, Van Staverenweg 35. ☎ 370271, Fax: 378642. DZ: 57 US$. Ausstattung: Sechs Zimmer, Pool, Kabelfernsehen, Kitchenette, Babysitter.
- **Saliña Centre Apartments**, Saliña. ☎ 54816, Fax: 671481. DZ: 40 US$. Ausstattung: Fünf Zimmer mit Kitchenette.
- **Trupial Inn**, Groot Davelaarweg 5. ☎ 378200, Fax: 371545. DZ: 70 US$. Ausstattung: 74 Zimmer, Restaurant, Pool, Tennisplatz, Babysitter, Kitchenette, Kabelfernsehen. Das Hotel wird vor allem von Südamerikanern besucht, die zum Einkaufen auf die Insel kommen.
- **Appartment Poulina**, Kaya Rankil, Jungbloed. ☎ 370401. Familie Poulina vermietet ein schönes, großes und sauberes Appartment für zwei Personen, 45 US$, in der Nebensaison 40 US$.
- **Holiday Beach Hotel & Casino**, Pater Euwensweg 31. ☎ 625400, Fax: 624397. DZ: 140 US$, im Sommer 105 US$. Ausstattung: 200 Zimmer, Restaurant, Strand, Pool, Wassersportangebote, Tennisplatz, Souvenirshop, Casino, Babysitter und Kabelfernsehen. Dem Hotel ist eine deutsche Tauchschule angeschlossen. (Siehe dazu auch Kapitel *Praktische Hinweise-Tauchen*.) Das Hotel liegt etwa 10-15 min. Fußweg von Otrobanda entfernt.
- **Curaçao Caribbean Hotel & Casino**, Piscaderabaai. ☎ 625000, Fax: 625846. DZ: 140 US$. Ausstattung: 196 Zimmer, Restaurant, Strand, Pool, Wassersportangebote, Tennisplatz, Souvenirshop, Casino, Babysitter, Kabelfernsehen. Im fünften Stock befindet sich der **Executive Floor** mit den luxuriösesten Zimmern des Hotels und einem Extraservice.
Das Casino öffnet täglich von 11.00-6.00 Uhr. An der **Pisca Bar** des Hotels gibt es freitags von 17.30-20.00 Uhr Happy Hour.
- **Las Palmas Hotel & Villas & Casino**, Piscaderabaai. ☎ 625200, Fax: 625962. DZ: 125 US$, im Sommer 95 US$. Ausstattung: 200 Zimmer, Restaurant, Strand, Pool, Tennisplatz, Casino, Babysitter, Kitchenette, Kabelfernsehen.
- **Sonesta Beach Hotel & Casino**, Piscaderabaai. ☎ 368800, Fax: 627502. DZ: 215 US$, im Sommer 150 US$. Ausstattung: 248 Zimmer, Restaurant, Strand, Pool, Wassersportangebote, Tennisplatz, Souvenirshop, Casino, Babysitter, Kabelfernsehen. Das Sonesta-Beach-Hotel & Casino ist ein exclusives Fünf-Sterne Hotel.

Essen:

- **Fort Nassau**. ☎ 613086/613450. Exclusive internationale Küche.
- **Porto Madeira**, Fokkerweg 3. ☎ 656111. Portugiesisches Restaurant.
- **Lam Yuen Chinese Bar & Restaurant**, Fokkerweg 25. ☎ 615540. Ö: 11.00-22.30 Uhr.
- **Alouette**, Orionweg 12, Zeelandia. ☎ 618222. Nettes Restaurant im Art Deco Stil. Ö: 19.00-23.00 Uhr, exclusive internationale Küche. Reservierung erforderlich.

Insel- und Ortsbeschreibungen

- **Zeelandia**, Landhuis Zeelandia, Polarisweg 28. ☎ 614688 und 614607. Ö: 12.00-14.00 Uhr und 19.00-23.00 Uhr. Internationale und französische Küche steht auf dem Speiseplan.
- **El Marinero**, Schottegatweg (Noord) 87b. ☎ 379833. Ö: 18.30-23.30 Uhr. Fischspezialitäten.
- **Alaparia Texas**, Saliña. Alaparia ist ein Wort in Papiamento und bedeutet „Grill". Es ist daher nicht verwunderlich, daß es in diesem Schnellimbiß vor allem Grillspezialitäten gibt (kleine Snacks ab 4 US$).
- **Sizzy**, Saliña 163F. ☎ 617707. Im Sizzy wird vor allem internationale Küche serviert.
- **Rysttafel Indonesia Restaurant**, Mercuriusstraat 13-15, Saliña. ☎ 612606 und 612999. Ö: 12.00-14.00 Uhr und 18.00-21.30 Uhr, sonntags nur am Abend geöffnet.
- **McDonald**, Dr. Maalweg, Saliña. Ö: 7.30 Uhr bis Mitternacht.
- **La Bistroelle**, Promenade Shopping Ctr. ☎ 376929. Französisches Restaurant.
- **Pinocchio's Restaurant**, Promenade Shopping Center. ☎ 376784 und 370408. Exclusive internationale und italienische Küche. Ö: Von 11.00 bis 23.00 Uhr geöffnet, am Wochenende ist bis 1.00 Uhr offen.
- **Tamarijn Bar Restaurant**, Schottegat (West) 365. ☎ 691719. Ö: 12.00-23.00 Uhr, am Wochenende bis 2.00 Uhr. Internationale Küche und gutes Weinangebot.
- **Pizza Hut**, Schottegatweg West 193. ☎ 616161. Pizza-Schnellimbiß mit Sitzgelegenheit
- **Texas Alaparia Dining Saloon**, Schottegatweg (Oost) 193A. Große Portionen, Steaks, Huhn etc.
- **El Gaucho**, Schottegatweg (Oost) 173. ☎ 601887. Argentinisches Restaurant, vor allem Steaks.
- **Chez Suzanne**, Blomonteweg 1. ☎ 688545. Preiswerte lokale Küche, curaçaoanische Spezialitäten (9-15 Naf).
- **De Taveerne Restaurant & Weinkeller**, Landhuis Groot Davelaar. ☎ 370669. Das im Erdgeschoß eines schmucken Landhuis' untergebrachte Restaurant zählt sicherlich zu den besten Restaurants der Inseln. Die Inneneinrichtung besteht aus antiken niederländischen Möbeln. Von 12.00-14.00 Uhr und von 19.00-23.00 Uhr geöffnet, eine vorherige Reservierung ist angebracht. Sonntags geschlossen. Exclusive internationale Küche.
- **'t Pannetje**, Bloempot Shopping Ctr.. ☎ 370874. Gemütliches niederländisches Restaurant.
- **El Patio**, Santa Rosaweg 155. ☎ 676755. Ö: 11.30-14.30 Uhr und 17.30-1.00 Uhr. Grillspezialitäten, die am Tisch zubereitet werden.
- **Tropical Treat**, Santa Rosaweg 194 Paseata. ☎ 677537. Internationale Küche.
- **De Koekepan**, Santa Rosaweg. ☎ 369747. Gemütliches niederländisches Restaurant.
- **Cactus Club**, Van Staverenweg 6. ☎ 371600. Ö: Von 11.30 bis Mitternacht geöffnet. Amerikanisches und mexikanisches Essen sowie Fischgerichte. Der Cactus Club liegt etwas abseits des Schottegat, ganz in der Nähe des Santa Rosaweg.

Curaçao

- **Landhuis Brievengat**. ☎ 378344 und 379708. Indonesisches Restaurant. Ö: Nur mittwochs und freitags von 17.00-19.00 Uhr. Zu dieser Zeit findet an der **Tinashi Bar** beim Landhuis Happy Hour statt. (Ö: Montag bis Freitag von 9.15-12.15 Uhr und 15.00-18.00 Uhr.) Freitags ab 21.00 Live Musik, sonntags ab 17.00 Uhr geöffnet mit Happy Hour von 18.00-19.00 Uhr bei Live Musik. Jeden letzten Sonntag im Monat Folklore Show ab 17.00 Uhr.
Donnerstags kann man hier sogar an Tanzstunden teilnehmen. Von 20.30-21.30 Uhr für 10 Naf (6 US$).
- **Foon Yuen**, Cas Coraweg 50. ☎ 378559. Chinesisches Restaurant.
- **El Sultan**, Cas Coraweg 56a. ☎ 370923. Arabisches Restaurant.
- **C'est la vie**, Gosieweg 148. ☎ 369835. Fischspezialitäten.
- **Guacamaya Steakhouse**, Schottegatweg (West) 365. ☎ 657558. Internationale Küche.
- **Andre Meijer**, Rio Canarioweg. ☎ 44666. Internationale Küche.
- **Garuda**, Curaçao Caribbean Hotel. ☎ 626519. Indonesisches Restaurant. Ö: Dienstag bis Sonntag von 18.30-22.00 Uhr und Dienstag bis Freitag von 12.00-14.00 Uhr.
- **Emerald Bar & Grille**, Sonesta Beach Hotel. ☎ 368800. Ö: Die Küche ist täglich von 18.00-23.00 Uhr geöffnet, die Bar von 16.30-1.00 Uhr. Mittwochs geschlossen.
- **Portofino Restaurant**, Sonesta Beach Hotel. ☎ 368800. Ö: 18.00-23.00 Uhr, dienstags geschlossen. Italienische Küche.
- **Fort Waakzaamheid & Terrace Bistro Bon Bini**, Berg Domi. ☎ 623633. Internationale Küche. Von dem Hügel, auf dem das Fort liegt, hat man eine herrliche Aussicht auf die Stadt. Ö: Dienstags geschlossen, sonst ab 17.00 Uhr geöffnet. Es gibt B.B.Q., Salatbar und Fischgerichte. Zwischen 17.00-19.00 Uhr gibt es spezielle Menueangebote für 25 Naf (+ 10% Service).
- **Paradiso Bar**, Colon Shopping Center. ☎ 626266. Ö: Täglich von 11.00-2.00 Uhr, freitags, samstags und an Feiertagen bis 3.00 Uhr. Internationale Küche.
- **Holiday Beach Hotel & Casino**, Pater Euwensweg 31. ☎ 625400. Das Restaurant des Holiday Beach Hotels bietet lokale und internationale Gerichte. Donnerstags und samstags finden zudem Vorführungen und Parties statt.

Nachtclubs und Bars:

- **Club façade**, Lindberghweg, Saliña 32-34. ☎ 614640. Ö: Jede Nacht von 22.00-4.00 Uhr, montags und dienstags nur bis 2.00 Uhr. Live Entertainment wird jeden Freitag zur Happy-Hour geboten (18.00-20.00 Uhr und 22.00-23.00 Uhr).
- **Crocodile Dundee**, Saliña, ☎ 612193. Ö: Täglich ab 21.00 Uhr. Happy Hour ist von 21.00-22.00 Uhr.
- **L'Aristocrat**, Lindberghweg, Saliña. ☎ 614353. Ö: Täglich von 20.00-2.00 Uhr. Montags geschlossen. Freitags und samstags von 23.00-4.00 Uhr Live Entertainment.
- **The Pub/The Wall**, Saliña 144-A. ☎ 612190. Ö: Täglich 23.00-3.00 Uhr, am Wochenende bis 4.00 Uhr.
- **Tap Maar In**, Santa Rosaweg z/n. ☎ 377344. Ö: Montags bis Samstag von 17.00-1.30 Uhr, Happy Hour von 19.30-21.00 Uhr.

Insel- und Ortsbeschreibungen

NOORDKANT/HATO

Es gibt mehrere Möglichkeiten, von Willemstad Richtung Hato, wo auch der Internationale Flughafen liegt, zu fahren. Der direkteste Weg führt von Otrobanda geradeaus über die Insel zur Nordküste. Der Bewuchs ist recht karg und es gibt immer weniger Ansiedlungen, je weiter man in den Norden kommt. Die einzige Sehenswürdigkeit in diesem Gebiet sind die Hato Höhlen. Diese sind einen Abstecher wert.

Nur ein kurzes Stück hinter dem **Internationalen Flughafen Hato** liegt das Gelände der Hato Höhlen auf der rechten Straßenseite.

Hato Höhlen

Geschichte: Die Hato Höhlen sind vor etwa 200 000 Jahren im Laufe von Jahrhunderten durch die Gewalt des Meeres entstanden. Zu dieser Zeit hatte der Meeresspiegel ein höheres Niveau als heute. Nachdem das Meer nach Jahrtausenden in drei Etappen gesunken war, bildeten sich langsam Stalagmiten und Stalagtiten.

Sie entstanden durch die Kalkauswaschungen des langsam durch den Kalkstein sickernden Regenwassers. Da die Insel sehr regenarm ist, geht das Wachstum der zahlreichen Stalagmiten und Stalagtiten nur sehr langsam voran.

Vor über 200 Jahren entdeckten geflohene Sklaven die Höhlen und nutzten sie als Versteck. Von den Lagerfeuern der Sklaven zeugt die dunkle Decke in der Höhle. Unter den Sklaven soll damals angeblich das Gerücht kursiert haben, die zahllosen Gänge in der Höhle würden unterirdisch bis nach Venezuela führen. Sicherlich gab vor allem die Hoffnung auf eine Fluchtmöglichkeit diesem Gerücht Nahrung.

Hinweis: Zum Schutz der Fledermäuse werden die Besucher beim Durchqueren einzelner Höhlenabschnitte um absolute Ruhe gebeten.

Rundgang durch den Park: Auf dem Gelände vor den Höhlen führt ein kurzer Rundweg vorbei an einem Leguanen-Gehege. Die bis zu 1,20 m großen Tiere werden hier gezüchtet und später wieder in die Freiheit entlassen.

So soll der Bestand dieser gefährdeten Tierart, die in der einheimischen Bevölkerung als Delikatesse gilt, geschützt werden.

Die Reptilien werden bis zu 30 Jahre alt und legen 8-25 Eier jährlich. Wie Chamäleons können sie ihre Farbe der Umgebung anpassen und sich auf diese Weise tarnen.

Curaçao

Der Weg führt vorbei an Felsen, auf denen man mit etwas Geduld **Indianerzeichnungen** erkennen kann. Die Zeichnungen, die zwischen 1 200-1 500 n. Chr. entstanden, wurden erst 1950 entdeckt und sind etwas verschmutzt. Aber um sie nicht zu zerstören, wurden bislang noch keine Säuberungsversuche unternommen.

Die kleinen Ausbuchtungen, in welchen die Indianerzeichnungen zu finden sind, wurden von den ersten Siedlern auf Curaçao als Übernachtungsplätze genutzt. Auch den Sklaven dienten diese kleinen Höhlen später lange Zeit als Unterschlupf.

In einem kleinen Gebäude vor dem Höhleneingang gibt es eine gemütliche Bar mit Restaurant und Souvenirshop, wo man sich ausruhen und erfrischen kann. (Kühle Getränke werden für 2,50-4,50 Naf angeboten, kleine Snacks gibt es ab 7 Naf.)

In der Bar steht ein kleiner Ausstellungstisch, in dem die archäologischen Funde des Gebiets, dies sind vor allem die Keramiken der ersten Siedler, ausgestellt werden.

Das gesamte Gelände um die Hato Höhlen soll voraussichtlich 1994/95 mit EG-Geldern zu einem Tierpark mit einer großen Vogelvoliere umgebaut werden. Auf einer kleinen Bahn sollen die Besucher dann durch den Park gefahren werden. Ein Fahrstuhl hoch zum Höhleneingang ist außerdem geplant, damit ältere Menschen und Gehbehinderte die Höhlen unbeschwerlicher besichtigen können.

Tip: Da die Hato Höhlen durch Meerwasser und nicht durch kühlende unterirdische Flüsse gebildet wurden, sind sie recht warm. Weil die Innentemperatur außerdem im Laufe des Tages noch zunimmt, ist es ratsam, an einer Führung am Vormittag teilzunehmen.

- *Hato Höhlen.* ☎ 680379. Ö: Täglich von 10.00-17.00 Uhr. Durch die Höhlen werden stündlich sehr informative Führungen unternommen. Eintritt: 7,50 Naf (4,50 US$), Kinder bis 12 Jahre 5 Naf (3 US$).

Unterkunft:
- ***Airport Hotel Holland & Casino***. ☎ 688044, Fax: 688114. DZ: 70 US$. Es wird ein günstigerer Preis bei längerer Übernachtung angeboten. Ausstattung: 45 Zimmer, Restaurant, Pool, Souvenirshop, Casino, Babysitter, Kabelfernsehen. Das Hotel ist nur zwei Minuten vom Flughafen entfernt.

Essen:
- ***'t Kokkeltje***, Hotel Holland. ☎ 688044. Niederländisches Restaurant.

Weitere Informationen
- *Curaçao Tourist Board*, Flughafen. ☎ 686789.

Insel- und Ortsbeschreibungen

OSTTEIL (BANDA ARIBA)

Der Ostteil Curaçaos vereint verschiedene Landschaften. Neben der üblichen Kaktussteppe findet man bei den beiden Buchten St. Jorisbaai und Spanish Water auch Mangrovenbewuchs vor.

Sehenswürdigkeiten: Von Punda aus führt der **Dr. M. Luther King Boulevard** entlang der Küste in den Ostteil. Beim *Princess Beach Hotel* führt die Hauptstraße nach links. Geradeaus führt eine Sackgasse zum **Curaçao Seaquarium**. Naturliebhaber und Unterwasserfreunde finden hier eine schöne Anlage mit Meerwasseraquarien und -becken. Alle erdenklichen Unterwasserarten finden sich hier. Auch ein „Streichelzoo" fehlt nicht, so daß jeder einmal ein Meerestier anfassen kann. Schautafeln erläutern die unterschiedlichen Tierarten auf englisch, niederländisch, papiamento.

In einem fest verankerten Semi-Unterwasserboot kann man die Großfische beobachten. Sie schwimmen in einem vom Meer abgegrenzten Bereich, wobei von einer Seite des Bootes das Becken der Haie und der Schildkröten eingesehen werden kann, auf der anderen Seite schwimmen kleinere Fische.

Jede volle Stunde ist der Zugang zum Boot erlaubt und es werden Erläuterungen zu den Fischen und dem Aquarium gegeben.

Besonders am Morgen kann man sehr gut die Haie beobachten, da sie für die Vorführung gefüttert werden und daher nahe an die Scheibe heranschwimmen. Am Nachmittag sind die Tiere satt und bleiben der Fütterung deshalb oft fern.

In dem abgeteilten Bereich der Kleinfische kann man tauchen und an der Haifisch-Fütterung teilnehmen. Auch fährt von hier ein Glasbodenboot zu einer halbstündigen Tour aus.

In dem Seaquarium-Komplex befinden sich mehrere Restaurants und ein Cafe.
- *Seaquarium*. ☎ 616666 und 616670.

Der Zugang zum Strand des Seaquariums, dem **Seaquarium Beach** kostet 11 Naf (6 US$) für Erwachsene und 5 Naf (3 US$) für Kinder. Ö: 8.00-18.00 Uhr. Es gibt Duschen und Umkleidekabinen.

Weiter auf dieser Straße nach Osten erreicht man das Wohngebiet **Jan Thiel**. Hier gibt es einen Privatstrand mit Snackbar (dienstags geschlossen) und Möglichkeiten zum Umziehen.

Der Eintritt kostet etwa 2,85 US$ pro Auto für Einheimische, Touristen können kostenlos passieren.

Zurück auf der Hauptstraße gelangt man zur Abzweigung zur

Curaçao

Seaquarium

Insel- und Ortsbeschreibungen

Bucht von Spanish Water. Der Weg gabelt sich kurz darauf erneut.

Rechts führt er zur Caracasbaai, dem westlichen Teil von Spanish Water. Ganz in der Nähe ist die Caribbean Handcraft Inc., wo Souvenirs und Handarbeiten angeboten werden. Der Weg dorthin ist ausgeschildert.
- *Caribbean Handcraft Inc.*, Kaya Kakiña 8, Jan Thiel. ☎ 671171. Ö: 10.00-18.00 Uhr, sonntags 10.00-13.00 Uhr. Während der Nebensaison ist dienstags geschlossen.

In **Caracasbaai** legen oft große Kreuzfahrtschiffe an, so etwa die *Queen Elizabeth*. Früher war dies auch der Ort, wo die Kreuzfahrtschiffe ihren Wasser- und Treibstoffvorrat auffüllen konnten.

Fort Beekenburg überwacht die Caracasbaai. Es liegt etwas oberhalb der Bucht und ist an seinem noch erhaltenen, imposanten Turm zu erkennen. Das Fort wurde von Direktor *van Beek* 1703 erbaut. Van Beek erkannte in den abgelegenen Buchten die militärische Schwachstelle Curaçaos. Fort Beekenburg diente als Schutz sowohl vor Piraten als auch vor Engländern und Franzosen. Mehr als einmal mußte die Bucht im 18. Jh. verteidigt werden. So beispielsweise auch 1805 vor den Engländern. Die erfolgreiche Verteidigung wurde damals vom curaçaoanischen Nationalhelden *Pedro Luis Brión* geleitet.

Das Fort befindet sich in Privatbesitz, weshalb der Zugang für die Öffentlichkeit verboten ist. Leider verfällt Fort Beekenburg zusehends.

Schon eine Abzweigung vor Caracasbaai führt der Weg nach links hinunter zu **Spanish Water**. Das Gebiet ist ein Wassersportzentrum der Insel, was sich auch daran zeigt, daß es hier fünf Yachtclubs gibt.

An einigen Stränden der Bucht kehren morgens die Fischer von ihrer Arbeit zurück. Oft sieht man bei den Booten die großen Fregattvögel kreisen. (Siehe Kapitel *Landeskunde-Fauna*.)

Spanish Water ist ein Wochenendgebiet, auch die niederländische Königsfamilie besitzt hier ein Haus. Es gibt noch keine großen Hotels hier, aber in privaten Appartements kann man Unterkunft finden. (Siehe unten, *Unterkunft*.)

Zur anderen Seite von Spanish Water führt die **nach links** abgehende Straße. Auf diesem Weg gelangt man auch zum schönen **Santa Barbara Beach**. Der Zutritt zum Strand kostet wochentags 4,25 US$ pro Auto und am Wochenende 5,65 US$. Täglich von 8.00-18.00 Uhr geöffnet.

Es wird geplant, an dem Santa Barbara Beach ein Hotel zu bauen.

Curaçao

In der Nähe des Strandes finden Ausgrabungen statt. Es wurden Keramiken der ersten Caiquieto-Indianer gefunden. Dies beweist, daß die aus Venezuela eingewanderten Indianer etwa 550-1500 n. Chr. im Gebiet um Spanish Water lebten.

Der das gesamte Gebiet überragende Berg ist an seiner Form leicht als **Tafelberg** erkennbar. Früher wurde dort Phosphat gewonnen, heute werden Zementgrundstoffe abgebaut. (Siehe auch Kapitel *Wirtschaft.*)

Weiter Richtung Osten, nach **Montagne** und **Nieuwpoort**, führt die Abzweigung hinter dem Tafelberg.

Von Spanish Water gibt es einen Verbindungsweg Richtung **Santa Rosa**.

Kurz hinter der Ortschaft Santa Rosa kann man nach rechts in den Nordosten der Insel gelangen. An der nächsten Abfahrt nach rechts geht schließlich ein unbefestigter Weg zum **Landhuis Koraal Tabak** an der **Sint Jorisbaai**. Die Sint Jorisbaai ist ein Brutplatz der Fregattvögel. (Siehe Kapitel *Landeskunde-Fauna.*)

Zunächst geradeaus geht es auf der Hauptstraße zum **Landhuis Santa Catarina**. Hier zweigt sich der Weg. Beide Abzweigungen sind Schotterwege, die man nur mit einem Jeep befahren sollte. Geradeaus geht es entlang der rauhen Nordostküste. An einer Stelle ist eine kleine **Naturbrücke** ausgewaschen. In vielen Jahrzehnten wird sie vielleicht ähnliche Ausmaße haben wie die große Naturbrücke auf Aruba.

Links führt die Abzweigung vom Landhuis Santa Catarina durch eine hübsche Kakteen- und Steppenlandschaft erneut links zurück auf befestigte Straßen. Dabei passiert man das **Landhuis Ronde Klip**.

Beide Wege führen zurück auf die Straße Richtung Brievengat. Zum **Landhuis Brievengat** selbst führt noch vor der Ortschaft Brievengat ein Schotterweg nach rechts.

Das Landhuis wurde im frühen 18. Jh. erbaut. Mit 503 ha Fläche war das Anwesen eines der größten der Insel. Die Besitzer betrieben bis in die Mitte des 19. Jh. vor allem Rinder- und Schafzucht. 1877 kamen bei einem Orkan zwei Drittel des Viehbestands ums Leben.

Spanish Water

Insel- und Ortsbeschreibungen

Landhuis Brievengat ist ein sehr schönes Beispiel typischer Landhuis-Architektur. Das große Gebäude hat an der Vorderfront eine Galerie, die auf eine breite Terrasse führt. An den beiden Außenecken der Terrasse stehen zwei stattliche Türme, die zeitweise als Wach- und Beobachtungstürme dienten, später aber auch als Bestrafungsort für Sklaven.

Im hinteren Teil des Gebäudes befindet sich die Küche. Ihr ungewöhnlicher Wandputz, rot mit großen weißen Punkten, soll angeblich Fliegen und andere Insekten fernhalten. In der Küche sind noch die authentischen Gebrauchsgegenstände aus der Blütezeit des Landhuis zu besichtigen.

Auch im übrigen Gebäude sind alte Gebrauchsgegenstände sowie Möbel, die meist aus Mahagoni angefertigt sind, zu besichtigen.

Das seit Anfang dieses Jahrhunderts recht heruntergekommene Gebäude wurde von der Regierung wieder instand gesetzt und dient heute als Ausstellungsort antiker Möbel.

Jeden Freitag abend wird auf der Terasse des Landhuis Live-Musik gespielt. Viele Curaçaoaner und Touristen finden sich dann hier ein.

Das Landhuis soll nach einem „Piraten-Briefkasten" benannt worden sein, der dort im Stamm eines Baumes vermutet wurde. Dieser Baum steht heute leider nicht mehr.

- *Landhuis Brievengat*, ☎ 378344. Ö: Wochentags 9.15-12.15 Uhr und 15.00-18.00 Uhr. Mittwochs und freitags ist an der Bar von 17.00-19.00 Uhr Happy Hour. Freitags wird ab 20.00 Uhr Live-Musik gespielt, der Eintritt kostet 7 US$. Jeden letzten Sonntag im Monat findet ab 17.00 Uhr eine Folklore-Show statt.

Auf dem kurzen Weg zur Ortschaft Brievengat liegt linkerhand das Sportzentrum Curaçaos, das **Sentro Deportivo Korsow**.

Unterkunft: Unterkunftsmöglichkeiten im Ostteil von Curaçao finden sich vor allem an der östlichen Nordküste sowie im Gebiet von Spanish Water.

- *Princess Beach Resort & Casino*, Dr. Martin Luther King Boulevard. ☎ 367888, Fax: 614131. DZ: 140 US$, im Sommer 95 US$. Ausstattung: 341 Zimmer, Restaurant, Strand, Pool, Wassersportangebote, Tennisplatz, Souvenirshop, Casino, Babysitter, Kabelfernsehen.

- *Lions Dive Hotel & Marina*, Bapor Kibrá. ☎ 618100, Fax: 618200. DZ: 110 US$. Ausstattung: 72 Zimmer, Restaurant, Strand, Pool, Wassersportangebote, Tennisplatz, Babysitter, Kabelfernsehen.

- *Limestone Apartments & Diving*, Brakkeput Ariba k5, Spanish Water. ☎ und Fax: 673007. DZ: 385 US$ pro Woche, Apartment für bis zu vier Personen: 595 US$ pro Woche. Tauchkurse (in deutscher Sprache) und Ausfahrten kosten 275 US$ pro Woche. Kontaktadresse in den Niederlanden: A. Jungslager, Sportveldweg 46, Nieuw Vennep N. H., The Netherlands.

Essen:

- *My Way Restaurant & Bar*, Dr. M. Luther King Boulevard 93. ☎ 657558. Lokale Küche.
- *Fisherman's Wharf*, Dr. M. Luther King Boulevard. ☎ 657558. Exclusive Fischspezialitäten. Ö: 12.00-14.00 Uhr und ab 18.00 Uhr.
- *Golden Star*, Socratesstraat 2. ☎ 54795. Preiswerte lokale Küche.
- *Villa Elizabeth*, Koraalspechtweg 11. ☎ 657565. Es werden exclusive Fischspezialitäten serviert.
- *L'Orangerie*, Princess Beach Hotel. ☎ 367888 und 655955. Ö: 12.00-14.30 Uhr, 18.30-22.30 Uhr, montags geschlossen. Französische Küche.
- *Princess Beach Resort Restaurant*, Princess Beach Resort & Casino. ☎ 367888. Täglich finden unter einem anderen Thema Aufführungen und Live Musik als Rahmenprogramm zum Abendessen statt. Abwechselnd Menü und Büffet-Abendessen.
- *Baffo & Bretella*, Curaçao Seaquarium. ☎ 618700. Ö: Täglich von 18.00-23.00 Uhr. Italienisches Restaurant.
- *Balau Terrace*, Seaquarium. ☎ 616666. Ö: 9.00-17.00 Uhr, donnerstags bis sonntags von 17.00-24.00 Uhr. Happy Hour ist von 18.00-19.00 Uhr. Internationale Küche.
- *Rodeo Ranch Saloon & Steakhouse*, Curaçao Seaquarium. ☎ 615757. Internationale Küche und Steaks. Ö: 12.00-14.00 Uhr und 18.00-1.00 Uhr, Happy Hour ist am Wochenende von 17.00-18.30 Uhr.
- *Rose Garden*, Oude Caracasbaaiweg 56. ☎ 614574. Chinesisches Restaurant.
- *Queen's View*, Caracasbaaiweg. ☎ 675105. Es wird französische Küche und verschiedene Fischspezialitäten angeboten. Ö: Dienstag bis Sonntag von 18.30-24.00 Uhr.
- *Percy's Food*, Caracasbaaiweg 56. ☎ 615767. Internationale Küche.
- *Pisces Seafood Restaurant & Bar*, Caracasbaaiweg 476. ☎ 672181. Eines der besten Fischspezialitäten-Restaurants, das sich am Beginn der Caracasbaai befindet. Ö: Täglich von 12.00-24.00 Uhr.
- *Restaurant Club Seru Coral*, Koraal Partier 10. ☎ 678499. Internationale Küche.

Nachtclubs und Bars:

- *Rumours*, Bapor Kibra z/n. ☎ 617555. Ö: Täglich 10.00-1.00 Uhr, Happy Hour ist von 17.30-18.30. Das Rumours ist eine sehr beliebte Bar, besonders am Wochenende herrscht gute Stimmung.
- *Royal Red Pool Lounge*, Caracasbaaiweg 55. ☎ 615767. Ö: Montag bis Donnerstag von 18.00-2.00 Uhr, Freitag und Samstag 18.00-4.00 Uhr. Es gibt sowohl Snacks als auch Grillplatten. Für Spielefreaks genau das Richtige, denn es werden Tischspiele, Billard etc. angeboten.
- *Cheers*, Caracasbaaiweg (über dem Autowaschcenter *Hanna Carwash*). Ö: Montags bis donnerstags ab 17.00 Uhr, samstags und sonntags ab 20.00 Uhr.
- *Club La Mer*, Caracasbaaiweg. Nette Tanzbar.

Insel- und Ortsbeschreibungen

WESTTEIL (BANDA ABOY)

Banda Aboy, der Westteil Curaçaos, ist auch bei den Curaçaoanern ein beliebtes Ausflugsziel. Nach Jahren der Landflucht suchen viele wieder Ruhe und Natur, und beides gibt es in Banda Aboy. Außerdem liegen hier die meisten Strände und Landhuizen der Insel sowie, ganz im Westen, der Nationalpark Christoffel Park.

Tip: Vor der Fahrt in den Westen sollte man tanken, da es nur in der Ortschaft Barber eine Tankstelle gibt.

Vorsicht: Besonders auf den kleineren Straßen im hügeligen Landesinneren kreuzen oft Ziegen die Straße. Da die Ziegenhaltung nachläßt, leben einige der Tiere wild und sind ohne Besitzer.

Sehenswürdigkeiten: Die Straße zum Flughafen Hato führt auch in den Westteil und zu dem westlichsten Punkt Curaçaos, der Ortschaft Westpunt. Die Straße ist zunächst streckenweise vierspurig.

An der ersten großen Abzweigung nach links geht es Richtung Julianadorp, St. Michel und Bullen Baai. Die Orte lohnen einen kleinen Abstecher, doch sollte man ihn nicht vor der Fahrt in den Westen unternehmen, da man sonst zu viel Zeit verliert.

Julianadorp ist neben Emmastad und Grot Quartier eine der Ansiedlungen, die für die Angestellten von Shell errichtet wurden. Sie haben alle eine gute Infrastruktur.

St. Michel ist ein kleiner Fischerort am Meer und der wohl bekannteste Fischerort Curaçaos, denn jedes Jahr am 30. April findet dort ein Straßenfest statt, das Menschen aus allen Teilen der Insel anlockt.

Im Ort gibt es noch einige Mauern des alten **Fort St. Michel** zu sehen. Es liegt über der hübschen **Boca St. Michel** direkt am Ort.

Der Strand **Blauw Baai** bietet sich zum Schwimmen an, zumal es neben einer Dusche und einer Snackbar die Möglichkeit zum Umziehen gibt. Es wird Eintritt verlangt. An diesem Strand ist der Bau eines neuen Resorts geplant.

Die gut ausgebaute Straße endet bei **Bullenbaai** mit seinem großen Tankerhafen. Manchmal liegen ein oder zwei Supertanker an. Das Gebiet des **Curaçao Oil Terminal** ist für den normalen Verkehr gesperrt. Der Leuchtturm von Bullenbaai ist nur vom Meer aus zu sehen.

Zurück auf der Straße nach Westpunt passiert man rechterhand die **Universität der Niederländischen Antillen**. Die Fachbe-

Curaçao

reiche der Universität sind Wirtschaft, Verwaltung, Ingenieurwesen, Volkswirtschaft und internationales Recht. Studenten, die andere Fachrichtungen studieren wollen, müssen dazu in die Niederlande, nach England oder in die USA gehen.
- *Universität Netherlands Antilles Library*, Jan Noorduynweg 111. ☎ 684422. Die Universitätsbibliothek ist auch Besuchern frei zugänglich.

An der Kreuzung mit Kreisverkehr geht es geradeaus Richtung Flughafen, nach links führt der Weg nach Westpunt. Hier beginnt der dritte Distrikt der Insel, Banda Aboy.

Die Straße ist die einzige Verbindung zum westlichen Teil der Insel. Sie führt direkt nach Westpunt und dem Eingang des Christoffel Parks. Die an die südwestliche Küste abzweigenden Wege führen zu kleinen Ortschaften, Plantagenhäusern und zu schönen Sandstränden. Auch diese Straßen führen nach Westpunt. Der Weg ist zwar länger, bietet aber die schöneren Sehenswürdigkeiten.

Eine Rundfahrt durch den Westteil Curaçaos empfiehlt sich daher entlang der Westküste und zurück auf der geraden Verbindungsstraße „Weg naar Westpunt".

Fahrt entlang der Westküste:
Die Vegetation wird karger, viele Kakteen säumen den Straßenrand. Linkerhand liegt der Eingang zu einem staatlichen Naturschutzgebiet, ein Brutgebiet vieler Vögel. Es können Rundgänge zur Vogelbeobachtung unternommen werden. Zudem finden hier archäologische Untersuchungen statt. Auf dem Gelände wurden interessante Funde von Gebrauchsgegenständen der Ureinwohner der Insel gemacht.

Auf der rechten Seite liegt das **Landhuis Papaya**. Es dient heute als Informationscenter, auch Erfrischungen sind erhältlich.
- *Landhuis Papaya*. ☎ 695850. Ö: Montags bis freitags 9.00-18.00 Uhr, am Wochenende von 10.00-21.00 Uhr.

Das Gebiet **Kleine Berg** ist der schmalste Teil der Insel. Von der Straße hat man nach links wie auch nach rechts Sicht auf das Karibische Meer. Die Distanz zwischen beiden Küsten beträgt knapp fünf Kilometer.

Auf der linken Seite führt der Weg Richtung San Willibrordo an die Küste. Die Straße dorthin ist sehr schmal und führt durch eine hügelige Kakteenlandschaft.

Das **Landhuis Hermanus**, auf der linken Seite der Straße, ist vom Westteil der Insel aus gesehen das letzte Landhuis vor Willemstad. Dies verschaffte dem Landhuis eine besondere Bedeutung, denn die Nachrichten von feindlichen Angriffen und Piratenübergriffen wurden zwischen den

Insel- und Ortsbeschreibungen

Landhäusern mit Licht- oder Flaggenzeichen bis zum Landhuis Hermanus übermittelt. Von dort mußte dann ein Bote nach Willemstad reiten, um die Stadt zu warnen.

Auch die Küstenlinie bei **Kaap Sint Marie** war gefährdet. Von Landhuis Rif, das diese Küste durch seine günstige Lage zwischen den Hügeln hindurch einsehen konnte, wurden die Nachrichten an das Landhuis Jan Kok signalisiert, das daraufhin Landhuis Hermanus informierte. **Landhuis Rif** kann man links der Straße, weit abliegend zwischen den Bergen, sehen.

An der rechten Straßenseite erblickt man **Landhuis Jan Kok.** Es ist das älteste Landhuis der Insel und wurde 1650 erbaut. Das schöne Gebäude im typischen Stil des 17. Jh. kann besichtigt werden. Außerdem gibt es hier ein kleines Restaurant und es werden Handarbeiten und Souvenirs verkauft.

- *Landhuis Jan Kok.* ☎ 648087. Ö: 11.00-18.00 Uhr, während der Nebensaison nur von 14.00-18.00 Uhr. Sonntags wird von 16.00-18.00 Uhr Live-Musik gespielt.

Die Besitzer der genannten drei Landhäuser betrieben keine Landwirtschaft oder Viehzucht, sondern lebten von der Salzgewinnung. Linkerhand der Straße kann man noch die alten Salzpfannen sehen. Damals produzierten die Landhuizen Rif, Hermanus und San Sebastian je 6 000 Tonnen Salz im Jahr, Landhuis Jan Kok sogar 12 000 Tonnen.

Am frühen Morgen kann man oft einige Flamingos in den Salzpfannen beobachten.

Geradeaus führt der Weg weiter nach San Willibrordo und nach rechts in Richtung Soto und Westpunt. Diese Straße ist besser befahrbar als die landschaftlich reizvollen Wege an der Küste.

Ein Abstecher zur Küste führt durch **San Willibrordo**. Bei der kleinen Stadt gibt es zwei schöne Strände: **Portomari** und **Daaibooi**. Sie eignen sich hervorragend zum Schwimmen, Schnorcheln und Tauchen und bieten Sonnenanbetern auch schattige Plätze.

Auf der gut ausgebauten Straße nach Soto und Westpunt (die Abzweigung vor San Willibrordo nach rechts fahren) passiert man das **Landhuis San Sebastian** und erreicht kurz darauf die Appartementsiedlung Flamingo Appartements. Sie wird vorwiegend von Deutschen und Niederländern bewohnt. Auch entlang der weiteren Strecke entstehen neue Siedlungen.

Der zweite schöne Abstecher geht von der nächsten Abzweigung der Straße San Willibrordo-Soto hinunter zum Landhuis Cas Abou und dem gleichnamigen Gebiet. Auch der Strand von Cas Abou ist sehr schön, allerdings wird Eintritt verlangt. Dafür werden Duschen geboten und es gibt eine Bar. Geöffnet ist bis 18.00 Uhr, der Eintritt beträgt 5 Naf pro Auto, am Wochenende werden sogar 10 Naf verlangt.

Direkt gegenüber dem Zugang zum Strand steht das **Landhuis Cas Abou**. Es wurde im spanischen Stil restauriert und dient jetzt als Hotel. Jedes Hotelzimmer ist unterschiedlich groß, da im Gebäude die ursprüngliche Raumaufteilung nicht geändert wurde.

In dem Gebiet von Cas Abou leben zahlreiche Rentner und Pensionäre, teils Curaçaoaner, teils Niederländer. Die Strände liegen abseits der Buslinien, daher ist für einen Besuch ein Leihwagen nötig.

Bei **San Juan**, dem dritten möglichen Abstecher Richtung Küste, sind alle Strände in Privatbesitz, es wird ein Eintrittsentgelt verlangt. Nahe den Stränden sind sehr schöne Tauchplätze.

Zurück auf dem Weg nach Soto und Westpunt passiert man rechts das **Landhuis Pannekoek**. Es dient als Jugendzentrum, wo Jugendgruppen aus aller Welt günstig übernachten können. Dort werden auch Veranstaltungen für Jugendliche organisiert.

Die Gegend wird hügeliger, besonders auf der linken Seite erheben sich reizvolle, mit Kakteen bewachsene Hügel. Die Vegetation wird zudem etwas üppiger, es wachsen auch Bäume und Sträucher.

Eine etwas größere Ansiedlung ist **Soto**. Rechts liegt der Friedhof und die Kirche von Soto, dahinter gleich die Schule. Auch hier zeigt sich die immer wiederkehrende Struktur der alten Ortschaften: Friedhof, Kirche und Schule liegen eng beieinander.

Bei Soto liegt das **Landhuis Groot Santa Martha**. Es wurde 1700 erbaut, 1979 ließ es die Regierung vollständig renovieren. Das Landhuis dient als Tagesstätte für körperlich und geistig behinderte Menschen. Sie fertigen Handarbeiten und Souvenirs an, die im Landhuis gekauft werden können.

- *Landhuis Groot Santa Martha*, Soto. ☎ 641559. Ö: Wochentags 9.00-12.00 Uhr und 13.00-15.00 Uhr. Freitags ist nur am Vormittag geöffnet und außerdem an jedem ersten Sonntag im Monat von 9.00-13.00 Uhr.

Links führt die Straße zu einem Abstecher ins Gebiet Santa Martha und nach Coral Cliff. Der Weg geht entlang der Santa Martha Baai, einer sehr schönen, tief ins Land reichenden Bucht.

Am Rande der Santa Martha Baai stehen Ruinen, die in den Schlamm der Bucht eingesunken sind. Sie zeugen von dem vergeblichen Versuch eines Amerikaners, an dieser Stelle ein Hotel zu bauen. Nach dieser Pleite errichtete der erfolglose Bauherr

Insel- und Ortsbeschreibungen

das Hotel Coral Cliff, das an der Küste steht.

Auf der Fahrt dorthin erreicht man einen Aussichtspunkt, von dem es eine herrliche Aussicht über die Santa Martha Baai gibt. Auf der rechten Seite ist ein Anlegeplatz für Fischerboote zu sehen, und auch den Christoffelberg kann man von hier erblicken. Auf der gegenüberliegenden Seite der Bucht sieht man die Reste der Salzpfannen, die zum **Landhuis San Nikolas** gehörten. Das Landhuis selbst erhebt sich darüber.

Das Hotel Coral Cliff erreicht man nach kurzer Fahrtzeit. Es liegt direkt an der Westküste, am Eingang der Santa Martha Baai.

Zurück bei Soto geht es weiter Richtung Westpunt. Man fährt kurze Zeit durch eine schattige Baumallee. Bei der Abzweigung nach Barber sieht man das **Landhuis Santa Cruz** mit seinem auffallend rotleuchtenden Dach vor sich. Es ist umgeben von vielen Kakteen. Von hier flohen Sklaven nach einem Sklavenaufstand in die Berge des heutigen Christoffelparks. Der Aufstand ging vom Landhuis Knip aus, von wo die Sklaven nach Willemstad aufbrachen, um dort auf ihre Lage aufmerksam zu machen. Bei Santa Cruz wurden sie vom Militär aufgehalten und zur Flucht in die Berge gezwungen. Wegen Wassermangels mußten sich die Aufständischen schließlich doch ergeben. Die Anführer wurden hingerichtet.

Der **Boca Santa Cruz Beach** ist ein idyllischer Sandstrand mit einigen überdachten Picknickplätzen. Man erreicht ihn über eine kurze Abzweigung nach links. Die Bucht ist umgeben von kleinen Hügeln. Es gibt ein kleines Restaurant und eine Bar. Manchmal finden hier Strandvolleyball-Wettbewerbe statt. Der Strand ist zu Fuß in etwa zehn Minuten von der Bushaltestelle an der Straße zu erreichen.

Tip: Jeden Sonntag morgen wird an diesem Strand von den eintreffenden Fischern ein Fisch-Frühstück angeboten.

Die nächste Ortschaft ist **Lagún**. Sie war früher ein Wochenendgebiet, das sich mittlerweile zu einem Wohnort ausgeweitet hat. Der Strand von Lagún, **Playa Lagún**, liegt direkt beim Ort und in der Nähe der Bushaltestelle. Er liegt geschützt in einer kleinen Bucht und bietet sich zum Schwimmen und Schnorcheln an. An diesem Strand treffen morgens die Fischerboote ein und es wird frischer Fisch verkauft.

Der Weg nach Knip ist eine regelrechte Berg- und Talbahn vorbei an hohem Kakteenbewuchs. Das **Landhuis Knip**, auf der rechten Straßenseite,

wurde zu einem Museum ausgebaut. Es zeigt alte Gebrauchs- und Folkloregegenstände. Das Landhuis entstand im späten 17. Jh.
- *Landhuis Knip.* ☎ 640244 und 640012. Ö: Wochentags von 9.00-12.00 Uhr und 14.00-16.00 Uhr. Sonntags 10.00-17.00 Uhr.

Bei **Knip** liegen zwei Strände. Am ersten, kleineren Strand, genannt **Knipbaai**, ist Oben-ohne Baden erlaubt. Dieser Strand ist leicht zu Fuß von der Bushaltestelle aus zu erreichen. Zum Strand **Playa Abao** führt die Straße noch ein Stück weiter. Hier können sich Wagemutige im Klippenspringen üben. Der Strand ist sehr schön und größer als Knipbaai. Oberhalb des Strandes ist ein großer Parkplatz, Treppenstufen führen hinunter ans Meer. Es gibt eine Snackbar, WC und eine Dusch-Möglichkeit.

Weiter Richtung Westpunt wird der Bewuchs höher, die Straße schlängelt sich zwischen den Hügeln hindurch. Dann erreicht man **Westpunt**, einen kleinen, malerischen Fischerort mit dem schönen, schwarzen Sandstrand **Westpuntbaai**. Auch an diesem Strand ist Klippenspringen möglich.

Am Ortseingang liegt ein kleines Fort, **Fort Westpunt** das zu einem Restaurant und Bar umgebaut ist. Es diente zum Schutz der Nordspitze der Insel und ist eines

Playa Lagún

Insel- und Ortsbeschreibungen

der vier Forts, die außerhalb Willemstads die Buchten der Insel bewachen.

Im Westen des Ortes wurden die Cadushi Cliffs, eine schöne Time-Share Anlage, errichtet. Die hübschen Häuschen von Cadushi Cliffs liegen oberhalb des Strandes **Playa Calci**, einem Schnorchelparadies.

Am Wochenende werden an der Ortsstraße erfrischende Kokosnüsse verkauft.

Eine besondere Attraktion ist das Jaanchie's Restaurant. Es liegt gleich am Eingang des Ortes und fällt auf durch das Gezwitscher unzähliger Vögel. Am Eingang des Restaurants steht eine Vogelfutterkrippe, die regelmäßig mit Zucker gefüllt wird. Auf dem Eingangsdach und den Zweigen der Sträucher sitzen dann schon Hunderte der kleinen Zuckerdibjes, die sich sogleich über diesen reichlich gedeckten Tisch hermachen. Zunächst erscheint ihr Gezwitscher unerträglich, aber man gewöhnt sich schnell an diese Geräuschkulisse.

Rückfahrt über „Weg naar Westpunt": Der Rückweg nach Willemstad führt beinahe schnurgerade durch den Westteil Curaçaos. Einen kurzen Abstecher lohnen die Höhlen von Boca Tabla. Ein Schild weist auf die Abzweigung nach links zu den **Boca Tabla Höhlen** hin. Es ist ein unbefestigter Weg, aber mit dem Auto noch problemlos zu befahren. Vor den Höhlen gibt es Platz zum Parken.

Auf einem schmalen Fußweg durch die Felsen erreicht man die Höhlen.

Vorsicht: Die Korallensteine auf dem Fußweg sind sehr scharfkantig und in der Nähe der Höhle durch die Feuchtigkeit sehr glitschig.

Der Pfad führt dann links einige Treppenstufen hinab in die Höhle, die das Meerwasser ausgewaschen hat. Bei diesem Anblick kann man erahnen, wie die Hato Höhlen an der Nordküste entstanden sind.

Tip: Da die Gischt recht hoch spritzen kann, sollten Kameras mit Plastiktüten vor dem Spritzwasser geschützt werden.

Bei hohem Wasserstand kann die Höhle auch überflutet sein. Dann kann man zumindest von den Felsen oberhalb der Höhlen die Aussicht aufs Meer genießen.

Zurück auf der Straße erscheinen sehr bald die Einzäunungen des **Christoffel Parks** rechts und links der Fahrbahn. Als Schutz vor den Ziegen wurde der gesamte Park eingezäunt.

Beim **Landhuis Savonet**, auf der linken Seite, befindet sich der Eingang zum Park. Das Landhuis Savonet stammt aus dem 18. Jh.

und befindet sich noch heute in Privatbesitz. Die Nebengebäude beherbergen das Natural History Museum sowie die Verwaltung des Christoffel Parkes. (Weitere Informationen zu Museum und Park siehe unten im Kapitel *Christoffel Park*.)

Auf der rechten Straßenseite erblickt man die Berglandschaft des Parks mit ihrer höchsten Erhebung, dem Christoffelberg.

Weiter Richtung Westen führt die Straße vorbei am **Landhuis San Hyronimo**. Bevor man das Landhuis erreicht, gehen zwei unbefestigte Wege zu den Steinstränden **Bartolbaai** und **Playa Grandi** ab.

Ein kleines Stück weiter passiert man das kleine Restaurant Oasis. Früher war dieses Gebäude eine Sklavenbehausung.

Überall sind verstreut kleine Privathäuser zu sehen. Die Menschen betreiben vereinzelt Landwirtschaft, aber der Ertrag reicht nur zur Deckung des Eigenbedarfs.

Die nächste Ortschaft ist **Barber**, sie ist die größte Ansiedlung im Westen Curaçaos. In Barber befinden sich die Post, Feuerwehr, eine Polizeistation, einige Geschäfte, ein medizinisches Zentrum und die einzige Tankstelle des Gebiets.

Wenig weiter liegt auf der rechten Seite das **Landhuis Doktorstuin**. Wie der Name schon andeutet, war es der Sitz des Bezirksarztes. Auch heute wird es von der Regierung als staatliche Krankenstation genutzt.

Auf der linken Seite ist ein kleines Museum, genannt **Cas di Yerba**. Das Gebäude selbst zeigt die traditionelle Bauweise der Sklavenhäuser. Vor dem Haus ist ein alter Ofen zu sehen, in dem früher Brot gebacken wurde. Auch die Umzäumung des Hauses ist landestypisch: sie besteht aus Kakteen.

Das Haus hat sehr dicke Mauern, die eine Aufheizung des Raumes verhindern. Die Innentemperatur liegt höchstens um zwei °C höher als die Außentemperatur. Gedeckt ist das Haus mit getrocknetem Maisstroh. Auch das Stroh trägt mit dazu bei, daß sich das Haus nicht zu sehr aufwärmt.

Bei Häusern mit Wellblechdach kann die Innentemperatur 10 °C höher liegen als die Außentemperatur.

- *Cas di Yerba*. Ö: 9.00-16.00 Uhr. Eintritt: 2,5 Naf, Kinder 0,5 Naf.

Dann gelangt man zum **Landhuis Ascencion**. Das schöne, 1963 renovierte Gebäude beherbergt die niederländische Marine. Jeden ersten Sonntag im Monat ist das 1672 erbaute Landhuis ab 10.00 Uhr für Besucher offen. In dem angeschlossenen **Country House Museum** wird dann Livemusik gespielt und lokale Kunst und Handwerk ausgestellt. Das malerische Gebäude des Muse-

Insel- und Ortsbeschreibungen

ums wurde Mitte des 19. Jh. erbaut.
- *Country House Museum*, Ascencion. ☎ 642742 und 641950. Ö: Täglich 9.00-16.00 Uhr, oder nach Vereinbarung. Eintritt: 1,50 US$, Kinder 0,50 US$.

Nach links führt der Weg ab zur **Boca Ascencion**, einem Steinstrand. Die Straße dorthin ist unbefestigt. Ein Stück weiter kann man, ebenfalls nach links über eine unbefestigte Straße, zur **Boca San Pedro** gelangen. Der schmale Weg dorthin führt durch das Privatgebiet San Pedro und ist nur bis 19.00 Uhr zur Durchfahrt geöffnet. Die Landschaft verdeutlicht sehr schön die verschiedenen Zeitperioden, in denen das Land teilweise überflutet war. In jeder dieser Perioden entstand eine Terrasse von etwa zwei bis drei Metern Höhe. Es gibt insgesamt drei Absätze, in welchen es kleinere, vom Meerwasser ausgewaschene Höhlen gibt.

Die **Plantage San Pedro** ist nicht an die Wasserversorgung der Insel angeschlossen, da es in dem felsigen Gebiet noch unterirdische Wasserreservoirs gibt. Das Wasser hat eine sehr gute Qualität und ermöglicht den Besitzern, Landwirtschaft und Viehzucht zu betreiben. Früher soll sich an dieser Stelle eine indianische Siedlung befunden haben.

Von hier sieht man auch die 12 Windmühlen, die seit 1984 zur Energiegewinnung genutzt werden.

Auf der rechten Seite passiert man die von Willemstad gesehen zweite Abzweigung an die Westküste.

Linkerhand liegt das **Landhuis Daniel**. Das 1634 gebaute Landhuis diente früher Reisenden als Rastplatz. Auch heute beherbergt es ein Gästehaus. Angeschlossen ist ein Restaurant, eine Tauchbasis und ein Souvenirshop.

Kurz hinter dem Landhuis erreicht man wieder die erste Abzweigung, von der aus die Rundfahrt durch den Westen begann.

Unterkunft: Im Westteil der Insel gibt es kaum Übernachtungsmöglichkeiten. In diesem Teil der Insel ist man zudem sehr auf einen Mietwagen angewiesen. Die Angaben der Hotels erfolgen in der Reihenfolge, wie man sie entsprechend der angegebenen Rundfahrt passiert.

- *Julianadorp Apartments*, ☎ 683930. DZ: 35 US$. Ausstattung: Drei Zimmer, Kitchenette.
- ***Coral Cliff Resort & Casino***. ☎ 641610, Fax: 641718. DZ: 80 US$. Ausstattung: 37 Zimmer, Restaurant, Strand, Wassersportangebote, Tennisplatz, Casino, Babysitter, Kabelfernsehen. Dem Hotel ist eine deutsche Tauchbasis angeschlossen. (Siehe Kapitel *Praktische Hinweise-Tauchen*.)

Hotelgäste können einen Mietwagen für nur 20 US$ am Tag leihen.
- *Bahia Inn*, Lagún. Es ist das einzige kleine Appartement-Hotel auf dieser Seite der Küste. DZ: 50 US$.
- *Landhuis Daniel*. ☎ und Fax: 648400. DZ: 35 US$. Ausstattung: Zehn Zimmer, Restaurant, Pool, Souvenirshop, Kabelfernsehen, Babysitter.

Essen: Die Nennung der Restaurants erfolgt in der Reihenfolge, in der man sie bei der oben angegebenen Rundfahrt passiert.
- *Landhuis Papaya*. ☎ 695850. Ö: Wochentags von 9.00-18.00 Uhr, am Wochenende von 12.00-24.00 Uhr. Samstags und sonntags gibt es von 18.00-22.00 Uhr B.B.Q. soviel man will, zum Einheitspreis von 14 US$ pro Person.
- *Funchipot*, Landhuis Jan Kock. ☎ 648087. Preiswerte lokale Küche.
- *Martha Koosje*, Martha Koosje 10. ☎ 648235. Preiswerte lokale und kolumbianische Küche. Das gemütliche Restaurant befindet sich in einem 150 Jahre alten ehemaligen Landhuis. Auf dem Anwesen wurden Ziegen gehalten. Ö: 17.00-23.00 Uhr, samstags und sonntags von 12.00-23.00 Uhr.
- *Finca-Mar Restaurant*, Lagoen k-27. ☎ 641377. Es wird lokale Küche angeboten.
- *Oasis*, Savonet 79, Banda Abao. ☎ 640085. Lokale Küche.
- *Playa Forti*, Westpunt. ☎ 640273. Preiswerte lokale Küche.
- *RestaurantJaanchi Christiaan*, Westpunt. ☎ 640345. Preiswerte lokale Küche. Am Eingang des Restaurants steht ein Vogelhaus mit Zucker für die naschhaften 'Zuckerdiebjes'. (Siehe auch in den *Ortsbeschreibungen-Westpunt*.)
- *Cliff Hanger Restaurant & Bar*, Coral Cliff Resort & Casino. ☎ 641610 und 641820. Ö: 8.00-22.00 Uhr. Frühstück, Mittag- und Abendessen mit Fischgerichten und lokalen Spezialitäten. Samstags von 19.00-23.00 Uhr findet B.B.Q. mit Livemusik statt.
- *Landhuis Daniel*, ☎ 648400. Das Restaurant ist täglich von 9.00-18.00 Uhr geöffnet, für das Abendessen sind Reservierungen notwendig. Montags und dienstags bleibt das Restaurant geschlossen.

Insel- und Ortsbeschreibungen

CHRISTOFFEL PARK

Der Christoffel Park umfaßt das landschaftlich schönste Gebiet Curaçaos mit der höchsten Erhebung der Insel, dem Christoffelberg. Die Berge des Parks entstanden vor 60 Millionen Jahren durch Bewegungen der Erdkruste.

Zum Schutz der einzigartigen Natur wurden Ende der 60er Jahre von der Inselregierung die Plantagen Savonet, Knip, Zevenbergen und Zorgvlied aufgekauft. Diese Aktion wurde von der Stiftung *Nationale Parken Nederlandes Antillen* (STINAPA) forciert. Seit 1979 verwaltet die STINAPA das Terrain, das 1978 als Christoffel Park für die Allgemeinheit eröffnet wurde.

Nicht nur die vielen seltenen Orchideenarten machen den Park schützenswert, auch die einzige Wildart Curaçaos, der Curaçao Hirsch und seltene Vögel wie der Weißschwanzbussard, leben im Parkgebiet. Der Park ist zudem Brutplatz vieler Vogelarten.

Am Eingang des Christoffelparks, im Landhuis Savonet, erhält man gegen die Gebühr von je 1 US$ drei Übersichtskarten des Gebietes, auf denen verschiedene Routen vorgeschlagen werden. Sie sind alle mit dem Jeep befahrbar. (Höchstgeschwindigkeit 25 km/h!)

Man kann auch die Dienste eines kundigen Führers in Anspruch nehmen. Die Jeep-Tour mit Führer kostet 25 Naf pro Person und dauert etwa 1,5 Stunden.

Die blaue Route führt zur Küste **Boca Grandi** mit ihren Höhlen und den Indianerzeichnungen. Sie wird **Savonet-Route** genannt, da sie direkt beim Landhuis Savonet beginnt und entlang dem Gebiet der ehemaligen Plantage Savonet und an den Salzpfannen des Landhuis' vorbeiführt.

1 **Landhuis Savonet & Natural History Museum**
2 **"Mainsjiè"**
3 **"Lignum Vitae"**
4 **"Dyewood"**
5 **"Fighting Young Lady"**
6 **Aussichtspunkt**
7 **Saliña Dyewood**
8 **Boca Grandi**
9 **Indianerzeichnungen**
10 **Höhlen**
11 **"Rubber Vine"**
12 **Landhuis Zorgvlied**
13 **"Teku"**
14 **"Rancho Grande"**
15 **Seru Mangel**
16 **"Piedra di Monton"**
17 **Kupfermine**
18 **Aussicht "St. Martha"**
19 **"Palmiet"**
20 **Fußweg zum Seru Bientu**
21 **Manganmine**
22 **Landhuis Zevenbergen**
23 **"Magasina"**

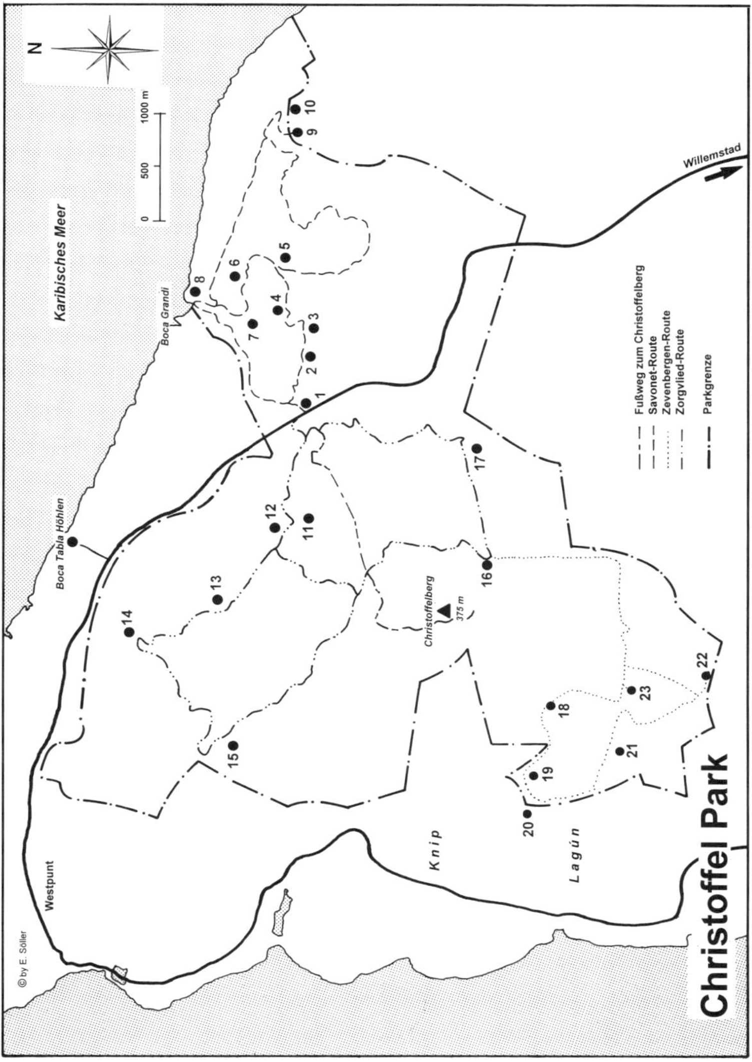
Christoffel Park
N
0
500
1000 m
Karibisches Meer
Boca Grandi
Boca Tabla Höhlen
Westpunt
Willemstad
Christoffelberg
375 m
Knip
Lagún
Fußweg zum Christoffelberg
Savonet-Route
Zevenbergen-Route
Zorgvlied-Route
Parkgrenze
1
2
3
4
5
6
7
8
9
10
11
12
13
14
15
16
17
18
19
20
21
22
23
©by E. Söller

Insel- und Ortsbeschreibungen

Die Höhlen können überwiegend ohne Taschenlampe besichtigt werden, da genügend Tageslicht einfällt.

Die grüne und gelbe Route beginnen auf der dem Landhuis Savonet gegenüberliegenden Straßenseite und führen durch die Berglandschaft des Parks. An der Ruine des **Landhuis Zorgvlied** führt die grüne Route, genannt **Zorgvlied-Route**, vorbei. Der weitere Weg führt 12 km durch den nördlichen Teil des Parks. Bei der Ruine des Landhuis' bietet sich ein sehr schöner Blick auf die Nordwestseite des Parks. Eine weitere Station der Route sind die Reste einer alten Kupfermine (Coppermine).

Die gelbe Route, **Zevenberg-Route**, führt durch die Landschaft der ehemaligen Plantage Zevenbergen, südlich des Christoffelbergs. Diese Route führt die ersten drei Kilometer entlang der grünen Route und dann vorbei an den Ruinenresten des **Landhuis Zevenbergen**. Auch hier bieten sich sehr schöne Aussichtspunkte.

Für alle Routen muß man jeweils etwa ein bis zwei Stunden Fahrzeit einplanen. Bei der letztgenannten Route kann die Fahrt je nach individueller Ausdehnung der Strecke bis drei Stunden dauern.

Zum Gipfel des 375 m hohen **Christoffelberg** führt ein Fußweg (rote Route). Den Anstieg sollte man in den frühen Morgenstunden beginnen, da es in der Mittagssonne zu anstrengend wird. Der Aufstieg dauert etwa eine Stunde. Für 25 Naf pro Person kann man auch einen Führer für diesen Fußmarsch in Anspruch nehmen. Die Klettertour ist die Mühen auf jeden Fall wert, denn oben wird man, besonders bei klarem Wetter, mit einer wunderschönen Aussicht belohnt.

Weitere schöne Wanderwege führen zur Küste an die Boca Grandi (40 min), zum Landhuis Zorgvlied (1,5 h) und den Bergen **Seru Tinta** (20 min), **Seru Gracia** (30 min) und **Seru Bientu** (10 min).

- *Christoffel Park.* ☎ 640363. Ö: Montags bis samstags 8.00-16.00 Uhr. Nach 14.00 Uhr kein Einlaß mehr für das Gebiet im Inland, ab 15.00 Uhr kein Einlaß für das zum Meer gelegene Parkgebiet. An Sonntagen öffnet der Park schon um 6.00 Uhr und schließt um 15.00 Uhr. Einlaß ist bis 13.00 bzw. 14.00 Uhr. Der Eintritt beträgt 5 US$ pro Person über fünf Jahre.

Im **Natural History Museum**, das dem Naturpark angeschlossen ist, zeugen Gesteinsproben und Fossilien von der geologischen Geschichte der Insel. Eine Dauerausstellung dokumentiert zudem die Geschichte der Indianer.

Täglich um 11.15 Uhr finden Führungen durch das Museum statt. Untergebracht ist das

Museum in einem alten Lagerraum des Landhuis Savonet.

- *Natural History Museum*, Savonet Plantation House, Christoffel Park. ☎ 640363. Ö: Montag bis Samstag von 8.00 bis 16.00 Uhr, Sonntag 6.00-15.00 Uhr. Der Eintrittspreis beträgt 1 US$ (2,50 Naf).

Tip: Da es im Park selbst keine Restaurants oder Snackbars gibt, sollte man sich vor allem etwas zu trinken mitnehmen. Für die Mittagsrast bietet sich das dem Landhuis Savonet gegenüberliegende Restaurant Oasis an. Es bietet lokale Gerichte. (Näheres siehe Kapitel *Essen* bei *Westteil, Banda Aboy*.)

Insel- und Ortsbeschreibungen

Divi-Divi-Baum

Anhang

Anhang

ERGÄNZUNGEN UND KORREKTUREN

Die Angaben in diesem Reisehandbuch sind von der Autorin mit großer Sorgfalt und Genauigkeit zusammengestellt. Dennoch sind inhaltliche Fehler nicht ganz auszuschließen, wie im Sinne des Produkthaftungsgesetzes erwähnt werden muß. Verlag und Autorin übernehmen keinerlei Verpflichtungen oder Garantien sowie Haftung für etwaige Unstimmigkeiten.

Die genauen Angaben zu Themen wie etwa Unterkunft, Restaurants, Öffnungszeiten und Verkehrswesen, wurden so sorgfältig und aktuell wie möglich zusammengetragen. Aber natürlich sind gerade diese Angaben schnell überholt und verändern sich.

Die Leser bitten wir deshalb, uns Veränderungen, Ergänzungen, Anregungen zur Verbesserung und Korrekturen mitzuteilen. Auch sind wir dankbar für Korrekturen an den Landkarten und die Zusendung aktueller Unterlagen, wie etwa über neue Hotels, Fahrpläne etc.

Die besten und ausführlichsten Informationen werden vom Verlag mit der Neuauflage des Reiseführers belohnt.

Adresse:

Susanne Schlosser
- Korrekturen ABC-Inseln -
Gallusstraße 10
D-35305 Grünberg

Anhang

ABKÜRZUNGEN

A	Österreich	MESZ	Mitteleuropäische Sommerzeit
Afl	Arubanischer Florin	MEZ	Mitteleuropäische Zeit/Winter
BRD	Bundesrepublik Deutschland	Mio.	Millionen
ca.	circa	Mrd.	Milliarden
c/o	bei, per adresse	N. A.	Niederländische Antillen
CH	Schweiz	n.Chr.	nach Christus
DZ	Doppelzimmer	Naf	Gulden der N. A.
EZ	Einzelzimmer	o.ä.	oder ähnliches
Fax	Faxanschluß	Ö:	Öffnungszeiten
Jh.	Jahrhundert	P.O. Box	Postfach
km	Kilometer	RP	rezeptpflichtig
km^2	Quadratkilometer	US$	US-amerikanischer Dollar
m	Meter	v.Chr.	vor Christus
m^2	Quadratmeter	☎	Telefon(nummer)

Anhang

KARTENSYMBOLIK

———	Hauptstraßen	☐	Hauptstadt
———	Nebenstraßen	○	Stadt/Ortschaft
------	Wege	●	Sehenswürdigkeit
—·—·	Parkgrenze	◇	Turm (Leuchtturm/Sender)
		▲	Berg
▒▒▒	Meer/Gewässer	■	Busterminal
≡≡≡	Sumpfgebiet	⇒	Flughafen
✤✤✤	Park/Grünanlage		

(H) Hotel

(R) Restaurant

ORTSREGISTER

—A—

A.Altegracia de L.W. Bld. (C)	292
Alhambra Shopping Bazar (A)	193
Amstel Brauerei (Curaçao)	284
Andicuri (Aruba)	203
Antriol Village (Bonaire)	224
Arashi Beach (Aruba)	193
Archeological Museum (A)	188
Arikok-Nationalpark (A)	217; 218
Autonomy Monument (C)	284
Ayo (Aruba)	201
Ayo-Rock-Formation (Aruba)	201

—B—

Baby-Beach (Aruba)	214
Bachelor's Beach (Bonaire)	248
Balashi (Aruba)	209
Barashi-Gold-Schmelzerei (A)	210
Baracadera (Bonaire)	237
Barber (Curaçao)	311
Bartolbaai (Curaçao)	311
Beth Haïm (Curaçao)	290
Bibelmuseum (Aruba)	188
Bibliothek (Bonaire)	229
Bibliothek (Curaçao)	280; 290
Blauer Obelisk (Bonaire)	250
Blauw Baai (Curaçao)	304
Blauwe Pan (Bonaire)	250
Boca Ascencion (Curaçao)	312
Boca Bertol (Bonaire)	246
Boca Catalina (Aruba)	195
Boca Cocolishi (Bonaire)	244
Boca Grandi (Aruba)	215
Boca Grandi (Curaçao)	314
Boca Onima (Bonaire)	240
Boca Prins (Aruba)	217
Boca San Pedro (Curaçao)	312
Boca Santa Cruz Beach (C)	308
Boca Slagbaai (Bonaire)	246
Boca St. Michel (Curaçao)	304
Boca Tabla Höhlen (C)	310
Bolivar Museum (Curaçao)	264
Bonoil Depot Bonaire (B)	237
BOPEC Öllager (Bonaire)	238
Brandaris (Bonaire)	246
Breedestraat/Otrobanda (C)	276
Breedestraat/Punda (C)	262
Briónplein (Curaçao)	274
Bronswinkel (Bonaire)	247
Bullenbaai (Curaçao)	304
Bushaltestelle Oranjestad (A)	188
Bushaltestelle Otrobanda (C)	274
Bushaltestelle Punda (C)	268
Bushiri Beach (Aruba)	193

—C—

Cai (Bonaire)	254
California Leuchtturm (A)	195
California Point (A)	195
California Dünen (A)	195
Caracasbaai (Curaçao)	300
Cas di Yerba (Aruba)	211
Cas di Yerba (Curaçao)	311
Casibari-Rock-Formation (A)	204
Caya Betico Croes (A)	188
Charlie's Bar & Restaurant (A)	212
Christoffel Park (C)	310; 314
Christoffelberg (Curaçao)	316
Colorado Point Leuchtturm (A)	215
Columbusstraat (Curaçao)	262
Commandeursbaai (Aruba)	211
Container Terminal (Curaçao)	284
Country House Museum (C)	311
Cunucu Arikok (Aruba)	217; 218
Curaçao Likör Destillerie (C)	289

Anhang

Curaçao Museum (Curaçao)	276
Curaçao Oil Terminal (C)	304
Curaçao Seaquarium (C)	298
Curaçao Botanical Garden & Zoo (Curaçao)	290

—D—

Daaibooi (Curaçao)	306
De Rouvilleweg (Curaçao)	276
De Ruyterkade (Curaçao)	262
Devil's Mouth (Bonaire)	238
Dos Playa (Aruba)	217
Dos Pos (Bonaire)	239
Dr. M. L. King Boulevard (C)	298
Druif Beach (Aruba)	193
Dünen von Boca Prins (A)	217

—E—

Eco-Museum (Bonaire)	244
E.E.G. Boulevard (Bonaire)	248
Eagle Beach (Aruba)	193
Emmastraat (Aruba)	190

—F—

Fischmarkt (Bonaire)	226
Flamingo Flughafen (Bonaire)	248
Flamingoschutzgebiet (B)	252
Fokkerweg (Curaçao)	284
Fontein Höhlen (Aruba)	216
Fort (Oranje) Nassau (C)	282
Fort Amsterdam (Curaçao)	264
Fort Beekenburg (Curaçao)	300
Fort Oranje (Bonaire)	224
Fort Piscadera (Curaçao)	292
Fort St. Michel (Curaçao)	304
Fort Waakzaamheid (C)	292
Fort Westpunt (Curaçao)	309
Fort Zoutman (Aruba)	188
Fortchurch (Curaçao)	264
Fortchurch Museum (C)	265
Frater Radulphusweg (C)	292
Frenchmans Paß (Aruba)	210

—G—

Goldminen (Aruba)	203
Golfplatz (Curaçao)	290
Goto See (Bonaire)	239
Grotta di Lourdes (Bonaire)	240
Grotto Bajashi (Bonaire)	238
Grotto Curado (Bonaire)	238

—H—

Hadikurari (Aruba)	194
Hafen von Baracadera (A)	209
Hanchi Snoa (Curaçao)	262
Handelskade (Curaçao)	266
Harbour Town Shop. Cen. (A)	190
Harbourside Mall (Bonaire)	226
Hato (Curaçao)	296
Hato Höhlen (Curaçao)	296
Heerenstraat (Curaçao)	262
High-Rise-Hotels (Aruba)	194
Historical Museum (Aruba)	188
Hooiberg (Aruba)	201
Huliba-Höhle (Aruba)	216

—I—

Immaculata C. Church (A)	201
Indian Rock Garden (Aruba)	201
Indianerzeichnungen (A)	202, 216
Indianerz. (B)	240; 243; 253; 254
Indianerzeichnungen (C)	297
Intern. Raceway Track (A)	216
Intern.Trade Center (C)	292
Intern. Flughafen Hato (C)	296
Intern. Flug. Kön. Beatrix (A)	209

—J—

J.E. Irausquin Boulevard (A)	193
Jachthafen (Aruba)	190
Jachthafen (Bonaire)	237
Jamanota (Aruba)	217
Jan Thiel (Curaçao)	298

—K—

Kaap Sint Marie (Curaçao)	306
KAE Water & Elec. Plant (C)	292
Kalkofen (Aruba)	190
Kapelle von Alto Vista (Aruba)	196
Katholische Kirche (Bonaire)	228
Kaya Grandi (Bonaire)	226
Kaya J.C.V.D. Ree (Bonaire)	228
Kaya J.N. E. Craane (Bonaire)	226
Kaya L.D. Gerharts (Bonaire)	228
Kaya Nikiboko Zuid (Bonaire)	228
Kaya Simon Bolivar (Bonaire)	229
Klein Bonaire (Bonaire)	224
Kleine Berg (Curaçao)	305
Knip (Curaçao)	309
Knipbaai (Curaçao)	309
Kodela Electricity & Water Distribution Plant (Curaçao)	274
Königin Emma Pontoon Brücke (Curaçao)	265
Königin Juliana Brücke (C)	279
Königin Wilhelmina Brücke (Curaçao)	268
Königin Wilhelmina Park (A)	190
Kralendijk (Bonaire)	224
Kralendijk Bay (Bonaire)	224

—L—

L.G. Smith Blvd. (Aruba)	190; 193
Lac Bay (Bonaire)	253
Lac Bay Beach (Bonaire)	253
Lagoen (Bonaire)	241
Lagún (Curaçao)	308
Landhuis Ascencion (C)	311
Landhuis Bloemhof (C)	289
Landhuis Brievengat (C)	301
Landhuis Cas Abou (C)	307
Landhuis Cas Cora (C)	290
Landhuis Chobolobo (C)	289
Landhuis Daniel (Curaçao)	312
Landhuis Doktorstuin (C)	311
Landhuis Groot Davelar (C)	289
Landhuis Groot Santa Martha (C)	307
Landhuis Habaai (Curaçao)	292
Landhuis Hermanus (C)	305
Landhuis Jan Kok (Curaçao)	306
Landhuis Karpata (Bonaire)	238
Landhuis Knip (Curaçao)	308
Landhuis Koraal Tabak (C)	301
Landhuis Pannekoek (C)	307
Landhuis Papaya (Curaçao)	305
Landhuis Quinta del Carmen (Aruba)	194
Landhuis Rif (Curaçao)	306
Landhuis Ronde Klip (C)	301
Landhuis Rooi Catooje (C)	290
Landhuis San Hyronimo (C)	311
Landhuis San Nikolas (C)	308
Landhuis San Sebastian (C)	306
Landhuis Santa Catarina (C)	301
Landhuis Santa Cruz (C)	308
Landhuis Savonet (Curaçao)	310
Landhuis Zevenbergen (C)	316
Landhuis Zorgvlied (Curaçao)	316
Landhuis Zuikertuintje (C)	290
Leuchtturm Punt Vierkant (Bonaire)	248
Leuchtturm Willemstoren (B)	250
Lokal Market (Curaçao)	268
Luis Brión Denkmal (Curaçao)	274

Anhang

—M—

Madurostraat (Curaçao)	262
Malmok Beach (Aruba)	195
Manchebo Beach (Aruba)	193
Marcultura (Bonaire)	252
Markt (Aruba)	190
Masiduri Cunucu Haus (A)	217
Masiduri Experim. Garten (A)	217
Mikve Israel-Emanuel Synagoge (Curaçao)	268
Montagne (Curaçao)	301
Münzmuseum (Aruba)	186
Muschelmuseum (Aruba)	186
Museum (Bonaire)	228
Museum (Curaçao)	270

—N—

Natural History Museum (C)	316
Naturbrücke (Aruba)	202; 203
Naturbrücke (Curaçao)	301
Nieuwpoort (Curaçao)	301
Nijlweg (Curaçao)	292
Nikiboko Village (Bonaire)	224
Noord (Aruba)	200
Noord Saliña Village (Bonaire)	224
Noordkant (Curaçao)	296
Nord Pier (Bonaire)	226
Nordküste (Aruba)	201
Nukove (Bonaire)	239
Numismatic Museum (C)	262

—O—

Old Market (Curaçao)	268
Ölraffinerie (Aruba)	213
Ölraffinerie Refineria di Korsou (Curaçao)	290
Oranger Obelisk (Bonaire)	250
Oranje Pan (Bonaire)	250
Oranjestad (Aruba)	186
Otrobanda (Curaçao)	274

—P—

Paardenbaai (Aruba)	190
Palm Island (Aruba)	209
Para Mira (Bonaire)	239
Paradera (Aruba)	204
Parlamentsgebäude (Aruba)	188
Pekelmeer (Bonaire)	250
Penha Gebäude (Curaçao)	265
Pietermaai (Curaçao)	279
Pink Beach (Bonaire)	250
Pirate's Castle (Aruba)	195
Piscadera Baai (Curaçao)	292
Placa Daniel Leo (Aruba)	186
Plantage San Pedro (C)	312
Plasa Horacio Hoyer (C)	281
Plasa Reina Wilhelmina (B)	226
Playa Abao (Curaçao)	309
Playa Benge (Bonaire)	246
Playa Calci (Curaçao)	310
Playa Chikitu (Bonaire)	244
Playa Funchi (Bonaire)	246
Playa Grandi (Curaçao)	311
Playa Lagún (Curaçao)	308
Playa Lechi (Bonaire)	237
Plaza Jo-Jo Correa (Curaçao)	266
Plaza Piar (Curaçao)	264
Plaza Reina Juliana (Bonaire)	228
Polizeistation (Bonaire)	230
Portomari (Curaçao)	306
Pos Chiquito (Aruba)	210
Pos di Mangel (Bonaire)	244
Post (Bonaire)	230
Post (Curaçao)	268
Postal Museum (Curaçao)	262
Protestantische Kirche (A)	188
Protestantische Kirche (B)	226
Punda (Curaçao)	262

—Q—

Quadirikiri Höhle (Aruba)	216

—R—

Radio Nederland (Bonaire)	237
Radulphusweg (Curaçao)	292
Ranchostraat (Aruba)	190
Rector Zwijsenstraat (C)	292
Regierungsgebäude (B)	226
Ricon (Bonaire)	240
Rif (Curaçao)	292
Rif Stadion (Curaçao)	277
Riffort (Curaçao)	274
Rijksenheid Boulevard (C)	284
Rode Pan (Bonaire)	250
Rodgers Beach (Aruba)	214
Rosendahl (Bonaire)	237
Roter Obelisk (Bonaire)	250

—S—

Sabana Village (Bonaire)	224
Saliña (Curaçao)	284
Saliña Bartol (Bonaire)	246
Saliña Matijs (Bonaire)	244
Saliña Slagbaai (Bonaire)	246
Saliña Wayaka (Bonaire)	246
Salzpfannen (Bonaire)	248
Salzgewinnung (Bonaire)	249
Salzverladepier (Bonaire)	248
San Juan (Curaçao)	307
San Nicholas (Aruba)	212
San Willibrordo (Curaçao)	306
Santa Anna Kirche (Aruba)	200
Santa Barbara (Bonaire)	237
Santa Barbara Beach (C)	300
Santa Cruz (Aruba)	201
Santa Rosa (Curaçao)	301
Savaneta (Aruba)	211
Scharloo (Curaçao)	278
Scharlooweg (Curaçao)	279
Schottegat (Curaçao)	284
Schwimmender Markt (C)	266
Seaport Mall (Aruba)	190
Seaport Market Place (Aruba)	190
Seaquarium Beach (Curaçao)	298
Sentro Deportivo Korsow (C)	302
Seroe Colorado (Aruba)	213
Seroe Cristal (Aruba)	203
Seroe Wao (Aruba)	203
Seru Bentana (Bonaire)	244
Seru Bientu (Curaçao)	316
Seru Gracia (Curaçao)	316
Seru Kepton (Bonaire)	247
Seru Largu (Bonaire)	241
Seru Tinta (Curaçao)	316
Sha Caprileskade (Curaçao)	266
Sint Bernardus Schule (B)	228
Sint Jorisbaai (Curaçao)	301
Sklavenhütten (Bonaire)	250
Sorobon (Bonaire)	252
Sorobon Beach (Bonaire)	253
Soto (Curaçao)	307
Spanish Lagoon (Aruba)	209
Spanish Water (Curaçao)	300
St. Elizabeth Krankenhaus (C)	277
St. Filomenia Kirche (Aruba)	204
St. Michel (Curaçao)	304
Subi Brandaris (Bonaire)	247

—T—

Tafelberg (Curaçao)	301
Taxihaltestelle (Bonaire)	226
Telemuseum (C)	270
Tempel Emanu-El (C)	270
Terminal der Kreuzfahrtschiffe (C)	276
Terra Corá Village (Bonaire)	224
The Village (Aruba)	212

Anhang

Touristenbüro (Bonaire)	229
Touristeninformation (A)	190
Trans World Radio (B)	237; 248
Trockendock (Curaçao)	284
Tunnel of Love (Aruba)	216

—U—

Universität der N. A. (C)	304

—V—

Van den Brandhofstraat (C)	279
Vogelschutzgebebiet (A)	194

—W—

W. Naar Wetgelegen (C)	292
Waaigat (Curaçao)	268
Washington Slagbaai Nationalpark (Bonaire)	242
Water Destil. & Elect. Plant (A)	209
Waterfort (Curaçao)	271
Waterfort Arches (Curaçao)	271
Weißer Obelisk (Bonaire)	250
Westpunt (Curaçao)	309
Westpuntbaai (Curaçao)	309
Wilhelminaplein (Curaçao)	270
Wilhelminastraat (Aruba)	188
Willem III Toren (Aruba)	189
Willemstad (Curaçao)	260
Windmühle Olde Molen (A)	194
Witte Pan (Bonaire)	250

—Z—

Zeppenfeldtstraat (Aruba)	212
Zollfreie Zone (Curaçao)	284
Zoutmanstraat (Aruba)	188

Anhang

LITERATURVERZEICHNIS

- Berndtson & Berndtson (Hrsg.): *Straßenkarte Aruba (1:50 000)*.
- Berndtson & Berndtson (Hrsg.): *Straßenkarte Bonaire (1: 60 000)*.
- Berndtson & Berndtson (Hrsg.): *Straßenkarte Curaçao (1: 85 000)*.
- Gewecke, Frauke: Die Karibik: Zur Geschichte, Politik und Kultur einer Region. 1988
- Goilo, E.R.: *Papiamento Textbook.*
- Greenberg, Jerry & Idaz & Michael: *The Fishes Beneath Tropic Seas.*
- Haydon, Geoffrey/Marks, Dennis (Hrsg.): *Schwarze Rhythmen.* München 1986.
- Heydenreich, Titus u.a. (Hrsg.): *Karibik. Wirtschaft, Gesellschaft und Geschichte.* Wilhelm Fink Verlag 1982.
- Jung, Michael: *Tauchreiseführer Bonaire.* Verlag Stephanie Nagelschmid 1992.
- Lachner, Rolf: *Inseln der Karibik. Landschaft und Tiere.* Landbuch Verlag 1987.
- Mioulane, Patrick und Sahuquet, Raymond: *Tauchparadies Karibik: Die 80 schönsten Tauchplätze.* Verlag Stephanie Nagelschmid 1993.
- Morton, Julia F.: *Tropische Blumen.* Delphin Verlag 1977.
- Slesin, Suzanne: *Wohnkultur und Lebensstil in der Karibik.* DuMont 1992.
- Söller, Ewald: *Cuba.* Kobo Verlag 1994.
- Wirtz, Peter/Nahke, Peter: *Unterwasserführer Karibik - Fische.* Verlag Stephanie Nagelschmid 1993.

Anhang

NOTIZEN

Anhang

NOTIZEN

Anhang

NOTIZEN

Anhang

CUBA

Veröffentlichung im Verlag:

Cuba
von Ewald M. Söller
400 Seiten, 16 Farbfotos und viele S/W-Fotos,
25 Provinz- und Städtekarten
Preis: DM 38,80

ISBN (alt) 3-9803507-0-3
ISBN (neu) 3-930884-01-1

Anhang

Dankeschön

Sehr vielseitig waren die Arbeiten an diesem Reiseführer, und so auch die Hilfestellungen, die ich von vielen Menschen erfahren habe.

Sehr hilfreich bei den Recherchen auf den Inseln war die Unterstützung der Fremdenverkehrsämter Aruba, Curaçao und Bonaire sowie des BONHATA, dafür vielen Dank!

MASHÁ DANKI an Antonio Leo (Aruba), Richard Faneyte (Bonaire) und Vico (Curaçao), die ihre Inseln informativ und interessant vorzustellen wußten.

Ein ganz spezielles **THANK YOU** gilt Donna und James Hippner!

HERZLICHEN DANK sage ich Jörg F. Tröller, der dieses Buch durch seine eindrucksvollen Fotos bereichert hat. Auch die Kapitel zum Karibischen Meer, der Fotoausrüstung, zum Tauchen und den Tauchplätzen auf den Insel wurden von ihm erstellt.

Die Karten erstellte Ewald Söller, hierfür und für seine Unterstützung während der gesamten Arbeit vielen Dank!

Für die Korrekturen des Manuskriptes danke ich den unermüdlichen Leserinnen Karin Dirschauer, Claudia Preimeß, Michaela Schlosser, Heike Siek, Kathrin Siek und Ulrike Zimmer.

Ein herzlicher Dank für die niederländischen Übersetzungen geht an Familie Ottow.

Den Mitarbeiterinnen den Reisebüros Korditzky, vor allem Frau Petra Lotz, danke ich für ihre Beratung zur An- und Weiterreise.

Die Erledigungen vieler Kleinigkeiten, ohne die dieses Buch nie fertiggestellt worden wäre, verdanke ich Ralf Schlosser.

Allen übrigen Helfern, die nicht extra erwähnt wurden, sei auf diesem Weg auch mein herzlicher Dank ausgesprochen.

Anhang

Impressum

1. Auflage, 1995
ALLE RECHTE VORBEHALTEN
© **1995** by: Susanne Schlosser

KOBO Verlag Ingrid Kochs
Hauptstraße 116
D-53454 Remagen

Fotos: Jörg Tröller

Karten: Ewald M. Söller

Umschlagdesign:
Birnbach Design, Thomas Mann-Straße 41,
D-53119 Bonn

Druck:
Brühl Druck + Pressehaus Gießen,
D-35334 Gießen

Vertrieb für den Buchhandel
Internationales Landkartenhaus ILH,
D-70508 Stuttgart

Dieses Buch ist erhältlich in jeder Buchhandlung der BRD, Österreichs und der Schweiz. Wer trotzdem kein Glück hat, bekommt das Buch gegen Voreinsendung des Kaufpreises (34,80 DM) beim Verlag.

Trotz größter Sorgfalt und Genauigkeit sind inhaltliche Fehler nicht ganz auszuschließen. Wie wir im Sinne des Produkthaftungsrecht erwähnen müssen, übernimmt der Verlag und die Autorin keinerlei Verpflichtung oder Garantien sowie Haftung für etwaige Unstimmigkeiten.
Die Autorin und der Verlag freuen sich über Kritik, Verbesserungsvorschläge und Ergänzungen.